融合型·新形态教材
复旦学前云平台 fudanxueqian.com

U0756061

普通高等学校学前教育专业系列教材

幼儿教师教育技能综合训练教程

主　编　李兰芳
副主编　康　静　张　金

复旦大学出版社

内容提要

本教材以《国家中长期教育改革和发展规划纲要（2010—2020年）》《教师教育课程标准（试行）》和《幼儿园教师专业标准（试行）》为依据，以学前教育心理学为理论支撑，根据幼儿教师岗位的特点和教师教学技能形成的规律，详细介绍并设计了幼儿教师教育技能及训练项目。具体内容包括幼儿教师教育技能与训练概述、保育技能与训练、教育教学技能与训练、游戏活动技能与训练、合作交流技能与训练、教学媒体运用技能与训练、教育研究技能与训练、评价技能与训练、专业成长技能与训练，以及融合教育理念下的幼儿教师特殊教育技能与训练。

本教材的适用对象为普通高等院校、职业教育院校学前教育专业和幼儿师范学校学生，并服务于幼儿园转岗教师或置换研修教师。

复旦学前云平台
数字化教学支持说明

　　为提高教学服务水平，促进课程立体化建设，复旦大学出版社学前教育分社建设了"复旦学前云平台"，为师生提供丰富的课程配套资源，可通过"电脑端"和"手机端"查看、获取。

【电脑端】

　　电脑端资源包括 PPT 课件、电子教案、习题答案、课程大纲、音频、视频等内容。可登录"复旦学前云平台"www.fudanxueqian.com 浏览、下载。

　　Step 1　登录网站"复旦学前云平台"www.fudanxueqian.com，点击右上角"登录 /注册"，使用手机号注册。

　　Step 2　在"搜索"栏输入相关书名，找到该书，点击进入。

　　Step 3　点击【配套资源】中的"下载"（首次使用需输入教师信息），即可下载。音频、视频内容可通过搜索该书【视听包】在线浏览。

【手机端】

PPT 课件、音视频、阅读材料：用微信扫描书中二维码即可浏览。

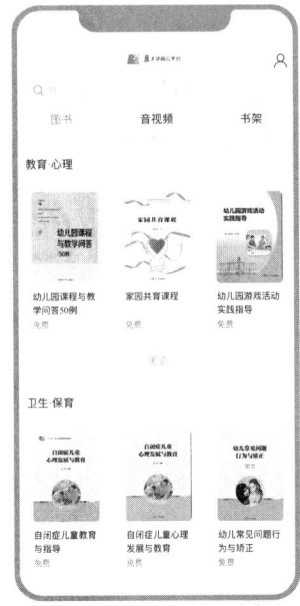 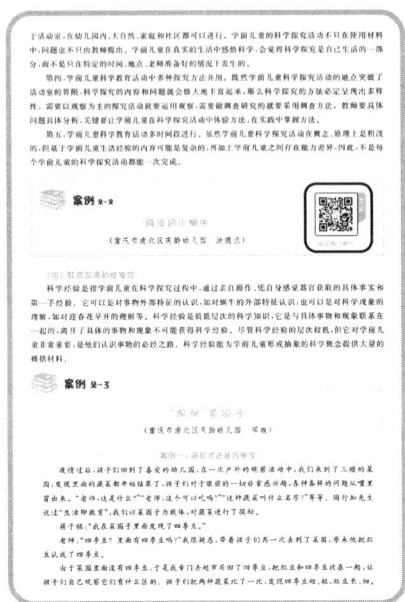 扫码浏览

【更多相关资源】

更多资源，如专家文章、活动设计案例、绘本阅读、环境创设、图书信息等，可关注"幼师宝"微信公众号，搜索、查阅。

平台技术支持热线：029-68518879。

"幼师宝"微信公众号

新版总序

学前教育是国民教育体系的重要组成部分,是终身教育的开端。幼儿教师教育担负着学前教师职前培养和职后培训、促进教师专业成长的双重任务,在教育体系中具有职业性和专业性、基础性和全民性的战略地位。

自 1903 年湖北幼稚园附设女子速成保育科诞生始,中国幼儿教师教育走过了百年历程。可以说,20 世纪上半叶中国幼儿教师教育历经从无到有、从抄袭照搬到学习借鉴的萌芽、创建过程;新中国成立以后,幼儿教师教育在规模与规格、质量与数量、课程与教材建设等方面得到较大提升与发展。中国幼儿教师教育历经稳步发展、盲目冒进、干扰瘫痪、恢复提高和由弱到强的发展过程。

1999 年 3 月,教育部印发《关于师范院校布局结构调整的几点意见》,幼儿教师教育的主体由中等教育向高层次、综合性的高等教育转变;由单纯的职前教育向职前与职后教育一体化、人才培养多样化转变;由独立、封闭的办学形式向合作、开放的办学形式转变;由单一的教学模式向产学研相结合的、起专业引领和服务支持作用的综合模式转变。形成中专与大专、本科与研究生、统招与成招、职前与职后、师范教育与职业教育共存的,以专科和本科层次为主的,多规格、多形式、多层次幼儿教师教育结构与体系。幼儿教师教育进入由量变到质变的转型提升进程,由此引发了人才培养、课程设置、教学内容等方面的重大变革。课程资源,特别是与之相适应的教材建设成为幼儿教师教育的当务之急。

正是在这一背景下,"全国学前教育专业系列教材"编审委员会在广泛征求意见和调查研究的基础上,开始酝酿研发适应幼儿教师教育转型发展的专业教材,这一动议得到有关学校、专家的认同和教育部师范教育司有关领导的大力支持。2004 年 4 月,复旦大学出版社组织全国 30 余所高校学前教育院系、幼儿师范院校的专家、学者会聚上海,正式启动"全国学前教育专业系列"教材研发项目。2005 年 6 月,第一批教材与广大师生见面。此时,恰逢"全国幼儿教师教育研讨会"召开,研讨会上,教育部师范教育司有关领导对推进幼儿教师教育优质课程资源建设作出指示:一是直接组织编写教材;二是遴选优秀教材;三是引进国外优质教材。同时开发建设有较强针对性、实效性、反映学科前沿动态的、幼儿教师培养和继续教育的精品课程与教材。

结合这一指示精神,编审委员会进一步明确了教材编写指导思想和教材定位。首先,从全国有关院校遴选、组织一批政治思想觉悟高、业务能力强、教育理论和教学实践经验丰富的专家学者,组成教材研发、编撰队伍,探索建立具有中国幼儿教师教育特色、引领学前教育和专业发展的、反映课程改革新成果的教材体系;努力打造教育观念新、示范性强、实践效果好、影响面大和具有推广价值的精品教材。其次,建构以专科、本科层次为主,兼顾中等教育和职业教育,多层次、多形式、多样化的文本与光盘相结合的课程资源库,有效

满足幼儿教师教育对课程资源的需求。

经过 5 年多的教学实践与检验,教材研发的初衷和目的初步实现。截至 2011 年 5 月,系列教材共出版 70 余种,其中 7 种教材被教育部列选为普通高等教育"十一五"国家级规划教材,《手工基础教程》被教育部评选为普通高等教育"十一五"国家级精品教材;系列教材使用学校达 600 余所,受益师生数十万人次。

伴随国务院《关于当前发展学前教育的若干意见》和《国家中长期教育改革和发展规划纲要(2010~2020)》的贯彻落实,幼儿教师准入制度和标准的建立、健全,幼儿教师教育面临规范化、标准化、专业化和前瞻化发展的机遇与挑战。一方面,优质学前教育资源已成为国民普遍地享受高质量、公平化、多样性学前教育的新诉求。人才培养既要满足当前学前教育快速发展对幼儿师资的需求,还要确保人才培养的高标准、严要求以及幼儿教师职后教育的可持续发展。另一方面,学前教育专业向 0~3 岁早期教育、婴幼儿服务、低幼儿童相关产业等领域拓展与延伸,已然成为专业发展与服务功能发挥的必然趋势。这一发展动向既是社会、国民对专业人才的要求与需求,也是高等教育服务社会、培养高层次专业人才的使命。为应对机遇与挑战,幼儿教师教育将会在 3 个方面产生新变化:一是专业发展广义化,专业方向多元化,人才培养多样化,教师教育终身化;二是课程设置模块化,课程方案标准化,课程发展专业化和前瞻化;三是人才培养由旧三级师范教育(中专、专科、本科)向新三级师范教育(专科、本科、研究生)稳步跨越。

为及时把握幼儿教师教育发展的新变化,特别是结合 2011 年 10 月教育部刚颁布的《教师教育课程标准(试行)》,编审委员会将与广大高校学前教育院系、幼儿师范院校共同合作,从 3 个方面入手,着力打造更为完备的幼儿教师教育课程资源与服务平台,并把这套教材归入"全国学前教育专业(新课程标准)'十二五'规划教材"系列。第一,探索研发应用型学前教育专业本、专科层次系列教材,开发与专业方向课程、拓展课程、工具性课程、实践课程和模块化课程相匹配的教材,研发起专业引领作用的幼儿教师继续教育教材;第二,努力将现代科学技术、人文精神、艺术素养与幼儿教师教育有效融合并体现在教材之中,有效提升幼儿教师综合素养;第三,教材编写力图体现幼儿教师教育发展趋势与专业特色,反映优秀中外教育思想、幼儿教师教育成果,全面提高幼儿教师教育质量;第四,建构文本、多媒体和网络技术相互交叉、相互整合、相互支持的立体化、网络化、互动化的幼儿教师教育课程资源体系,为创建具有中国特色的幼儿教师教育高品质专业教材体系贡献我们的力量。

"全国学前教育专业系列教材"编审委员会

2012 年 4 月

前言 FOREWORD

　　幼儿教师教育课程的实践取向是《教师教育课程标准(试行)》的基本理念之一。"教师是反思性实践者,在研究自身经验和改进教育教学行为的过程中实现专业发展。教师教育课程应强化实践意识,关注现实问题,体现教育改革与发展对教师的新要求。"为推行《教师教育课程标准(试行)》和《幼儿园教师专业标准(试行)》,贯彻《国家中长期教育改革和发展规划纲要(2010—2020年)》精神,实现教师教育课程的学科化、理论化向专业化、职业化和实践化的转型,形成幼儿园教育教学改革的科学理念,规范幼儿教师的教育教学行为,幼儿教师的教育技能及其训练的研究与成书非常必要和及时。

　　幼儿教师教育技能是教师在教育教学实践中运用专业知识和经验,通过训练而形成的顺利完成教育教学任务的动作方式和智力活动方式,它的内容是以学前教育心理学为理论支撑,根据幼儿教师劳动的特点和教师教学技能形成的规律而确定的。随着幼儿教师专业化的研究与实践,幼儿教师教育技能及其训练显现出更为广阔的研究空间,并赋予了明确的专业精神、全新的专业理论和丰富的教育实践内涵。本教材强调教育知识和能力领域中幼儿教师教育技能的重要性和内容的技术构成性,从学前教育心理学原理出发,在反映适宜教育教学方法的基础上,突出幼儿教师职业导向和职业技能的训练,以幼儿教师教育技能为内容,以技能训练为目标,以实践应用为落脚点,具有以下时代特点。

　　第一,顺应当前学前教育专业对人才培养规格的要求。根据应用型高校学前教育专业的人才培养目标和规格,幼儿教师教育技能是一项重要的专业必修课程,是学前教育专业教学的重要组成部分。

　　第二,适当突出幼儿教师新型技能的学习与训练。本教材在保留传统的幼儿教师实用技能的基础上,充实了能够满足当前学前教育领域新需要的内容,如幼儿教师科学研究技能、幼儿教师合作交流技能、幼儿教师特殊教育专业基本技能、幼儿教师专业成长技能以及幼儿教师心理调适技能等。

　　第三,典型案例引入,技能拓展训练延伸。鉴于本教材的学科特点,每章的各节均由典型案例引入,并在最后采用综合性技能拓展训练作延伸,并根据需要,适当插入图片和

表格,以达直观易懂的效果。

本教材的适用对象为普通高等院校、职业教育院校学前教育专业学生和幼儿师范学校学生,并服务于幼儿园转岗教师或置换研修教师。

本教材由李兰芳提出编写思路和要求,拟定写作提纲,经编写者讨论、修改并完善。最后由李兰芳审阅、定稿,康静、张金做了部分统稿工作。编写人员有王丽娟、石伟峰、张金、杜宇、张悦红、李兰芳、康静(以姓氏笔画为序)。

在本教材的编写过程中,参阅并分述了大量的国内外专家、学者、同仁的研究成果,受益良多,教材插图由华东师范大学学前与特殊教育学院、兰州城市学院实验幼儿园、甘肃省妇联保育院、潍坊市奎文区樱园幼儿园、潍坊学院幼教特教师范学院附属幼儿园以及兰州市锦华幼儿园等多家单位提供,在此一并致以谢忱!

由于编写者水平有限,书中难免出现不足之处,恳请广大读者批评指正!

编　者

2012.5

目 录 CONTENTS

第一章
幼儿教师教育技能与训练概述

幼儿教师教育技能是教师在教育教学实践中运用专业知识和经验,通过训练而形成的顺利完成教育教学任务的动作方式和智力活动方式,其内容是以学前教育心理学为理论支撑,根据幼儿教师劳动的特点和教师教学技能形成的规律而确定的。

随着幼儿教师专业化的研究与实践,幼儿教师教育技能及其训练显现出更为广阔的研究空间,并赋予了明确的专业精神、全新的专业理论和丰富的教育实践内涵。

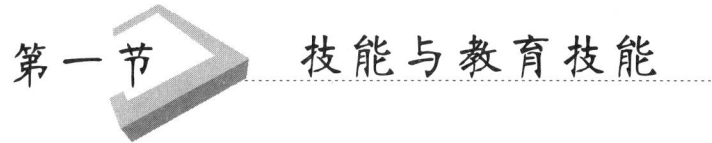

第一节　技能与教育技能

怎样才算合格的幼儿教师?

王老师是一名即将走上幼儿园工作岗位的教师。还没上班,她就听人说"幼儿教师就是教幼儿唱唱歌、跳跳舞、讲讲故事,没有什么专业性。"听了这话,王老师心里很困惑,特地去请教经验丰富的李老师。李老师给她介绍了国家刚刚颁布的《幼儿园教师专业标准(试行)》,对她说:"幼教工作是一个专业性、应用性很强的工作。我们面对处在快速发展期的幼儿,不仅要有丰富的学科专业知识,更应掌握较强的教育技能,才能成为一名合格的幼儿教师。"

王老师细细琢磨着"专业性"、"教育技能"这几个词,开始思索自己今后的努力方向……

一、技能的概念

当静态的知识被用来完成某项活动的时候便成了技能。可以说,技能在创造人类物质文明与精神文明的过程中起着举足轻重的作用。换言之,如果缺少了技能,知识的存在就失去了实用的价值,更谈不上"知识就是力量"。这也正是为什么"高分低能"不是人们所希望的人才标准的原因。

(一) 技能的含义

所谓技能,是指个体运用已有的知识经验,通过练习而形成的一定的动作方式和智力活动方式。这里所说的动作,不仅指肢体动作,还包括在头脑中进行的认知操作。一般来说,在实践中起作用的动作都需要达到技能的水平。如幼儿教师的歌唱、舞蹈、设计方案等活动都需要技能,如果一位幼儿教师的这些活动没有达到技能的水平,他就唱不出动听的歌曲,跳不出优美的舞蹈,写不出优秀的教案。

一般认为,技能是通过练习形成的若干动作的组织体系,包括一般的技能和技巧。技巧是技能的高级发展阶段,它的完善程度和自动化水平比一般的技能更高,是在掌握技能要领的基础上形成的,其动作系统更精确、更敏捷、更完善。例如,幼儿最初不会使用筷子,经过反复练习,掌握了使用筷子的技能,再进一步完善该技能,最后达到了运用自如的程度。这就经历了由动作系统熟练为技能,又由技能发展完善到技巧的过程。

（二）技能的基本特点

个体所具有的技能不是天生的，而是通过后天不断练习而形成的。技能由不会到会、由会到熟练，是一个逐渐发展的过程。同时，技能是获得经验、解决问题、变革现实的前提条件。任何技能在实际运用时，往往与个人的知识结构、思维方式、处理问题的策略以及综合分析能力等方面联系在一起，具有以下特点。

1. 练习是技能形成的途径

技能是通过不断的训练，使动作经验反复内化而形成的，它不同于先天的本能行为。练习是一种有目的的对某种操作进行多次重复以达到熟练程度的过程，其熟练程度以完成某一任务花费的时间长短来表示，花费的时间越长，表明这种技能越不熟练。俗话所说的"熟能生巧"的"巧"就是技能的表现。

2. 技能是一种活动方式

技能是由一系列动作及其执行方式构成的，属于动作经验，它与知识的学习不同。知识的学习是要解决"是什么"、"做什么"和"怎么样"等问题，即知与不知的问题；而技能是控制动作执行的工具，它的学习要解决的问题是"会不会"和"熟练不熟练"的问题。当然，技能的学习要以程序性知识的掌握为前提，并通过实际活动表现出来。

3. 技能必须合乎一定的法则

技能不是一般的习惯动作，也不是任意的操作组合。技能中的各种动作要素及其执行顺序，要体现活动本身的客观法则的要求，是通过系统的学习与教学形成的，能够对活动进行调节和控制。因此，它区别于一般的随意行为。合乎法则意味着熟练的技能应具有以下五个基本特征：

（1）流畅性。技能的各种动作成分以整合的、互不干扰的方式和顺序运作，如幼儿教师给幼儿示范的舞蹈动作应当是熟练、流畅和整齐划一的。

（2）迅速性。技能操作者能适时快速地对刺激做出准确的反应，如幼儿教师在遇到突发事件时，必须迅速准确地做出判断，以正确的方式合理应对，不使幼儿有任何闪失。

（3）经济性。某种技能形成后，完成该活动所需的生理和心理能量较小，具有经济、实惠的特点，如幼儿教师给幼儿示范的舞蹈动作应该干净、利索，不拖泥带水。

（4）同时性。在技能活动中，熟练活动的各种成分或者两个无关的活动可以同时被执行。幼儿教师应具备"眼观六路、耳听八方"的教育技能，不仅能进行正常的教育教学活动，而且还必须随时关注幼儿的变化，在不影响正常活动的同时，随时解决幼儿出现的问题，及时调整教育方式。

（5）适应性。技能操作者能够适应各种变化的条件，显示其活动的稳定与灵活。作为幼儿教师，必须具有不断提高自己教育技能的意识，以适应不断发展的幼儿教育改革的需要。

（三）知识、技能与能力

人的知识有多有少，技能有高有低，能力有大有小，但三者既有区别又有联系。

第一，知识、技能的掌握对能力的发展起促进作用。知识和技能掌握越多，能力发展会越好。掌握知识的过程也会导致能力的提高。如果一个幼儿教师教育学、心理学方面的专业知识学得扎实，音乐、美术方面的技能掌握得好，那么他的教育教学能力也会相应地得到提高。

第二，能力是掌握知识、技能不可或缺的前提。人们依靠自己的感受能力，得以获得各种丰富的感性知识，并在抽象、概括、判断和推理能力的基础上，去领会和掌握各种理性知识。例如，丰富幼儿感性认识，提高幼儿具体形象思维的能力，对于其掌握抽象的知识会有很大的帮助。

第三，能力的高低影响着掌握知识、技能的难度、速度和程度，并制约着对知识、技能的运用。可以从一个人掌握知识、技能的速度与质量上看出其能力的大小。如，教师在课堂上教幼儿相同的舞蹈动作，但幼儿最后体现的动作水平却不一样，这与幼儿的能力有着直接的关系。

因此，正确理解能力与知识、技能的关系，对现实具有重要的意义。首先，我们不能根据一个人知识的多少去判定其能力的高低；其次，不仅要注重知识的掌握，而且要注重能力的发展，应当将所学的知识转化为能力，应当在给幼儿传授科学知识的同时，培养其良好的技能，发展其应有的能力。

二、技能的分类与形成

（一）技能的分类

按照技能的性质和特点，可将技能分为动作技能和心智技能两类。

1. 动作技能

动作技能又称运动技能、操作技能，是指由一系列外部动作，以完善、合理的方式组成的操作活动方式。动作技能是在练习的基础上形成的，主要是借助于骨骼、肌肉和相应的神经系统的活动来实现的，如幼儿教师的绘画、舞蹈技能等都属于动作技能。

除了具备技能的一般特点外，动作技能还具有以下特点：

（1）动作对象的客观性。动作技能的对象是外在的物质客体或肌肉，因而具有客观性。

（2）动作技能的外显性。就执行而言，动作技能是通过个体的外部动作实现的，具有外显性。

（3）动作结构的展开性。动作技能中的每个动作都不能合并或省略，在结构上具有展开性。

动作技能是一种有目的、有意识的活动能力。动作技能中有动作的成分，但动作并不就是动作技能。只有运用一组动作去完成某一项具体任务或解决某一具体问题时，这种活动能力才能称之为动作技能。也就是说，当人们用身体的一系列动作去完成某项任务或达到某种目的时，才会体现出动作技能。例如，幼儿教师通过舞蹈动作表达一定的思想情感，具有一定的目的性，属于动作技能。个体越能经济、合理、有效地利用身体的动作去完成某项任务，其动作技能的水平就越高。

2. 心智技能

心智技能又称智力技能、认知技能，是指通过内部言语在头脑中形成的心智活动方式。如幼儿教师的写作技能、阅读技能等，均属于心智技能。心智技能包括感知、记忆、想象和思维等认知因素，其中抽象思维因素占据最主要的地位。心智技能是通过学习而形成的，它是一种按照客观的、合理的、完善的程序组织起来的认知活动方式，是一种内隐的智力操作，没有明显的外部动作。与动作技能相比，心智技能具有以下特点：

（1）动作对象的观念性。心智活动的对象是知识、信息，而知识信息是客体在头脑中的主观映像，是客观事物的主观表征。客观事物的主观表征属于观念的范畴，因此，心智活动的对象具有观念性。

（2）动作执行的内潜性。心智活动的执行既不像操作活动那样以外显的形式通过肢体运动来实现，也不像言语活动那样可以借助于言语器官或口腔肌肉的运动信号来察觉活动的存在，它是借助于内部言语在头脑中默默进行的，只能通过其作用对象的变化而判断其存在，具有内潜性。

（3）动作结构的减缩性。心智活动不像操作活动那样必须将每一个动作实际做出，也不像外部言语那样必须把每一个字词一一说出，而是不完全的、片段的，是高度省略和简化的，具有简缩性。

心智技能的高低通过人们解决问题时的思维策略来体现，本质特征就是掌握正确的思维方式和方法。心智技能的形成可以促进有关问题的解决，可以缩短解决问题所需的时间及进程，从而提高问题解决的速度。

动作技能与心智技能之间既有区别又有联系。在日常生活中，两者紧密联系、相辅相成的。心智技能是动作技能的调节者和必要的组成部分，动作技能是心智技能形成的最初依据和外部表现。个体在完成复杂活动时，总是手脑并用，多种感官协同合作，共同发挥作用的。

（二）技能的形成

1. 动作技能的形成

动作技能是通过学习而形成的，既是身体活动过程，也是心理活动过程。动作技能的形成一般经历以下三个阶段：

（1）认知-定向阶段。个体在开始掌握一种技能之前，要形成掌握这种技能的动机，学习与它有关的知识，在头脑中形成这种技能的最一般、最粗略的表象，这就是技能的定向阶段。例如，在教幼儿学习舞蹈动作时，首先应向幼儿示范整个舞蹈的连贯动作，然后将动作分解进行讲解，使幼儿先粗略了解这个舞蹈动作的全貌，形成动作表象。正确的表象能帮助人们顺利掌握各种动作技能，而清晰的动作表象依赖于训

练者的示范动作以及学习技能的人对示范动作的正确感知。

在认知-定向阶段,学习者需要熟悉动作的要领,了解动作的特点,把新学习的动作与已有的、习惯了的动作进行比较,克服习惯动作的干扰。此阶段,学习者往往注意力比较狭窄,精神和全身肌肉紧张,动作忙乱不协调,多余动作较多。例如,幼儿握笔涂色时,起初总是把画笔攥得很紧,面部肌肉紧张,甚至全身用力,涂色的速度很慢且质量不好,而比较熟练以后,幼儿的紧张状态和多余动作会逐渐消失,涂色的速度越来越快,质量也会越来越好。

(2)动作系统初步形成阶段。在这一阶段,练习者逐步掌握了一系列局部动作,并开始将这些动作结合起来,形成比较连贯的动作。由于技能还处在初步形成的阶段,练习者常常会忘记动作之间的联系,在动作转换和交替的地方,有时会出现短暂的停顿。练习者完成动作的紧张度已大大减轻,但并没有完全消失,稍微分心,还会出现错误的动作。此阶段,练习者的头脑中已经形成比较清晰而牢固的动作表象,能够对自己的动作进行评价,并及时校正自己的动作技能。

(3)动作协调和技能完善阶段。这是技能形成的最后阶段。此阶段,练习者的各种动作在时间和空间上协调起来形成一个连贯、稳定的动作系统,紧张状态和多余动作都已完全消失,整个动作系统整齐划一,能熟练地运用技能去完成自己面临的各种任务。但随着新任务的出现,练习者又会产生掌握新技能的要求,从而使技能从一个水平向另一个更高的水平不断发展。

2. 心智技能的形成

(1)原型定向阶段。心智活动的原型是指智力活动的实践模式,就是"外化"或"物质化"了的智力活动方式或操作活动程序,从而使主体知道该做哪些动作和怎样去完成这些动作,明确活动的方向。这是使练习者掌握程序性知识的阶段。

(2)原型操作阶段。原型操作就是依据心智技能的实践模式所进行的实际操作,是主体把在头脑中建立起来的活动程序计划以外显的操作方式加以实现。

(3)原型内化阶段。原型内化是指心智活动的实践模式向头脑内部转化,由物质的、外显的、展开的形式变成观念的、内潜的、简缩的形式的过程。

三、技能的迁移与干扰

(一)技能的迁移

技能的迁移是指已经掌握的技能对正在形成的技能的掌握所发生的积极影响,即通常所说的"举一反三"。例如,幼儿教师会弹电子琴,就比较容易学弹钢琴。个体在学习新技能时,总是依靠过去的经验和已掌握的技能,丰富的经验和多方面的技能有助于对新技能的掌握。所学习的新技能与已掌握的旧技能所包含的共同成分愈多,二者的相似性愈大,迁移的程度就愈大。

(二)技能的干扰

技能的干扰是指已掌握的技能对新技能的掌握所发生的消极影响,即阻碍新技能的形成和发展。当两种技能在结构上有很大的相似性,但其中某些共同的刺激物却要求相反的动作方式时,就可能发生技能的干扰。例如,习惯了说方言再学普通话时,就容易发生干扰。但这里也有迁移的成分,如词汇量的增多、语言的流畅性等对普通话的学习会起到促进作用。可见,技能的迁移和干扰常常是综合在一起的。

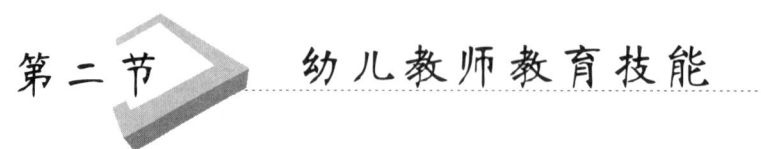

第二节　幼儿教师教育技能

效果不同的教育技能

某幼儿园大班科学活动"会翻跟头的磁铁",其教学目标之一是让幼儿通过操作,知道大、小磁铁颜色相同的两头靠在一起时,上面的小磁铁会翻跟头(教师事先已经将磁铁两极分别用红和白两种颜色标出,这个实验反映的是同极相斥、异极相吸的原理)。教师引导第一组幼儿进行这个活动时,操作前的指导语是:"你们仔细观察大磁铁和小磁铁,看看会发生什么有趣的现象?"(在此之前,教师已经做过一次小磁铁翻跟头的示范)结果,幼儿操作时关注的是下面的大磁铁走,上面的小磁铁也跟着走,却很少有幼儿注意到小磁铁翻跟头的现象。这其实是因为教师的指导语不够具体、明确所致。第二组进行活动时,教师明确提出:"仔细观察,看看小磁铁翻跟头没有。"结果,幼儿很快就设法让自己的小磁铁翻跟头了,而且还得出了"大磁铁的红颜色一头靠在小磁铁的红颜色一头,小磁铁就会翻跟头,白颜色靠白颜色也会翻跟头"的结论。

一、幼儿教师教育技能的含义

幼儿教师教育技能是指教师在教育教学实践中,运用专业知识和经验,通过练习而形成的、顺利完成教育教学任务的动作方式或智力活动方式。幼儿教师的教育技能决定着教育的质量,在深化幼儿教育改革的实践中,对幼儿教师教育技能的要求越来越高。

对于幼儿教师教育技能而言,传统的理解是幼儿教师应具备音乐、美术方面的技能,这种观点在我国已持续了很多年。实际上,我国幼儿教师音乐、美术方面的技能水平普遍较高,原因是很多幼儿园在选择教师时,突出要求音乐、美术方面的技能;同时,学前教育专业院校也重视对学生音乐、美术方面技能的培养。随着时代的发展,这种状况已经越来越不适应当代幼儿教育发展的要求,尤其是我国提出素质教育以来,幼儿园只依靠教师的音乐、美术技能是无法满足素质教育要求的。

《幼儿园教育指导纲要(试行)》及新出台的《幼儿园教师专业标准(试行)》等一系列教育法规的颁布,对幼儿教师提出了较高的要求。幼儿教师不仅要有艺术技能,更应注重全面素质的提高,这也说明了幼儿园对教师技能的观念认识的转变。幼儿教师只有具备了一定的教育技能,才能熟练地、得心应手地运用各种教育手段,促进幼儿体、智、德、美诸方面及身心的和谐发展。

二、幼儿教师教育技能的分类

(一) 基本技能

(1) 口语表达技能。如普通话表达的技能、演讲技能等。

(2) 书面语言表达技能。如幼儿园常用的文体写作技能、活动设计技能等。

(3) 计算机操作技能。如课件制作技能、多媒体运用技能等。

(4) 艺术技能。如边弹边唱技能、舞蹈创编技能等。

(二) 专业技能

(1) 教育组织管理技能。如保育技能、合作技能、班级组织管理技能等。

(2) 教学技能。如教育教学及游戏组织技能、教学内容与方法选择技能、教育环境创设技能、幼儿发展评价技能等。

(3) 教科研技能。如教育研究技能、分析教研课题技能、开展教研活动技能、撰写科研论文技能等。

(三) 实践技能

幼儿教师实践技能主要是指教师现场实践中的综合教育技能,如突发教育问题时的应变技能、改革创新技能等。这是教师在实践中不断探索、不断积累经验而形成的高级技能。

本书根据幼儿园教育教学中影响幼儿身心发展的主要因素以及幼儿园一日生活环节,在保留传统幼儿教师教育技能的基础上,将幼儿教师教育技能划分为保育技能、教育教学技能、游戏组织技能、合作交流技能、教学媒体运用技能、教育研究技能、评价技能、专业成长技能以及融合教育理念下幼儿教师特殊教育技能等九项技能。

 第三节 幼儿教师教育技能训练

新老师，"露两手"

于老师是一名新教师，最近新接了一个大班。她怀着惴惴不安的心情去请教一位老教师。老教师告诉于老师，幼儿年龄虽小，但也会评价老师，如果新老师多才多艺，就会很快地吸引他们，并树立起威信。于老师得到"真传"，在做了充分准备之后，自信地走进教室。她先简单地作了自我介绍，然后在黑板上很快勾勒出自己的简笔画像，她从幼儿的眼神中看出了他们的惊奇。接下来，于老师让幼儿在纸上画出自己的画像，并请他们把画像贴在自己画像的周围，她不和幼儿比谁画得好，而是照着这些画给幼儿绘声绘色地讲了一个老师领着小朋友在幼儿园做游戏的故事，幼儿听得很专心。讲完故事后，于老师又自弹自唱了一首歌，然后教幼儿一起唱，在歌声和笑声中，她的"见面"课结束了。下课后，孩子们围着他们的新老师说个不停——"老师，你画的画真好！""你唱的歌真好听！""老师你真了不起！"

一、幼儿教师教育技能训练的意义

幼儿教师的教育技能被认为是教师职业能力的突出特色，也是最基本的专业能力，决定着教育的质量。教育理论知识是形成教师技能的基础，而实践是形成教师技能最基本的条件。对幼儿教师进行教育技能训练，是提高幼儿教师专业素质的核心内容。

（一）帮助幼儿教师顺利获得和发展应有的专业技能

幼儿教师教育技能训练的实践性和操作性的特点，能够帮助幼儿教师顺利获得和发展应有的专业技能。

专业技能主要是指教师在教育实践中运用专业知识和经验，并通过练习而形成的顺利完成教育教学任务的动作方式和智力活动方式，如观察与分析、沟通与协调以及评价与反馈活动方式等。通过教育技能训练，幼儿教师在不断的实践与操作过程中，审视自己的能力，顺利获得和发展应有的专业技能，提高自己的专业素质。

幼儿教育是一门学问，它可以通过教师长期坚持人文文化和专业理论的学习，不断钻研而掌握；幼儿教育又是一门技术，这门技术需要一定的教育技能。这种教育专业技能可以通过职前专门的培养和训练、职后有目的的实践而得以提高。不管是职前还是职后的教育技能训练，都必须通过多次的实践和操作，才能不断完善和发展，从而使自己的专业技能扎实有力地提高，以满足幼儿教育发展的需要。

（二）为幼儿教师掌握新的教育技能奠定良好的基础

幼儿教师教育技能训练的长期性和反复性的特点，能够为幼儿教师掌握新的教育技能奠定良好的基础。

随着幼儿园改革的推进，幼儿教师教育技能从一个水平向另一个更高的水平不断发展。对于幼儿教师自身来说，也有不断掌握新的教育技能的需求。然而，新的教育技能的是在原有教育技能基础之上产生的，教师必须针对自身的实际情况，有目的、有计划、系统地进行长期、反复的教育技能训练，挖掘潜力，突出特点，才能真正获得提高。因此，要掌握幼儿教师教育技能，只有坚持长期、反复的训练，才能达到游刃有余、炉火纯青的地步，才能适应幼儿教育不断发展的新形势的要求。

（三）丰富了幼儿教师培训的形式

目前，幼儿教师培训存在着流于形式、实效性差，人力、物力、财力极大浪费的现象。究其原因，主要与灌输式教师培训形式有关，这种形式以培训者为中心，不考虑教师的原有水平和经验，培训效果可想而知。建构主义理论告诉我们，以学习者原有经验为起点应是现代教师教育所应遵循的原则。参与式培训、体验式学习等方法都是教师教育的有效形式。而幼儿教师教育技能训练正是这种形式的真实体现,也是当前幼儿教育所必需的,对幼儿教师的培训有重要的参考价值。

二、幼儿教师教育技能训练的原则

(一) 理论知识提升与技能训练相结合

幼儿教师是一个专业技术岗位,应坚持理论为先导的原则。认识的水平越高,对技能的掌握越有利。学前教育专业学生只有系统深入地学习、理解和掌握相关的教育理论,才能产生恰当的教育行为。幼儿教师的各项技能训练与理论知识的提升有着内在的必然联系,在重视技能训练的同时,不能忽视文化课和理论课的学习。文化课和理论课是技能训练的基础,它影响着技能训练的速度和水平,在强调技能训练的重要性和必要性的同时,要重视文化课和理论课的学习,把二者有机结合起来。在学习理论的同时,增加技能训练的内容,使理论与技能紧密结合。同时,应使选修课、课外活动和教育实践密切配合,合理安排,以保证技能训练高效有序地进行。

(二) 坚持长期训练与重点培训相结合

幼儿教师教育技能训练是一项长期而复杂的任务,不是仅在学前教育专业学生毕业时进行一次考核,或者在幼儿园中只进行一、两次培训就能够获得的,它需要有长期的规划和近期的培养目标,做到既要有全面发展的要求,又要有重点训练的方向。因此,应建立合理、有效的训练机制,对幼儿教师进行职前、职后的培训和培养。

同时,应有重点地研究当前急需的教育技能,做好短期的培训,培养骨干力量,带动大多数教师的进步和发展。如进行融合教育理念下的幼儿教师特殊教育技能训练和教育研究技能训练等。还要深入研究当前急需的各种教育技能的分类,制定各项技能标准和考核方式,对每一项技能的含义、目的、类型及运用要求做出明确的界定和分析,使学习者有明确的训练目标和操作标准,从而进行有针对性的训练。

(三) 单项技能训练与整体技能训练相结合

教育技能是由综合的、多种因素制约的教育能力组合而成。综合教育技能在训练时如果不进行分解,练习者很难达到预期的效果。对综合教育技能进行合理的分解,从单项技能入手,一次集中训练一、两种技能,简单易行、重点突出、循序渐进,便于练习者理解和掌握。如对幼儿教师言语能力的训练,可以分解为听、说、读、写四种能力分别进行训练。当练习者的每种单项技能训练达到规定要求以后,再把它们整合起来进行整体技能训练,同时运用到幼儿园教育教学活动的设计和指导中,达到综合训练的目的,最终形成整体教育教学技能。这就要求各个训练环节在系统性的前提下,由少到多、由浅入深、由简到繁,最终达到整体技能训练的目的。

(四) 系统训练与教育反思相结合

系统训练主要包括教师提供的音像或现场的直观示范、学习者在特定情景下的模拟训练、有组织的教育见习实习、自发的入园观摩等实践活动。系统训练能使学习者清晰地观察和体验自己的教育行为。在系统训练的基础上,学习者通过音像记录、亲自实践,进行有效的讨论反馈,提高自我分析和相互交流的能力。反思作为教育技能训练的一种有效途径,可以使学习者通过不断调整自己的专业实践,从而找到应对幼儿园实际需要的教育技能。

三、幼儿教师教育技能训练的基本途径

幼儿教师教育技能是幼儿教师在教育教学活动中顺利而自如地完成教育任务的心智和操作能力,它的显著标志是幼儿教师在复杂多变的教育情境中稳定而有效地保持高水平的工作。表面上看,教师教育技能似乎是很具体,但实质上,教师的教育技能与其知识结构、专业思想,乃至整体素质紧密联系在一起。所以,训练幼儿教师的教育技能,要从整体发展上思考,需要反复训练才能熟练掌握、灵活运用。幼儿教师教育技能训练可以从以下几个方面入手。

(一) 课内实操

课内实操是以专业课程内部实践教学为主的幼儿教师技能训练途径。这一途径是将实践教学的各个

环节按学科逻辑有规律地渗透到各门专业学科课程的教学活动中,从而达成幼儿教师技能训练的目标。课内实操方案的实施从新生入学开始,学习者沿着教学计划中设定的学科逻辑线索,通过学科课程的课内实践,有目的、有计划地逐步进入学前教育实践,消化专业知识,形成专业意识,逐渐获得教育技能,培养相应的教学实践能力。

为学习者设计和提供不同层次、不同难度、不同呈现方式的实践作业是实施课内实操的关键。实践作业实质上是为学习者设置一个个问题情境,引导学习者逐渐学会运用已有知识和经验分析问题,调整方案,最终解决问题,从而积累实践经验,获得相应的教师教育技能。各学科指导教师可根据教学目标,在分析学习者认知能力和知识水平的基础上,设计并提出具体的实践作业要求,并注意引导学生积极尝试解决不同难度的问题,以达到循序渐进、动态提高的实践教学目的,不断提高学习者的实践能力。

(二)课外实践

课外实践是以延伸和补充课内实操为目的的幼儿教师技能训练途径。这一途径有两大基本特征:一是注重技能迁移。学习者在学习知识和获得技能的过程中,尝试将基础知识和基本技能向幼儿园教育教学实际情景迁移,实现幼儿教师教育技能向教育技巧的转化。二是技能训练与作品展示相结合。课外实践能使学习者的学习成果得到及时的强化,使学习者充分体会和享受技能获得的成功感。例如,举办幼儿教师专业技能比赛、艺术成果阶段性展示、专业社团活动、实习汇报与观摩以及毕业汇报演出等形式多样的课外活动。

(三)校外拓展

校外拓展是以强化、巩固和拓展已有教育技能为目的的幼儿教师技能训练途径。这一途径得以顺利实施的保证是实践基地的建设。通过建设各级各类幼儿园实践基地,使其规模化、体系化、制度化,积极接纳学习者,开展有效的技能训练活动,以满足学习者的教育实习需要。也可在加强与社区的交流合作中,鼓励学习者在幼儿园、社区开展与学前教育相关的志愿服务,这样,既能使学习者接触到最鲜活的专业信息,也能为学习者提供亲身参与实践活动的机会,从而使学习者的教育技能得到有效的强化、巩固和拓展。

技能拓展训练:请幼儿园一线教师谈谈幼儿教师应具备的教育技能,并结合实际介绍自己在专业成长过程中如何获得这些教育技能。在此基础上,撰写一篇访谈文章在班内交流。

第二章
幼儿教师保育技能与训练

《幼儿园工作规程》要求幼儿园"实行保育和教育相结合的原则,对幼儿实行体、智、德、美全面发展的教育,促进其身心和谐发展。"幼儿园担任着保育和教育工作的双重任务,教育是各级各类学校共有的任务,而保育则是幼儿园的独特任务。

保育是指成人(包括家长或保育人员)对 6 岁以下儿童提供生存与发展的环境和物质条件,并给予精心照料和培养,以帮助幼小儿童获得良好发育,逐渐提高其独立生活能力。现代保育的含义既包括对幼儿身体的照顾,也包括对幼儿心理能力的保护和培养。

幼儿的生活经验还不够丰富,他们从事活动的能力以及控制自我、协调自我、协调自身的能力都比较差。幼儿不懂得、也不能独立地照顾自己和保护自己,需要成人看管照顾,同时给予相应的教育。

幼儿教师保育技能主要包括一日生活组织技能、安全工作技能、幼儿疾病监测与预防技能,教师应树立正确的健康观、保育观、儿童观,掌握保育工作的内容和方法技能,具备从事幼儿保教工作的能力。

第一节　幼儿教师一日生活组织技能

一位新老师的困惑

刚从师范院校毕业的小王老师今天第一天去幼儿园上班。去幼儿园前,小王老师心中充满了兴奋,憧憬着被花朵般可爱的孩子们包围的感觉。为此,她精心写好了详细的教案,动手制作了教具,准备好了教学活动。可是,第一天进小班,小王老师就遇到了问题,不知如何去组织幼儿。例如,饭前的准备活动——洗手,孩子们进盥洗室后,有的喜欢蹲在便池上聊天,有的喜欢在水池边玩水。小王老师一会儿要到盥洗室提醒如厕的小朋友快点,一会儿提醒洗好手的小朋友不要乱摸,还要组织没洗手的小朋友游戏。一天工作下来,小王老师觉得特别累,感到自己很不适应,她向老教师诉说了自己的困惑……

小王老师的困惑是新老师遇到的普遍问题。有人认为,幼儿教师的主要工作就是组织教学活动,所以只把精力放在备课及教学上,忽视了幼儿的一日生活活动,甚至认为那只是保育员的事情,和教师无关。抱着这样的思想,等到实际工作时,就会有诸多的困惑。

一、晨检组织技能

(一)晨检组织

晨间检查简称晨检,是幼儿园一项重要的保健措施。幼儿园要把保护幼儿的生命和促进幼儿的健康放在工作的首位,从身心两方面重视幼儿的健康。在幼儿园里进行的健康教育活动包括专门的健康教育课程和日常生活中的健康教育。晨检作为日常生活中常见的健康教育内容之一,是加深幼儿与教师感情的重要环节,是防止幼儿患病的一把保护伞,是一项对于幼儿的生理、心理健康有着重要意义的工作。

1. 保障幼儿的身体健康

晨检最主要的意义就是对幼儿的身体健康进行检查,对幼儿能否参加一日活动进行检查,不仅为幼儿自身,同时也为其他幼儿的健康提供保障,严格地执行晨检可使幼儿发病率得到有效的控制。

2. 阻止陌生人或不安全的物品进入幼儿园

幼儿园是孩子的乐园,是一个纯净而圣洁的天地,孩子们在幼儿园里开心地游戏和成长。幼儿园最重要的任务就是保证他们的安全。每一天的晨检可以保证幼儿园里没有陌生人进入和停留,可以防止幼儿丢失,也可以防止危险品被带入幼儿园,充分保护幼儿的安全。

3. 晨检是家园沟通的重要平台

晨检是家园沟通的一个重要时机,它是每天都必须进行的,并且是全园幼儿都要参与的。在这段时间里,家长和教师可以对幼儿的健康问题进行交流,也可以针对幼儿在园和在家表现进行一些交流,这不仅是对幼儿身体健康的关心,更多的是幼儿园与家长心灵的拉近,更有效地实现家园沟通。

(二) 晨检组织技能

晨检的具体实施方式是保健医生和幼儿教师在幼儿园门口对来园幼儿进行简单的健康检查。

1. 认真检查

(1) 一摸:初步辨别幼儿有无发烧、发炎现象,怀疑发热时应及时给幼儿测体温。教师蹲下身体,摸幼儿的额头、颌下和腮部,检查额头时将手心贴在幼儿的前额,感受幼儿前额的温度是否明显高于自己的手温,判断是否发烧;摸颌下是为了了解幼儿下颌部淋巴结是否肿大,将手指轻触下颌部的下缘向下至颈部两侧,检查是否肿大;摸腮部是要了解幼儿的腮部是否有肿大的现象。

(2) 二看:看幼儿面色和神态有无疾病和传染病的迹象,精神状态是否良好,血色、咽喉、皮肤有无异常及某些传染病的早期症状,对可疑者应及时隔离、观察,生病的幼儿一定要看医生,明确不是传染病,退热了才能入园。

(3) 三问:向家长询问幼儿的饮食、睡眠、大小便情况,从而判断幼儿是否健康。

(4) 四查:检查幼儿书包和携带物有无不安全的物品,如玻璃片、小刀、小球、玻璃珠等,发现后要及时处理,并提醒家长注意不让幼儿接触此类物品。

(5) 五测:测体温前,首先检查体温计的刻度位置,使水银线降到35℃以下,用前消毒。轻轻地抬起幼儿的手臂,将体温计带水银的一端放在幼儿的腋窝中间部位,并帮助幼儿曲臂夹紧,防止体温计滑落或出现意外,把握好3—5分钟的测量时间,防止出现时间误差,轻抬幼儿的手臂,取出体温计,将体温计放在眼睛的同一水平线上,读出体温计所表示的度数,并及时做好测量记录,记录内容包括幼儿的姓名、时间、体温的度数和测量人。

另外,在特殊时期和特定情况下,幼儿园晨检可能要更加严格。如,春秋季是多发病季节,晨检应更为细致。又如,非典期间各幼儿园晨检时要对每个幼儿进行温度测试。

2. 及时处置

保健医生和幼儿教师经过晨检,可根据幼儿的状况分别发放健康、服药、不卫生等不同标记的牌子让孩子到班上报到,使带班教师心中有数,幼儿带入园的治疗药物,由保健医生或教师定时喂服。晨检结束后,还要详细登记患病幼儿的病状、体征,视病情进行全日观察和追踪,最后诊断,为学期或年度多发病、传染病的发病率统计提供依据。

幼儿教师一定要清楚各种传染病的隔离期,熟悉幼儿的健康情况,对于近期生病的幼儿要重点检查,特别是对时有发生的水痘、腮腺炎等传染病要高度重视,患病幼儿要过了隔离期才可以来园,对有接触史者,要检疫至规定的时间。这就要求晨检工作一定要仔细,把传染病拒之门外,才能保证传染病不会在园中传播、流行,降低幼儿的发病率,保证幼儿园工作的正常进行。

(三) 晨检组织技能训练

[训练主题] 晨检组织技能训练。

[训练目标]

(1) 掌握幼儿园晨检的基本步骤和具体方法。

（2）掌握幼儿园晨检时的一摸、二看、三查、四问、五测的具体操作方法。

（3）掌握为幼儿测量体温的基本步骤和方法。

〔训练内容〕 一摸、二看、三查、四问、五测。

〔训练要求〕

（1）根据训练内容熟练进行晨检，并做有关记录。

（2）进行幼儿园现场实践，学习观察幼儿的来园精神状况，做好笔录。

〔训练评价〕 训练后，总结、评价，填写表 2 - 1。

表 2 - 1 幼儿园晨检组织技能评价表

日期　　　　　　训练人　　　　　　评价人

评价序号	评 价 项 目	评价方式	评价等级					得分
			5	4	3	2	1	
1	能通过"摸"初步辨别幼儿有无发烧、发炎现象，怀疑发热时能及时、规范地给幼儿测体温	自我评价						
		他人评价						
2	能通过"看"了解有无疾病和传染病的迹象、精神状态是否良好	自我评价						
		他人评价						
3	能仔细检查幼儿书包和携带物，发现问题能及时处理，并能提醒家长注意不让幼儿接触危险物品	自我评价						
		他人评价						
4	能向家长询问幼儿的饮食、睡眠、大小便情况，从而判断幼儿是否健康	自我评价						
		他人评价						
5	能在晨检结束后详细登记患病幼儿的病状、体征，并视病情进行全日观察和追踪	自我评价						
		他人评价						
6	能熟练、准确为幼儿测量体温，并清楚各种传染病的隔离期	自我评价						
		他人评价						
评价说明								

二、入园活动组织技能

（一）入园活动组织

入园环节是幼儿在幼儿园一日生活的开始环节。幼儿教师应重视这一环节，准确把握幼儿身心发展的特点与规律，有计划地组织各种适合幼儿的活动，让幼儿顺利进入到幼儿园一天丰富多彩的生活中。

（二）入园活动组织技能

由于幼儿是陆续到园的，教师需要分批接待，因而早晨接待幼儿来园时间，也是教师进行个别教育、开展家长工作的良好时机。

（1）热情接待幼儿和家长，主动向幼儿问好，安定幼儿的情绪，做好与家长的交接工作。

（2）观察幼儿来园时的精神状况，如有异常及时与保健医生取得联系。如有家长带来药品要标明幼儿的姓名、用法及服用量，并注意按时给幼儿服药。

（3）指导并帮助幼儿穿脱整理服装鞋帽，并整齐摆放，督促幼儿养成良好的习惯。

（4）指导培养中大班幼儿轮流当好值日生，让他们学会帮助教师擦桌椅、摆放玩具等一些力所能及的劳动。

（5）可利用入园活动做好个别幼儿的工作，如个别谈话、个别辅导等。

（6）清点人数，做好点名记录。

（7）有计划地组织晨间活动，于前一天准备好玩具、活动材料及体育活动器械，让幼儿参加自己喜欢的各种活动。

案例分析：小班晨间活动计划

活动目标：培养幼儿积极参加活动的兴趣。

活动内容：

（1）热情接待幼儿。

（2）观察活动：观察自然角的小植物生长的情况，并做好记录。

（3）室内活动：玩层层叠、积塑、珠子、橡皮泥、绘画等。

（4）室外活动：玩滑梯、拍球等。

（5）早操。

（6）晨间小结：引导幼儿说说活动中的情况，给幼儿自我评价的空间。

活动要求：

（1）幼儿动作到位，有精神。

（2）幼儿自选活动项目。

（3）注意安全，幼儿分组游戏，不争夺活动器材。

（4）教师提醒幼儿学会谦让。

分析：小班幼儿在入园环节往往会出现分离焦虑、适应困难、不愿上幼儿园等现象，教师应通过组织多变且富有趣味的晨间活动，转移幼儿的焦虑情绪，使幼儿的焦虑情绪在丰富多彩的活动中得到缓解，逐渐适应幼儿园。

（三）入园活动组织技能训练

［训练主题］　幼儿入园活动组织技能训练。

［训练目标］

（1）了解掌握幼儿入园活动的基本规范。

（2）学会设计组织幼儿的入园晨间活动。

［训练内容］　为幼儿园某年龄班设计一个入园晨间活动计划。

［训练要求］

（1）晨间活动计划要考虑幼儿的年龄特点。

（2）晨间活动计划要考虑所在地区的特点以及不同的季节因素。

（3）将设计好的晨间活动计划在幼儿园班级中组织实施。

［训练评价］　训练后，总结、评估，填写表2-2。

表2-2　幼儿园入园活动组织技能评价表

日期　　　　　训练人　　　　　评价人

评价序号	评 价 项 目	评价方式	评价等级					得分
			5	4	3	2	1	
1	能提前做到开窗通风，做好室内外卫生清洁工作	自我评价						
		他人评价						
2	能热情接待幼儿和家长，主动向幼儿问好，做好与家长的交接工作	自我评价						
		他人评价						

（续表）

| 评价序号 | 评 价 项 目 | 评价方式 | 评价等级 | | | | | 得分 |
			5	4	3	2	1	
3	能仔细观察幼儿的情绪,舒缓幼儿的不安情绪,做好个别幼儿的安抚工作	自我评价						
		他人评价						
4	能有计划地组织晨间活动,于前一天准备好玩具、活动材料及体育活动器械,让幼儿参加自己喜欢的各种活动,并能帮助、指导幼儿进行晨间活动	自我评价						
		他人评价						
5	能有计划地指导中大班幼儿轮流当好值日生	自我评价						
		他人评价						
6	能仔细清点人数,做好点名记录	自我评价						
		他人评价						
评价说明								

三、进餐组织技能

（一）进餐组织

进餐活动为幼儿身体发育提供了充足的营养,是幼儿生活学习的物质前提。一天里,多数幼儿在园吃三餐一点,即早餐、午餐、午点及晚餐,因此,做好幼儿餐饮活动的组织与指导,对保证幼儿营养素的摄入、养成良好的餐饮习惯和培养文明礼貌行为有着重要意义。

幼儿在进餐环节表现出的进餐状态、进餐需求不尽相同。幼儿教师应明确幼儿在进餐中存在的突出问题,有目的、有计划地开展丰富多彩的活动,并适时加以帮助和指导,以实现进餐环节的温馨、有序,保证幼儿充足的营养,养成良好的进餐习惯。

（二）进餐组织技能

1. 创设安全、整洁、温馨、有趣的餐饮环境

教师及保育员应严格执行餐饮用具的消毒制度,水桶、杯子的放置要适宜幼儿取放,提供的食物和水的温度要适当。餐具应便于消毒,还应轻巧、美观,适合并吸引幼儿动手学着自己吃饭。进餐的环境应明亮宽敞、安静、愉快、轻松,不能令幼儿紧张、压抑,教师切勿大声呵斥幼儿,在幼儿进餐时可播放一些轻松愉快的背景音乐,使幼儿愉快地进餐。给幼儿提供的食物应粗细搭配,品种多样,保证营养均衡,烹调方式也要利于幼儿咀嚼和消化。

2. 培养幼儿良好的餐饮习惯

（1）按时吃饭,坐定进食。这是幼儿在集体生活中必须遵守的常规。教师要每天保证幼儿有充足的运动,才能有利于他们按时吃饭。进餐时,可让幼儿自主选择座位,以增强他们坐定进食的自觉性。

（2）独立吃完自己的饭菜。对于初入园的幼儿,教师要引导其尝试自己吃饭,对确有困难的幼儿可适当进行帮助,逐渐过渡,使他们独立吃完自己的饭菜。

（3）注意不让饭菜撒落在桌上和地上。年龄较小的幼儿由于动作不协调,常常会将饭菜撒落或打翻,教师不必在意或指责幼儿,而应帮助其整理干净,继续鼓励他自己吃饭。随着幼儿自理能力的提高,教师应注意提醒幼儿不要让饭菜撒落在桌上和地上。

（4）提醒幼儿进餐时不大声说笑。集体进餐也是幼儿之间相互交往的时机,教师应告诉幼儿,想说话时先咽下嘴里的食物,再轻声说话。幼儿喜欢模仿,教师还可以和幼儿一起进餐,用自己的言行为幼儿树立良好的榜样。

(5) 学会收拾餐具。餐饮完毕,应让幼儿学着收拾自己的餐具,同时要提醒幼儿轻放餐具。教师及保育员不要随意变动餐具的摆放,或因为抢时间而自己将餐具收掉,使幼儿失去自理生活的锻炼机会。

3. 鼓励和支持幼儿的自我服务

教师要多用赞赏的眼光、动作和语言鼓励幼儿的自理行为,并在集体面前赞扬他们。在进餐活动中,尽可能让幼儿自己动手,使他们尝试自我服务,体验独立。自主是幼儿乐于自我服务的内动力,教师应多给幼儿自主选择的机会,有条件的幼儿园可提供不同的点心品种、自助餐等,让幼儿自选,增强幼儿自我服务的兴趣。

4. 根据幼儿的不同情况给予不同的帮助与指导

对胃口小、食欲差的幼儿,可以少盛多添;对吃饭特别慢的幼儿,可以让其提前进餐,使他感觉自己也能同别人一样按时吃完;对吃得过快的幼儿,要提醒他们细嚼慢咽;对挑食的幼儿,除了要引导其不挑食外,还可根据幼儿的口味来烹调,吸引他们尝试吃不爱吃的食物,并以同伴和教师的良好情绪去影响、感染他们;对生病的幼儿,应允许他们少吃一些;对肥胖的幼儿,注意适当控制他们的进食量。

5. 引导幼儿愉快进餐

教师可以通过组织一些幼儿感兴趣的活动,帮助幼儿逐步建立起良好的进餐习惯。

案例分析:"到小动物家做客"进餐活动(小班)

活动目标:

(1) 认识青菜及一些常见主、副食的名称,在品尝中分辨酸、甜、苦、咸、淡。

(2) 学习正确的进餐方法,不挑食,饭菜搭配进餐。

(3) 能主动进餐,保持愉快的情绪。

活动准备:餐前将桌子围成4组,营造家的氛围,桌面上分别放上小猫、小狗、小鸡、小兔的立体形象。选择一盘优美的音乐磁带。

活动过程:

(1) 激发兴趣。在优美音乐的伴奏下,教师提问:今天小动物要请大家去做客,你们看,是谁请客?请幼儿说出动物名称,并做相应的动作。

(2) 引导幼儿到自己喜欢的动物家中做客。

(3) 认识饭菜。教师提问:哪位客人愿意说一说小动物请大家吃什么? 闻一闻有什么味? 尝一尝有什么味? 幼儿回答后,教师小结。

(4) 幼儿进餐,教师以小动物的口吻进行指导。

① 提醒小客人吃饭时坐端正,一手扶碗,一手拿小勺。

② 不挑食,一口饭一口菜搭配进餐,不当漏嘴巴。

(5) 结束活动。

① 引导幼儿帮小动物把碗和小勺收拾好,放到指定的地方。

② 跟小动物道别,到户外散步。

分析:本活动将进餐的要求巧妙地融入游戏中,十分符合小班幼儿的年龄特点。孩子们到小动物家做客,进餐的欲望得到激发,并能积极主动、愉快地进餐。在以后进餐活动时,教师通过不断变换动物,又始终保持了幼儿的新鲜感,帮助幼儿逐步建立起良好的进餐习惯。

(三) 进餐组织技能训练

[训练主题] 幼儿进餐活动组织技能训练。

[训练目标]

(1) 了解掌握幼儿进餐活动的基本规范。

(2) 学会组织幼儿进餐活动。

[训练内容] 为幼儿园某一年龄班设计一个进餐活动计划。

[训练要求]

（1）设计进餐活动计划时要考虑到幼儿的年龄特点。

（2）设计进餐活动计划时要考虑到所在地区的特点以及不同的季节因素。

（3）将设计好的进餐活动计划在幼儿园班级中组织实施。

[训练评价]　训练后，总结、评估，填写表2-3。

表2-3　幼儿园进餐活动组织技能评价表

日期　　　　　　　训练人　　　　　　　评价人

评价序号	评　价　项　目	评价方式	评价等级					得分
			5	4	3	2	1	
1	能为幼儿创设安全、整洁、温馨、有趣的餐饮环境	自我评价						
		他人评价						
2	能在进餐前稳定幼儿的情绪，培养幼儿安静等待就餐的意识	自我评价						
		他人评价						
3	能指导幼儿正确用餐，向幼儿介绍饭菜，鼓励幼儿不挑食、不剩饭	自我评价						
		他人评价						
4	能指导幼儿正确使用餐具，培养幼儿文明进餐的习惯	自我评价						
		他人评价						
5	能在餐后组织幼儿进行安静、轻松的活动	自我评价						
		他人评价						
评价说明								

四、午睡组织技能

（一）午睡组织

幼儿正处在生长发育的重要时期，保证幼儿充足的睡眠，对他们身体、大脑的发育有着重要的作用。在幼儿园一日生活中，在长达十几个小时的学习游戏过程中，安排午睡可以使幼儿身体得到休息，体力得到恢复。同时，在幼儿园独立入睡以及午睡前后的穿脱整理，不仅满足了幼儿手眼协调、精细动作发展的需要，也为幼儿生活自理能力的养成提供了良好的锻炼机会，帮助他们形成自我服务意识，体验成功感，增强独立性。

（二）午睡组织技能

1. 为幼儿创设舒适、安静的睡眠环境

幼儿寝室要保证空气流通，温度适宜。在夏天，入睡时若打开窗户或电扇，要注意风量适度，不让风直接对着幼儿的头部吹，室内的光线不能太明亮。幼儿的床位要宽松，被褥的厚薄要根据季节及气温的变化适当调节。睡眠前可播放轻柔优美的背景音乐，以便幼儿安静入睡。

2. 重视午睡的护理工作

在幼儿午睡前，教师应检查床铺上有无影响幼儿睡眠的杂物，同时还要观察幼儿，以避免幼儿将一些小玩意，如头饰、纽扣等物品带入被中。提醒幼儿根据季节、气温穿合适的衣服入睡，如夏季可穿短裤背心，春季可穿一条棉毛裤和一件棉毛衫，冬季可穿一件薄毛衣和一条薄毛裤。教师要向幼儿指明衣物、鞋

袜摆放的位置,教他们折叠衣服的方法。

在幼儿的整个睡眠过程中,教师应多巡视,时刻关注他们的睡眠情况,如睡姿是否正确,是否盖好被子等。幼儿午睡结束后,整理被褥的工作应在幼儿离开寝室后进行,避免幼儿吸入扬起的飞尘。

3. 细心照顾个别幼儿

新入园的幼儿在睡眠时会有恋家、恋床、恋物等表现。如有的幼儿要抱着自己的枕巾、玩具或要摸着大人的脸、头发等才能入睡,对于这些有特殊需要的幼儿,教师可给予特殊关照,允许他们一开始保持自己的入睡习惯,并陪伴他们入睡,慢慢帮助他们适应集体生活。对于有些精力较充沛的幼儿,可以允许他们减少午睡时间,但注意不要让他们影响其他幼儿。有的幼儿会说梦话或做噩梦,当幼儿哭喊时,教师可帮他翻个身,用轻柔的语言和亲切的抚慰使其恢复平静。对于生病的幼儿,教师尤其要细心照顾,对于他们体温的变化、是否咳嗽、是否呕吐等情况要时刻关注,细心护理。

案例分析:"小仙女送花"午睡活动(小班)

活动目标:

(1) 养成良好的午睡习惯,不蒙头、不趴着睡觉。

(2) 能主动、愉快地午睡。

活动准备:用即时贴自制七色花若干,优美舒缓和活泼的音乐磁带各一盘。

活动过程:

(1) 激发兴趣:教师出示七色花提问:这是什么花?(引导幼儿认识七种颜色,说出花的名称)知道是从哪儿来的(幼儿讨论)。

教师小结:告诉小朋友一个秘密,因为咱班的甜甜小朋友午睡可好了,小仙女就悄悄地送给了她一朵七色花。

(2) 提出午睡要求:

① 小鞋分清左右,整齐地放在活动室里。

② 躺下后,自己盖好小被子,胳臂放在被子的外面,别蒙着头睡,也不能趴着睡觉。

③ 不讲话,不玩东西,闭上眼睛静静地听音乐。

(3) 播放《摇篮曲》,声音由大到小直至消失,教师悄悄地指导个别幼儿入睡。

(4) 教师扮作小仙女,把七色花放在已睡着的幼儿的枕头下。

(5) 播放欢快的音乐,声音由小到大,幼儿陆续起床。

(6) 提醒幼儿寻找七色花。

分析:在小班幼儿午睡习惯没有形成时,教师及时捕捉到教育契机,针对小班幼儿天真幼稚的特点,设计了"小仙女送花"来引导幼儿主动、愉快地午睡。入睡前后不同风格的音乐的运用,起到了穿针引线的作用,衔接自然,恰到好处。而且,幼儿在音乐中入睡和醒来,初步的欣赏音乐的能力得到培养。

(三) 午睡组织技能训练

[训练主题] 幼儿午睡活动组织技能训练。

[训练目标]

(1) 了解掌握幼儿午睡活动的基本规范。

(2) 学会组织幼儿的午睡活动。

[训练内容] 为幼儿园某一年龄班设计一个午睡活动计划。

[训练要求]

(1) 午睡活动计划要考虑幼儿的年龄特点。

(2) 午睡活动计划要考虑所在地区的特点以及不同的季节因素。

(3) 将设计好的午睡活动计划在幼儿园班级中组织实施。

[训练评价] 训练后,总结、评价,填写表2-4。

表 2-4　幼儿园午睡活动组织技能评价表

日期　　　　　　训练人　　　　　　评价人

评价序号	评　价　项　目	评价方式	评价等级					得分
			5	4	3	2	1	
1	能做好幼儿午睡前的准备工作,为幼儿创设安静舒适的睡眠环境	自我评价						
		他人评价						
2	能指导幼儿正确地穿脱衣服,并摆放在相应的位置	自我评价						
		他人评价						
3	能纠正幼儿不正确的睡眠姿势和睡眠习惯	自我评价						
		他人评价						
4	能随时观察幼儿睡眠情况,安慰入睡困难幼儿,发现异常及时处理	自我评价						
		他人评价						
5	能检查幼儿起床后衣着,帮助个别幼儿梳理及整理床铺	自我评价						
		他人评价						
评价说明								

五、如厕组织技能

(一) 如厕组织

幼儿从家庭来到幼儿园,面对生活环境的变化,在心理上会形成一定的压力。同时,他们的大脑神经发育还不完善,加上家庭中成人包办太多以及幼儿园如厕方式、如厕器具的改变,对多数幼儿来说,在园如厕就成为一个新的学习过程。如果幼儿教师引导不当,会加重幼儿如厕时的心理压力,严重时还会引起个别幼儿如厕行为的倒退。

因此,教师应准确把握如厕教育的适宜性,帮助幼儿学习并掌握如厕的基本技能,实现如厕的自理,遵守如厕常规,建立关于如厕的健康行为方式,促进幼儿身心和谐发展。

(二) 如厕组织技能

1. 为幼儿创设方便、卫生和舒适的如厕环境

幼儿园的厕所设计应充分考虑幼儿的生理特点,蹲式便池旁应设有扶手柄,使幼儿有安全感。便池间应有隔离栏,避免幼儿挤在一起。有条件的幼儿园还应为幼儿准备坐便器,以适合低龄幼儿使用。厕所间应保持明亮,门容易打开,不会把幼儿锁在里面,使其有安全感。

2. 鼓励帮助幼儿养成良好的如厕习惯

教师要与家长配合,分别教会男孩、女孩如厕的方法,特别要注意日常生活中的个别指导。教师要经常提醒幼儿,特别是在集体、户外或外出活动前要提醒幼儿上厕所,培养幼儿有了便意就上厕所的习惯。同时,让幼儿认识、熟悉幼儿园内的所有厕所,教幼儿就近上厕所。户外活动时,应带领幼儿认识、熟悉离活动场地最近的厕所,培养幼儿不随地大小便的习惯。

3. 提醒和照顾个别幼儿

午睡前,教师要提醒常尿床和尿频的幼儿先小便再睡觉,并让他睡在离厕所近的床铺。低龄幼儿常会发生尿湿裤子的现象,教师应安慰幼儿,并帮他及时清洗、更换衣裤。冬天,幼儿衣着增多,穿脱上的困难会影响他们及时如厕,教师要细心观察,帮助幼儿解决困难。

案例分析:"我会自己上厕所"如厕活动(小班)

活动目标:

幼儿园厕所

（1）教会幼儿自己上厕所，不尿湿裤子。

（2）教育幼儿当厕所人多时不争抢，学会谦让。

活动准备：教师将本班厕所打扫干净，便于幼儿参观。

活动过程：

（1）参观厕所。教师带领幼儿参观本班活动室的厕所，让幼儿知道厕所是大小便的地方。

（2）认识男厕所和女厕所。帮助幼儿分清便池、便槽，知道男孩、女孩小便的方法是不一样的，即男孩站着小便，用便池，女孩蹲在便槽上小便。

（3）参观幼儿园公用厕所。教师带领幼儿参观幼儿园的公用厕所，告诉幼儿在室外活动时，可就近如厕。

（4）让幼儿懂得大小便时要上厕所。

① 带幼儿回到活动室，教师提问，幼儿回答。玩游戏时想解便怎么办？吃饭时想解便怎么办？集体活动时想解便怎么办？（教育幼儿在集体活动前、饭前、睡觉前上厕所，有小便时应及时上厕所，不要憋尿）

② 请幼儿谈谈讲讲。小便时厕所里人多怎么办？大小便急迫怎么办？（厕所人多时不争先，不拥挤，依先后顺序小便。大小便急迫时，可与其他幼儿协商，让自己先用厕所）

（5）教男孩上厕所。

① 教师请男孩子谈谈，怎样上厕所才不会将小便弄到便池外？（小便时，不要离便池太远，避免小便弄到便池外，也不要离便池太近，以免弄脏裤子）

② 教师还要告诉男孩子，穿有拉链的裤子小便时要小心，不要损伤皮肤。

（6）教女孩上厕所。教师请女孩子谈谈，怎样上厕所才不会让小便弄湿裤子？（小便时，要将裤子脱低一些，然后坐在便桶上；蹲在便槽上小便时，要用手托住裤子）

（7）请想上厕所的幼儿去小便。教师观察幼儿如厕情况，及时予以评价。

活动建议：

（1）在日常活动中，教师应随时提醒幼儿及时大小便。

（2）请家长注意不要给男孩穿带拉链的裤子，女孩子的裤子要易于穿脱。

分析：如厕是小班幼儿适应幼儿园生活的难题之一。教师通过环境暗示、鼓励表达、模拟实践、固化行为等策略，利用如厕环节，有计划地开展一系列简单又有趣的活动，帮助幼儿解决如厕中的困难，初步培养幼儿良好的如厕习惯。

（三）如厕组织技能训练

[训练主题] 幼儿如厕活动组织技能训练。

[训练目标]

(1) 了解掌握幼儿如厕活动的基本规范。

(2) 学会组织幼儿的如厕活动。

[训练内容] 为幼儿园某一年龄班设计一个如厕活动计划。

[训练要求]

(1) 设计如厕活动计划时要考虑幼儿的年龄特点。

(2) 设计如厕活动计划时要考虑所在地区的特点以及不同的季节因素。

(3) 将设计好的如厕活动计划在幼儿园班级组织实施。

[训练评价] 训练后,总结、评价,填写表2-5。

表 2-5 幼儿园如厕活动组织技能评价表

日期　　　　训练人　　　　评价人

评价序号	评 价 项 目	评价方式	评价等级					得分
			5	4	3	2	1	
1	能做好幼儿如厕前地面、空气、便池、手纸等的准备工作	自我评价						
		他人评价						
2	能有序组织幼儿轮流如厕,指导幼儿独立如厕	自我评价						
		他人评价						
3	能对幼儿如厕过程中存在的喧哗、嬉戏、争抢厕位等个别问题及危险行为及时进行引导和教育	自我评价						
		他人评价						
4	能注重引导幼儿了解大小便与身体健康的关系	自我评价						
		他人评价						
5	能及时与家长交流幼儿在园如厕的情况,加强对幼儿的引导	自我评价						
		他人评价						
评价说明								

六、盥洗组织技能

（一）盥洗组织

幼儿园的盥洗活动主要包括洗手、洗脸、漱口、梳头等活动,是培养幼儿爱清洁的重要环节。良好的盥洗习惯是保障幼儿身体健康的第一道防线,幼儿教师应从细节出发,采取多种方法有意识地进行引导培养,使幼儿学会正确的盥洗方法,养成良好的盥洗习惯和卫生习惯。

（二）盥洗组织技能

1. 为幼儿创设干净明亮、整洁卫生的环境

幼儿园的教室、寝室和盥洗室应干净、通风,地板保持清洁,让幼儿感受到整洁带来的舒适感。在运动、餐饮后,要为幼儿提供干净、数量充足、取放方便的小毛巾,提醒幼儿擦汗、擦嘴,并注意及时更换破损的毛巾。幼儿喝水的杯子和放置杯子处应干净、整齐、卫生。

幼儿园盥洗室

2. 提供适合幼儿使用的卫生洁具

幼儿园盥洗室的安排要合理,要有宽敞的场所,幼儿的洗手池、毛巾架等要符合幼儿的身高、体型,水龙头的数量要足够幼儿使用,盥洗室的地面要防滑,挂物品的挂钩、钉子等应钉在幼儿碰不到的地方。盥洗室里可提供色彩鲜艳的洗手皂,以吸引幼儿洗手,为了方便幼儿使用肥皂,教师可将大肥皂切割成小块,也可将小块的肥皂悬挂在水龙头上。教室、盥洗室、寝室、幼儿园的走廊等处多放置一些与幼儿身高相适宜的镜子,让幼儿能时常照镜子。

3. 培养幼儿良好的个人卫生习惯

爱干净是良好的卫生习惯,对于幼儿来说,个人卫生习惯的培养更为重要。教师应教给幼儿保持洁净的方法,如勤洗手,知道饭前便后、手脏了要清洗;早晚刷牙,饭后漱口;掉在地上的东西不放进嘴里;能使用手帕、纸巾和毛巾,保持脸部和五官的清洁;保持仪表的洁净;爱洗澡,喜欢身体洁净带来的舒适感。

案例分析:“小手洗干净”盥洗活动(小班)

活动目标:

(1)知道吃东西前要洗手,进一步增强幼儿的卫生意识。

(2)了解正确的洗手方法。

活动准备:肥皂、毛巾。盥洗室墙面上贴上洗手步骤图。两个小动物的玩具。

活动过程:

(1)故事引入:小朋友,今天来了两位小客人,但这两位小客人今天有点不舒服,因为他们吃东西前没有洗干净小手,所以他们的肚子好痛。你们吃东西前会洗手吗？你是怎么洗手的？

(2)结合洗手步骤图,教师边念儿歌边示范洗手。

① 教师示范。

师:小手小手淋淋湿,小手小手搓一搓。小手小手洗一洗,小手小手真干净。

② 引导幼儿边念儿歌边做动作。

(3)带领幼儿去盥洗室洗手。

师:我们做完游戏或者吃东西前都要洗手。先轻轻地打开水龙头,把小手淋淋湿,然后擦上小肥皂,小手里里外外搓一搓,然后小手洗一洗。哇,我们的小手真干净!

分析:教师采用“各个击破”的方式,将完整的洗手环节分解成一系列程序性活动,并结合洗手步骤图和有趣的儿歌,通过说做一体的学习策略,让幼儿在轻松愉悦的活动中学会正确的洗手方法,养成良好的洗手习惯。

(三)盥洗组织技能训练

[训练主题] 幼儿盥洗活动组织技能训练。

[训练目标]

(1)了解掌握幼儿盥洗活动的基本规范。

(2)学会组织幼儿的盥洗活动。

[训练内容] 为幼儿园某一年龄班设计一个盥洗活动计划。

[训练要求]

(1)盥洗活动计划要考虑幼儿的年龄特点。

(2)盥洗活动计划要考虑所在地区的特点以及不同的季节因素。

(3)将设计好的盥洗活动计划在幼儿园班级组织实施。

[训练评价] 训练后,总结、评估,填写表 2-6。

表 2-6 幼儿园盥洗活动组织技能评价表

日期　　　　　　　训练人　　　　　　　评价人

评价序号	评 价 项 目	评价方式	评价等级					得分
			5	4	3	2	1	
1	能做好幼儿盥洗前的准备工作,放好肥皂、毛巾、漱口杯等	自我评价						
		他人评价						
2	能按次序组织幼儿分组盥洗,引导幼儿学习掌握洗手、洗脸、漱口的正确方法	自我评价						
		他人评价						
3	能提醒幼儿不玩水和打闹,注意安全	自我评价						
		他人评价						
4	能注重培养幼儿独立盥洗的能力和良好的卫生习惯	自我评价						
		他人评价						
评价说明								

七、离园组织技能

（一）离园组织

离园活动是幼儿一日生活的最后一个环节,是幼儿在园集体生活的结束,是让幼儿身心放松、进行整理的阶段。利用离园活动环节有计划地组织幼儿进行离园整理,包括情绪情感的整理、仪容仪表的整理和离园物品的整理等,可以帮助幼儿梳理一天的活动和收获,对幼儿获得情感认知和情感体验,提高自我服务和生活能力都具有重要的意义。

（二）离园组织技能

由于幼儿是陆续离园,教师需要分批组织,因而离园时间也是教师进行个别教育、开展家长工作的良好时机:

（1）离园前,与幼儿进行简短谈话,回顾一天的生活,鼓励他们的进步,提出新的要求。

（2）检查幼儿仪表是否整洁,提醒幼儿带好回家的物品。

（3）提醒幼儿回家途中的注意事项,进行安全、饮食教育。

（4）有计划地组织、指导等待离园幼儿的区域活动。

（5）主动热情地接待家长,介绍幼儿在园的表现和生活健康情况,与家长及时沟通,特别对在饮食、健康上有异常情况的幼儿,要向家长详细反馈有关情况。

（6）高度负责,把每一个幼儿安全地交给家长,严禁出现幼儿自己离班、离园、被陌生人接走现象。

（7）幼儿离园后,做好活动室物品、材料的整理工作,检查水、电、门窗是否关好。

案例分析:中班离园活动计划

活动目标:使幼儿保持稳定、愉悦的情绪等待家长来接。

活动内容:

（1）通过交流一日活动中的感受,给予幼儿正面的评价和鼓励。

（2）室内活动:纸工、橡皮泥、积木、看图书、桌面玩具。

（3）指导幼儿整理自己的仪表。

（4）提醒幼儿离园前整理好自己的物品。

（5）进行安全教育：不跟陌生人走。

（6）提醒幼儿离园时向老师、同伴道别。

活动要求：幼儿自选活动项目。

分析：离园前幼儿往往表现出心情着急、整理归位意识不足等问题。教师通过组织有趣的离园活动，引导幼儿体验与教师、同伴相处的快乐，并指导幼儿参与整理环境、整理仪表等自我服务，让幼儿学习简单的整理技能，以稳定幼儿的离园情绪。

（三）离园组织技能训练

［训练主题］　幼儿离园活动组织技能训练。

［训练目标］

（1）了解掌握幼儿离园活动的基本规范。

（2）学会设计组织幼儿的离园活动。

［训练内容］　为幼儿园某一年龄班设计一个离园活动计划。

［训练要求］

（1）离园活动计划要考虑幼儿的年龄特点。

（2）离园活动计划要考虑所在地区的特点以及不同的季节因素。

（3）将设计好的离园活动计划在幼儿园班级中组织实施。

［训练评价］　训练后，总结、评估，填写表2-7。

表2-7　幼儿园离园活动组织技能评价表

日期　　　　　　训练人　　　　　　评价人

评价序号	评 价 项 目	评价方式	评价等级					得分
			5	4	3	2	1	
1	能指导、帮助幼儿整理好个人服饰，提醒幼儿带好回家物品	自我评价						
		他人评价						
2	能热情接待家长，向家长及时、详细汇报幼儿的在园情况	自我评价						
		他人评价						
3	能亲手将幼儿交给家长，不将幼儿交给陌生人	自我评价						
		他人评价						
4	能有计划地组织、指导等待离园的幼儿的区域活动	自我评价						
		他人评价						
5	能在幼儿全部离园后认真检查本班的门、窗、水、电是否关闭，将活动室环境打扫干净	自我评价						
		他人评价						
评价说明								

八、活动转换技能

（一）活动转换

幼儿园的一日活动中包括生活、学习、游戏、运动等各项环节，在这些有明确目标和内容的活动组织形式之间,用于转换的环节称为活动转换环节。它是一种独特的、同其他环节一样有重要教育意义的教育时机,能和幼儿园一日生活中其他的组织形式之间建立起积极的交流互动。

活动转换技能的合理利用,不但能使一日生活各活动有机衔接,形成整体,而且能使活动的开展秩序井然、自然流畅,从而提高一日生活的效率和质量。教师应重视幼儿园一日活动中的转换环节,充分挖掘转换环节中的教育元素,培养幼儿各方面的能力,使幼儿的身心和谐发展。

(二)活动转换技能

1. 事先考虑和计划幼儿一日活动各个环节之间的转换

当幼儿从一个活动转向另一个活动时,如果他们不知道下面要做什么,不知道对他们有什么要求,他们很容易因为无所事事而失去自控能力。因此,教师可以事先让幼儿了解一日生活的各个环节,让幼儿有思想准备;同时,教师要事先考虑好每个环节之间的转换。

2. 严格而灵活地执行一日活动安排表

教师应使用相对稳定的一日活动安排表,并帮助幼儿掌握每一个活动的名称,使他们知道下一个活动是什么。但要注意一日活动的安排要有弹性,事先不对每项活动展开的时间规定得过于严密,能保留根据幼儿当时实际活动状态进行调整的弹性余地,或延长,或提前。

3. 活动转换明确

教师可以在每一个活动结束时有明确的信号,让每一个幼儿意识到要转向下一个活动。

案例分析:午睡的音乐

午饭后,幼儿三三两两地在讲话或玩耍。这时,教师悄悄按下录音机的放音键,不一会儿,舒缓、柔美的《摇篮曲》悄然回荡在整个寝室。幼儿开始有秩序地脱鞋、脱衣、上床,然后闭上眼睛边听音乐边慢慢入睡,音量也由大到小,慢慢消失。

起床时间到了,教师再次按下放音键,录音机里开始播放优美欢快的音乐,声音慢慢由小变大。幼儿陆续醒来,开始穿衣、穿鞋、下床,然后请教师梳头或如厕、喝水。

分析:在以上活动中,从活动到午睡、从午睡到起床等活动之间,教师都是利用不同风格的音乐穿针引线,巧妙自然地实现前后两个活动间的过渡和转换。音乐在这儿既是一种转移信号,也是一种行为指令。同时,教师选择了不同风格的音乐,并运用了不同的音量变化,既符合不同活动的需要,又让幼儿能够慢慢适应,使幼儿在活动转换时感到安全、愉快。

(三)活动转换技能训练

[训练主题] 活动转换技能训练。

[训练目标]

(1)会根据要求设计不同的转换方式。

(2)掌握活动转换的选择和要求。

[训练内容]

(1)观摩录像或教师的操作演示,找出两环节之间的过渡方式,分析讨论两个环节之间采用什么转换环节,转换环节的运用是否合适。

(2)转换环节设计。为下面两个活动选择、设计转换环节,写出具体转换方法。

① 游戏区角活动环节转换为喝水、如厕环节。

② 集体语言活动环节转换为户外体育游戏环节。

[训练要求]

(1)通过训练,了解掌握活动转换的方式和要求。

(2)以8—10人为一组,轮流做幼儿教师或幼儿,对事先设计好的转换活动进行模拟练习。

(3)将设计好的转换活动计划在幼儿园班级中组织实施。

[训练评价] 训练后,总结、评估,填写表2-8。

表 2-8　幼儿园活动转换组织技能评价表

日期　　　　　　　训练人　　　　　　　评价人

评价序号	评　价　项　目	评价方式	评价等级 5	4	3	2	1	得分
1	能遵循动静交替的原则安排一日生活	自我评价						
		他人评价						
2	能使用相对稳定的一日活动安排表,并帮助幼儿掌握每一个活动的名称	自我评价						
		他人评价						
3	能根据幼儿当时实际活动状态对幼儿活动安排进行弹性调整	自我评价						
		他人评价						
4	能在每一个活动结束时有明确的信号,让每一个幼儿意识到要转向下一个活动	自我评价						
		他人评价						
5	能采用多种转移信号和方法,实现活动间的过渡和转换	自我评价						
		他人评价						
评价说明								

第二节　幼儿教师安全工作技能

孩子摔倒之后

　　小张老师在带小班幼儿在户外活动时,洋洋小朋友突然不小心摔倒在地,小张老师赶紧扶起他,发现洋洋额头上被磕出一个大包。小张老师一边安慰着大哭的洋洋,一边用手去揉洋洋头上的包,希望这样可以减轻洋洋的疼痛。正在这时,路过的王老师看见,连忙制止小张老师的行为,并拿来一条浸透冷水的毛巾敷在洋洋的受伤部位,对小张老师说:"千万不要用手揉摔伤的部位,受伤后局部毛细血管通透性增高,渗出物增多,用手揉反而会加重出血的。24 小时内应该冷敷,24 小时后开始热敷才比较有效。"小张老师佩服地看着王老师,暗暗提醒自己,一定要多多掌握安全工作技能。

一、一般外伤处置技能

　　(一) 一般外伤处置技能

　　1. 小外伤处置技能

　　(1) 磕跌伤、压伤处置技能。幼儿发生磕跌伤后,不要用手揉患处,可用干净的毛巾浸透冷水或用毛巾包裹冰块敷在受伤的部位,冷敷 24 小时后才能用湿热的毛巾敷于患处并轻轻按摩,以帮助消肿。

　　幼儿发生压伤后,先让幼儿原地静坐或平躺,同时仔细检查被压伤部位的外表状况。若是四肢压伤,可用干净的毛巾浸透冷水或用裹了冰块的毛巾敷于受伤部位。若是胸腹部被挤伤,应将幼儿身体放平,然后迅速拨打急救电话。

　　(2) 扭伤处置技能。幼儿活泼好动,但他们的平衡功能仍很不完善,肌肉、韧带等软组织可能会因过度牵拉而受到损伤。扭伤多发生在四肢关节部位,主要是手和踝部。扭伤部位局部充血、肿胀和疼痛,活动受到限制。对于扭伤,最好的治疗是休息,避免对扭伤部位施加任何压力。可对扭伤部位进行冷敷,以达到止血、消肿、止痛的目的。经过一两天,出血已停止,可用热敷促进消肿和血液吸收。

(3)扎刺处置技能。幼儿被扎刺后,应先将伤口用自来水或生理盐水清洗,然后用消毒过的针或镊子顺着刺的方向把刺全部挑、拔出来,不应有残留,并挤出淤血,随后再用医用酒精消毒伤口。如果刺扎在指甲里或难以拔除,应送医院处理。

(4)擦伤处置技能。幼儿奔跑、游戏、打闹时不慎跌倒,很容易擦破膝盖、胳膊,尤其是穿衣较少的夏天,更为常见。擦破皮肤后,应先观察幼儿伤口的深浅,若伤口较浅,仅仅擦破表皮,只需将伤口处用凉开水或生理盐水冲洗,除去污物即可。如果伤口较深有出血,除用凉开水或生理盐水清洁伤口外,可用1%医用碘酒消毒伤口,保持伤面干燥,无须包扎。如果擦伤部位比较大,或者有渗出物,最好使用医用消毒纱布敷盖,紧急情况下可用干净的手绢、毛巾、纸巾作为替代品敷盖在擦伤处,若伤势较严重,应去医院治疗。

(5)挤伤、挫伤处置技能。幼儿常会出现手指被门、抽屉等挤伤,头部、胳膊、腿被石子、桌角、门框、地面等挫伤的情况。挤伤或挫伤,皮肤虽未破,但伤处肿痛,颜色发青。此时不宜揉搓伤处,可局部冷敷,防止内部继续出血。若有出血,应消毒、包扎、冷敷。若指甲掀开或脱落,应立即送往医院处理。

(6)割伤处置技能。幼儿在使用剪刀、小刀或触摸纸边、草叶和打碎的玻璃器皿时,可能会出现手被划破、出血的情况。可先用干净的纱布按压伤口止血,然后在伤口周围用75%的酒精由里到外消毒,敷上消毒纱布,用绷带包扎。如果是玻璃器皿扎伤,应先用清水清理伤口,用镊子清除碎玻璃片,消毒后进行包扎。

(7)烧、烫伤处置技能。在幼儿烧、烫伤中,因开水、热粥、热汤等烫伤者占首位,火焰烧伤次之。发生小面积轻度烫伤,可立即用流动的水冲洗,在凉水中浸泡15—30分钟(疼痛消失)后,小心脱去衣物。若发生较大面积严重烫伤,应立即用干净的毛巾、被单覆盖伤面,尽量平稳、迅速地将伤者送往医院,不要弄破水疱,更不可在伤面上涂擦任何东西。发生烧伤,首先要设法将幼儿身上的余火扑灭;被腐蚀性药品烧伤,应立即用清水冲洗伤面;被生石灰烧伤,应先将石灰颗粒从伤面上除去,再用水冲洗,否则生石灰遇水生热,会加重伤势。

(8)鼻出血处置技能。造成幼儿鼻出血的常见原因有鼻部外伤、气候干燥、机体缺乏维生素、鼻腔异物等。幼儿发生鼻出血要及时止血,具体的方法是:安慰幼儿不要紧张,用口呼吸,头略低;捏住鼻翼10分钟,同时用湿毛巾冷敷鼻部和前额;出血较多时,可用脱脂棉卷塞入鼻腔,填塞紧才能止血。若经上述处理,鼻出血仍不止,立即送医院处理。若自鼻孔流出的血已不多,但幼儿有频繁的吞咽动作,一定要让他把"口水"吐出来,若吐出来的是鲜血,说明鼻后部仍有出血,且难用一般方法止血,要送医院处理。如果小儿经常发生鼻出血,要去医院做全面检查,查明原因。

2. 异物入体处置技能

(1)眼内异物处置技能。幼儿眼内异物最为多见的是小沙粒、小飞虫等入眼。异物入眼后,可粘在结膜的表面,进入结膜囊内,也有的嵌在角膜上。对于不同的情况,应采用不同的方法。具体的方法是:让幼儿轻轻闭上眼睛,切不可揉搓眼睛,以免损伤角膜。教师清洁双手后,方可为幼儿处理。沙粒粘在结膜表面时,可用干净柔软的手绢或棉签轻轻拭去。若嵌入眼睑结膜囊内,则需要翻开眼皮方能拭去。若运用以上方法不能取出异物,幼儿仍感极度不适,应立即去医院处理。若发生眼外伤,如利器伤、角膜擦伤及角膜异物等,要及时送医院检查处理。

(2)气管异物处置技能。气管、支气管异物多见于5岁以下的幼儿,幼儿口含食物或小物件,哭闹、嬉笑时最易发生气管异物。幼儿气管有异物时,会出现呛咳、吸气性呼吸困难、憋气、面色青紫等现象,此时情况紧急,应立即加以处理。若发生在年龄较小的幼儿身上,可将其倒提起来,拍背。若发生在年龄较大的幼儿身上,可让其趴卧在成人腿上,头部向下倾斜,成人轻拍其后背,或成人站在患者身后,用两手紧抱幼儿腹部,迅速有力地向上勒挤。若仍不能取出,应立即送往医院处理。

(3)外耳道异物处置技能。外耳道异物一般分为两种:一种是非生物异物,如幼儿玩耍时塞入的小石块、纽扣、豆类等;另一种是生物异物,如小昆虫等。幼儿外耳道异物属非生物异物和水时,可采用倾斜头、单腿跳跃动作等方式将物品跳出。若无效,应送医院处理。切不可用小棍捅、用镊子夹,否则易损伤幼儿的外耳道及鼓膜。若外耳道异物为小昆虫,可用强光接近幼儿的外耳道,或吹入香烟的烟雾将小虫引出来。若不见效,应立即送医院。

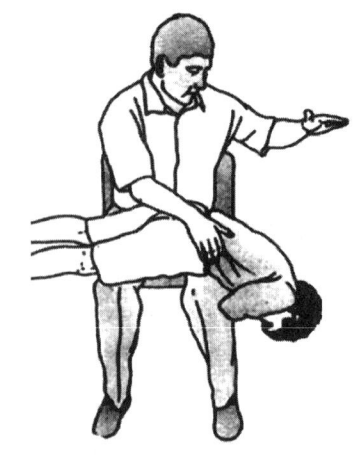

气管异物的处置

（4）咽部异物处置技能。咽部异物以鱼刺、骨头渣、瓜子壳、枣核等较为多见，异物大多扎在扁桃体或其周围，引起疼痛，吞咽时疼痛加剧。咽部异物最好用镊子取出，切不可采用大口吞饭的方法，否则会使异物越扎越深，出现危险。若无法取出，应立即送医院处理。

（5）鼻腔异物处置技能。幼儿处于好奇，常把豆子、小珠子、纽扣、橡皮等较小的物品塞入鼻中，这不仅会影响呼吸，还会引起鼻腔炎症，甚至引起气管异物。教师应仔细观察，及时取出异物。具体的方法是：深吸一口气，用手堵住无异物的一侧鼻子，用力擤鼻，一般异物即可排除。若异物未取出，切不可擅自用镊子夹取圆形异物，否则会将异物捅向鼻子深处，甚至落入气管，危及生命，应马上去医院处理。

（二）一般外伤处置技能训练

［训练主题］　幼儿一般外伤处置技能训练。

［训练目标］

（1）了解幼儿常见的一般外伤。

（2）能对常见的一般外伤进行正确处置。

［训练内容］

（1）观摩图片、录像或教师讲解，了解幼儿常见的一般外伤。

（2）观摩图片、录像或教师示范操作，学习掌握幼儿常见一般外伤处理技能。

（3）分组实践操作，模拟幼儿外伤处理。

［训练要求］

（1）以8—10人为一组，轮流做幼儿教师或幼儿，进行模拟处理练习。

（2）在幼儿园班级或保健室进行实地观摩，以积累直接经验。

［训练评价］　训练后，总结、评估，填写表2-9。

表 2－9　幼儿一般外伤处置技能评价表

日期　　　　　　训练人　　　　　　评价人

评价序号	评 价 项 目	评价方式	评价等级					得分
			5	4	3	2	1	
1	能对幼儿一般的磕跌伤、压伤、扭伤进行正确处置	自我评价						
		他人评价						
2	能对幼儿一般的刺伤、擦伤、挤伤、挫伤、割伤进行正确处置	自我评价						
		他人评价						
3	能对幼儿一般的烧、烫伤进行正确处置	自我评价						
		他人评价						

（续表）

评价序号	评 价 项 目	评价方式	评价等级					得分
			5	4	3	2	1	
4	能对幼儿一般的鼻出血进行正确处置	自我评价						
		他人评价						
5	能对幼儿常见的异物入体进行正确处置	自我评价						
		他人评价						
评价说明								

二、食物中毒处置技能

（一）食物中毒处置技能

食物中毒是指食入被细菌及其毒素或含有毒性化学物质的食物污染，或由食物本身的毒素所引起的急性中毒性疾病。食物中毒一般可分为细菌性（如大肠杆菌）、化学性（如农药）、动植物性（如河豚、扁豆）和真菌性（毒蘑菇）食物中毒。其症状以恶心、呕吐、腹痛、腹泻为主，往往伴有发烧。吐泻严重的还可能发生脱水、酸中毒，甚至休克、昏迷等症状。因此，食物中毒后早期的发现和处理十分重要。

食物中毒后第一反应往往是腹部的不适，幼儿首先会感觉到腹胀，一些幼儿会腹痛，个别的还会发生急性腹泻，与腹部不适伴发的还有恶心，随后会发生呕吐的情况。如果幼儿出现以上症状，教师应该立即进行急救，急救步骤如下。

1. 停用可疑食物

立即停止进食引起中毒的可疑食物。

2. 幼儿园急救

保留剩下的食物或汇总患者的呕吐物、排泄物等，同时采取应急措施。如果估计食物中毒发生的时间在2—4小时之内，可用手指或筷子刺激幼儿的咽后壁以催吐，使胃内残留的食物尽快排出，防止毒素进一步吸收。如果进食时间在4小时以上，可给幼儿吞饮大量的淡盐开水，以稀释进入血液的毒物，并配合指压的方法催吐。对怀疑已变质或有毒的食品除立刻停止食用外，应妥善保存，供医生急救时分析处理，同时应通知卫生检疫部门协助鉴定。

3. 送院治疗

因导致食物中毒的原因错综复杂，临床中毒症状的轻重不一，故在简单的急救处理后，需送医院作进一步的诊治，以免延误病情。尤其是经上述急救后，中毒者症状未见好转，或中毒程度较重，应立即拨打急救电话。

（二）食物中毒处置技能训练

〔训练主题〕 幼儿食物中毒处置技能训练。

〔训练目标〕

（1）了解幼儿常见的食物中毒种类和症状。

（2）能对幼儿常见食物中毒症状进行正确处置。

〔训练内容〕

（1）观摩图片、录像或教师讲解，了解幼儿常见的食物中毒种类和症状。

（2）观摩图片、录像或教师示范操作，学习掌握幼儿常见食物中毒处置技能。

（3）学生分组实践操作，模拟幼儿食物中毒处置。

〔训练要求〕

（1）以8—10人为一组，轮流充当幼儿教师或幼儿，进行模拟处理练习。

（2）在幼儿园班级或保健室进行实地观摩，以积累直接经验。

［训练评价］ 训练后，总结、评估，填写表2－10。

表2－10 幼儿食物中毒处置技能评价表

日期　　　　　　　训练人　　　　　　评价人

评价序号	评 价 项 目	评价方式	评价等级					得分
			5	4	3	2	1	
1	能对幼儿常见的食物中毒种类和症状进行判断识别	自我评价						
		他人评价						
2	能对幼儿常见食物中毒症状采取正确的急救步骤	自我评价						
		他人评价						
3	能配合指压的方法对进行幼儿催吐，以防止毒素进一步吸收	自我评价						
		他人评价						
4	能及时妥善保存怀疑已变质或有毒的食品，供医生急救时分析处理	自我评价						
		他人评价						
评价说明								

三、过敏处置技能

（一）过敏处置技能

过敏体质的幼儿是指容易发生过敏反应和过敏性疾病的幼儿。过敏体质幼儿常见的病症有皮炎、鼻炎、哮喘、咳嗽、皮肤过敏等。造成过敏体质幼儿比率上升的主要原因包括全球气候变暖、异常性天气增多、空气污染严重、空调频繁使用、家族遗传等。

1. 皮肤过敏处置技能

皮肤过敏主要指当皮肤受到化妆品、化学制剂、花粉、某些食品、污染的空气等各种刺激时，导致皮肤出现红肿、发痒、脱皮及过敏性皮炎等异常现象。幼儿由于皮肤娇嫩，对外界细菌的抵抗能力差，很容易出现皮肤过敏症状。

教师发现幼儿有皮肤过敏症状时，要注意在日常生活中避免易加重病情的因素，如搔抓及热水肥皂烫洗。幼儿穿衣要宽松，多用棉织品。教师还要注意观察幼儿的饮食情况，若发现某种食物食后诱发皮疹加重，要注意提醒家长以后忌食之。

2. 花粉过敏处置技能

花粉过敏症表现为流鼻涕、打喷嚏、鼻眼痒以及咳嗽等症状。花粉过敏的幼儿主要有3种表现：一是花粉过敏性鼻炎，鼻痒、打喷嚏、流涕、鼻子堵塞、呼吸不畅等；二是花粉过敏性哮喘，表现为阵发性咳嗽、呼吸困难、有白色泡沫样黏液、突发性哮喘发作并渐重；三是花粉过敏性结膜炎，表现为幼儿的眼睛发痒、眼睑肿胀，并常伴有水样或脓性黏液分泌物出现。

对已有花粉过敏史的幼儿采取一定的预防措施，以减少或减轻疾病的发作。如在空气中花粉浓度高的季节，有规律地服用抗组胺药物，如扑尔敏等。对于较严重的花粉过敏性鼻炎和花粉过敏性哮喘患儿，应该有规律地局部使用激素。

另外，应注意控制环境，主要是减少幼儿暴露在花粉中的机会。如在花粉的授粉期夜间关闭门窗；早晨空气中花粉密度高，尽量推迟幼儿上午出门的时间，不要让幼儿进行户外晨练；不要在户外晾晒幼儿的衣物和被褥；减少野外活动；大风或天气晴好的日子，少带幼儿外出。

3. 食物过敏处置技能

食物过敏是指食物中的某些物质进入了体内(通常是蛋白质),被体内的免疫系统当成入侵的病原,发生了免疫反应,而对人体造成了不良影响。食物过敏所产生的症状,反应在消化道(如胃热、腹泻、呕吐等)、皮肤(如发疹、红斑、搔痒等)、呼吸道(气喘、胸痛、鼻炎等)等器官最多。严重时,病人的血压会下降,甚至休克。

幼儿教师首先应了解幼儿,如班上幼儿有过敏史者,应建立有关过敏情况的卡片,以便周围人及医生参考。其次,应仔细观察幼儿平日的饮食反应,若发现某个幼儿吃了某种食物产生过敏症状,要与家长沟通,以后不应再让该幼儿吃这种食物。如果怀疑幼儿已经出现了食物过敏反应,如进食后出现呼吸问题、面部或嘴唇肿胀,或者严重呕吐、腹泻,应立即就医。

4. 药物过敏处置技能

药物过敏是一类真正的免疫反应,主要发生于特异体质的幼儿。容易发生过敏反应的药物主要有磺胺类、青霉素类、汞利尿剂、血清制剂等。药物过敏的发生与患儿的体质因素、药物的化学性质和用药的方法等因素有关。

药物所引起的过敏反应大多数会出现发热症状,其特点是突然发热,没有其他明显症状,停用致敏药物后体温往往会很快下降。同时,药物过敏还常伴有皮疹,皮疹一般多在发热后出现。

教师首先应了解本班幼儿,对班上有药物过敏史的幼儿要加以记录,以便就医时选择用药。其次,在护理患病的幼儿时要细心观察,如果出现与原发疾病无关的发烧、全身皮肤搔痒及皮疹时,应高度警惕药物过敏的发生,及时带患儿到医院就诊,以明确诊断。

确诊为药物过敏后,应立即停用致敏药物。若服药种类较多,一时不能确定,应停用所有可疑药物。让患儿多喝水,需要时可静脉补液,用以加速体内药物排泄。

(二) 过敏处置技能训练

[训练主题] 幼儿过敏处置技能训练。

[训练目标]

(1) 了解幼儿常见的过敏种类和症状。

(2) 能对幼儿常见的过敏症状进行正确处置。

[训练内容]

(1) 观摩图片、录像或教师示范讲解,了解幼儿常见的过敏种类和症状。

(2) 观摩图片、录像或教师示范操作,学习掌握幼儿常见过敏处置技能。

(3) 学生分组实践操作,模拟幼儿过敏处置。

[训练要求]

(1) 以 8—10 人为一组,轮流充当幼儿教师或幼儿,进行模拟处理练习。

(2) 在幼儿园班级或保健室进行实地观摩,以获得直接经验。

[训练评价] 训练后,总结、评估,填写表 2-11。

表 2-11　幼儿过敏处置技能评价表

日期　　　　　训练人　　　　　评价人

评价序号	评 价 项 目	评价方式	评价等级 5	4	3	2	1	得分
1	能对幼儿常见的过敏种类和症状进行正确的识别判断	自我评价						
		他人评价						
2	能对幼儿常见的皮肤过敏进行正确处置	自我评价						
		他人评价						

(续表)

评价序号	评 价 项 目	评价方式	评价等级					得分
			5	4	3	2	1	
3	能对幼儿花粉过敏进行正确处置	自我评价						
		他人评价						
4	能对幼儿常见的食物过敏进行正确处置	自我评价						
		他人评价						
5	能对幼儿常见的药物过敏进行正确处置	自我评价						
		他人评价						
评价说明								

四、幼儿自我防护指导技能

（一）逃生指导技能

1. 逃生指导技能

对于在生理和心理上都处于弱势的幼儿来说，生命成长的每一步都面临着挑战。他们认知能力有限，对事物缺乏判断力，当面临可能的伤害与危险时，往往不能及时做出反应。进入幼儿园后，儿童的生活范围有所扩大，独立意识增强，好奇心和求知欲旺盛，什么都愿意自己动手去尝试、去探索，这是他们成长中的进步表现，但在这一阶段各种危险事件也极易发生。因此，幼儿教师在平时的教学和生活中教会幼儿实用的逃生技能非常重要。

（1）帮助幼儿建立安全意识，果断逃生。教师要帮助幼儿建立这样的意识：遇到坏人、地震、大火，要果断逃生，可以自警、自救、自助，可以不等大人的指挥。

幼儿逃生演练场景

（2）教给幼儿逃生实用方法和技巧。告诉幼儿如果看到有人举刀冲进幼儿园，不要怕，不要呆在原地不动，一定要转身快跑，越快越好。告诉幼儿如果遇到突发事情，一定不要着急，要向人多的地方跑，并向大人求救，眼疾动作快。如遇到火灾、地震等自然灾害时，要在老师的带领下有秩序地迅速逃离现场。

（3）让幼儿知道安全的逃生躲避处。告诉幼儿如果有人用凶器靠近，马上找隐蔽的地方躲藏起来，不要出声，尽量不要让他发现自己。跑到教室、厕所、老师办公室，能躲在桌下就躲起来，能关上门就关上，并插好门。可以找厚纸板或其他东西把缝隙遮起来，让歹徒注意不到这里有人。

（4）要让幼儿牢记并会使用重要电话。要让幼儿牢记家庭住址、父母姓名和电话号码；在遇到危险时，在安全的前提下第一时间拨打父母或110电话，为自己争取援助。

（5）教会幼儿平时的防范要领。告诉幼儿放学一定要等家人来接，不可乱跑，按时回家。即使在幼儿园也不能一个人单独行动，要跟小朋友和老师在一起。公共场所或者外出游玩，不能离开家长的视线，以防止意外发生。

案例分析:"遇到坏人怎么办"逃生活动(中班)

活动目标:

(1)增强幼儿的自我保护意识和能力。

(2)了解发生各种危险时所应该采取的措施。

活动准备:玩具警车一辆,用椅子搭成的家,爸爸妈妈的头饰,坏人的头饰。

活动过程:

(1)创设情景。

情景一:有一天,有个陌生人进入了家里。可是爸爸妈妈都不在家,就只有一个小朋友,该怎么办?

情景二:有一天,有个坏人突然闯进了幼儿园,对着我们行凶怎么办?

(2)根据幼儿的答案,请个别幼儿表演。

(3)谈谈议议。

提问:刚刚小朋友的做法对不对? 如果你遇到了这样的情况,你会怎么办?

(4)总结:如果有陌生人敲门,而爸爸妈妈不在家,决不能开门。如果坏人闯进幼儿园,要安静地想办法,不要害怕,可以打电话求救,也可以请求别人帮助。

(5)根据幼儿及老师总结的答案及过程,请幼儿表演正确的处理办法。

活动建议:幼儿在谈到各种自我保护方法时,有的可能是不合理的,教师不必当场反驳,可以根据幼儿的表演,来请小朋友谈谈。

分析:幼儿年龄小,辨别是非的能力差,教师要多提醒,利用一切机会进行随机教育,让幼儿学会自护的方法,掌握应对突发事件的技能。此活动遵循幼儿的年龄特点,通过创设情境和引导幼儿讨论,使幼儿了解遇到危险时的正确处理办法,以增强幼儿的自我保护能力和意识。

2.逃生指导技能训练

[训练主题] 幼儿逃生指导技能训练。

[训练目标]

(1)了解并掌握幼儿逃生的基本技能训练。

(2)学会设计组织幼儿逃生训练的活动。

[训练内容] 为幼儿园某一年龄班设计一个逃生技能训练的活动计划,如"遇到坏人怎么办?"、"着火了怎么办?"、"地震了怎么办?"等。

[训练要求]

(1)根据训练内容,选择设计一个完整的幼儿园活动计划。

(2)对活动设计进行幼儿园现场实践,并对活动效果做出分析评价。

[训练评价] 训练后,总结、评估,填写表2-12。

表2-12 幼儿逃生指导技能评价表

日期　　　　　训练人　　　　　评价人

评价序号	评 价 项 目	评价方式	评价等级					得分
			5	4	3	2	1	
1	能帮助幼儿建立安全意识	自我评价						
		他人评价						
2	能教会幼儿逃生的基本方法和技巧	自我评价						
		他人评价						
3	能使幼儿知道安全的逃生躲避处	自我评价						
		他人评价						

（续表）

评价 序号	评 价 项 目	评价方式	评价等级					得分
			5	4	3	2	1	
4	能教会幼儿牢记必要的电话,学会拨打110、父母电话等重要电话	自我评价						
		他人评价						
5	能教会幼儿平时的防范要领	自我评价						
		他人评价						
评价 说明								

（二）身体防卫指导技能

1. 身体防卫指导技能

（1）告诉幼儿不要轻信陌生人。要经常对幼儿讲一些深入浅出的道理,让他们认识到社会上既有好人也有坏人,而坏人脸上并没有"我是坏人"的字样,也不是像电影里坏人的那种形象。要教育幼儿,如果大人不在身边,不要相信陌生人的话,不要跟陌生人走,不要吃陌生人的东西。如果遇到陌生人硬拉,要大声呼叫。

（2）提醒幼儿把住身体入口处。生活中有很多吸引幼儿的物品,如小木珠、胶粒、玻璃球等。教师应教育幼儿不要把这些物品放在嘴里,并告诉他们由此产生的后果。吃饭时,应教育幼儿不要边吃边说话,或边吃边笑,以防食物呛入气管。

（3）让幼儿学会保护自己的眼睛、牙齿和耳朵。让幼儿学会防止眼外伤。幼儿小肌肉发育还不完善,手的控制能力较差,如果用剪刀或玩木棍,很容易不慎刺伤眼睛,教师应事先进行安全教育,提高幼儿的自我保护能力。应教育幼儿不用脏手或脏手帕擦眼睛,玩沙时不要用沙去撒别人。

要让幼儿懂得牙齿是不能接受刺激物的,吃过冷、过热、过硬的食物会引起牙齿酸痛,并使牙釉发生损伤。要教育幼儿学会控制自己,少吃零食。尤其要控制食糖量,并做到睡前不吃甜食。要帮助幼儿纠正不良习惯,如咬手指、咬手指甲、咬嘴唇、咬笔、用舌头舔牙等;还要教会幼儿正确的刷牙和漱口方法。

不要让幼儿掏耳垢,以防划破耳道、鼓膜。防止异物进入耳朵,尤其是洗头水或洗澡水。幼儿听音乐或看电视时音量不可过大;放鞭炮、敲锣鼓或雨天打雷时,教幼儿捂住耳朵或张开嘴。不要让幼儿转圈奔跑,以防止耳内淋巴液失衡而眩晕跌倒。

（4）让幼儿知道加衣脱衣的常识。告诉幼儿及时穿脱衣服是为了保护身体,告诉他们热要脱衣,冷要加衣,到室外要加衣,在室内可脱衣;运动前先脱衣,运动后要穿衣,起床要穿衣,早晚凉,要加衣。

教会幼儿测冷热的具体方法:身上感到热,脸红,用手触摸额头和脖子有汗,就该脱衣;如果感到身上有寒意,皮肤上出现鸡皮疙瘩,打喷嚏,就要及时加衣,以防受凉感冒。

（5）教育幼儿知道保护自己的生殖器。应让幼儿懂得男女有别以及男女主要特征,如穿衣、发型、身高、声音、生殖器等。教育幼儿不要随意玩弄自己的生殖器,以免造成细菌感染。告诉幼儿要保护自己的身体,不能让别人随便看,不论男孩还是女孩,因为有些坏人会借这个机会伤害小朋友的身体。

案例分析:"身体的秘密"自我保护活动（大班）

活动目标:

（1）知道自己身体的隐私部位。

(2) 知道尊重自己和别人的身体。

(3) 学会基本的自我防卫方法。

活动准备：

(1) 搜集有关性教育的资料,以应对课堂上幼儿的提问。

(2) 布置性别知识图片展览。

(3)《蜡笔小新》碟片。

(4) 洋娃娃、彩色即时贴以及未穿衣服的男孩、女孩图片人手一幅。

活动过程：

(1) 我知道。

① 按性别将幼儿分成男女两组,两名教师明确分工。

② 引导幼儿通过观察,说说自己所看到的"男、女有什么区别",充分讨论自己对不同性别的看法。

③ 教师小结：性别和我们的身体密切相关,不只是从头发的长短等外部特征上能判断性别,更重要的是,我们身体的衣服遮起来的部位最能代表性别差异。

(2) 保护我的身体。

① 请幼儿观看《蜡笔小新》碟片,对小新随便脱裤子的行为进行讨论。

② 出示洋娃娃,请幼儿指出什么部位要保护,不能随便给别人看。

③ 教师小结：身体的某些部位是不能随便给别人看,我们要保护自己和别人的身体,不能随便暴露自己的身体。

④ 请幼儿在图片上将不能暴露在外的身体部分用彩色即时贴遮盖起来。

(3) 怎么办?

① 教师提问：我们的身体除了妈妈别人不能碰。如果有人叫你单独一人去没人的角落或屋子你怎么办? 有人动你的身体怎么办?

② 幼儿讨论。

③ 教师小结：出现以上情况,我们可以给父母说,报警求助,大声呼叫等。

活动拓展：观看性别知识图片展览。

建议与说明：

(1) 一定要根据本班幼儿的实际情况开展此活动。

(2) 在活动开展前,教师要掌握幼儿对相关知识的了解程度,以便有的放矢。

分析：幼儿有着强烈的好奇心,他们乐于去探知身体的各部分秘密。此活动从幼儿的生活经验出发,通过幼儿感兴趣的游戏方式,引导幼儿知道自己身体的隐私部分。使幼儿学会保护自己的身体,以提高幼儿的自我保护能力。

2. 身体防卫指导技能训练

[训练主题] 幼儿身体防卫指导技能训练。

[训练目标]

(1) 了解掌握幼儿身体防卫的基本指导技能。

(2) 学会设计组织幼儿身体防卫指导活动。

[训练内容] 为幼儿园某一年龄班设计一个身体防卫指导教案,如"不跟陌生人走"、"保护好我们的眼睛"、"保护好我们的小宝贝(生殖器)"等。

[训练要求]

(1) 根据训练内容,选择设计一个完整的幼儿园活动方案。

(2) 对活动设计进行幼儿园现场实践,并对活动效果做出分析评价。

[训练评价] 训练后,总结、评估,填写表2-13。

表 2-13 幼儿身体防卫指导技能评价表

日期　　　　　　训练人　　　　　评价人

评价序号	评 价 项 目	评价方式	评价等级					得分
			5	4	3	2	1	
1	能教育幼儿不轻信陌生人	自我评价						
		他人评价						
2	能教育幼儿学会把住身体入口处	自我评价						
		他人评价						
3	能使幼儿学会保护自己的眼睛、耳朵和牙齿	自我评价						
		他人评价						
4	能使幼儿知道冷暖,知道加衣脱衣的常识	自我评价						
		他人评价						
5	能教育幼儿知道保护自己的生殖器	自我评价						
		他人评价						
评价说明								

第三节　幼儿疾病监测与预防技能

不可忽视的发烧

　　早上幼儿入园时,小班幼儿明明的妈妈告诉带班的张老师明明今天有点发烧,情绪也比较烦躁,可能是感冒了,并请张老师中午给明明喂一些感冒药。张老师先用体温计给明明测了体温,是38℃,又让明明张开嘴,发现明明有口腔溃疡症状。于是,张老师提醒明明妈妈再看一看明明有没有其他别的症状,结果发现明明的手上、脚上、膝盖和屁股上都有一些小红点,手上长了小泡,小泡特别小,才5—6毫米大小。这些泡在手指间、手心、手背、脚上都出现了。张老师马上判断出这是手足口病的典型症状,立即让明明妈妈带明明去医院诊治,并要求明明暂时在家隔离治疗,同时做好其他幼儿的预防检疫工作,从而避免了手足口病在幼儿园的传染。

一、幼儿常见病与传染病的识别技能

　　(一) 幼儿常见病与传染病的识别技能

　　幼儿由于年龄小,有了疾病往往自己说不清或说不全,这就要靠幼儿教师的观察。一些疾病的早期发生阶段,身体会有所变化,幼儿在幼儿园的一些活动就会出现反常现象。此外,有些疾病还会引起一些特殊的现象,如出现皮疹、耳朵流脓、发烧等症状。因此,教师要细心观察每个孩子的表现,发现有生病的迹象,应予以重视,并及时到医院诊治。

　　1. 发热

　　发热是幼儿许多疾病发生过程中最为常见的症状之一。幼儿的正常体温在一昼夜之间会有一定的生理波动,如下午比早上稍高,但其波动范围不应超过1℃,健康的幼儿一般用腋表测体温36—37.4℃为正常。发热的程度以 37.5—38℃为低热;38.1—39℃为中度发热;39℃以上为高热。

发热为体温的异常升高,引起发病的原因很多,教师应积极寻找病因,结合幼儿的年龄、发病季节、流行病史,并注意观察发热时所伴随的症状和体征加以鉴别,并及时到医院诊治。幼儿发热的常见病有以下几种:

(1)发热伴有流涕、咽痛、咳嗽等呼吸道症状常提示呼吸系统疾病。常见有上呼吸道感染、支气管炎、肺炎、扁桃体炎,如在冬春呼吸道传染高发季节,应仔细查看相关体征,有无接触史,并予以鉴别诊治。

(2)发热伴有恶心、呕吐、腹泻等症状,特别在夏秋季节,多见于细菌性痢疾和其他感染性腹泻。在发热伴有腹痛时,应根据疼痛部位注意外科急腹症,如化脓性阑尾炎。

(3)发热伴有惊厥或昏迷等神经系统症状常提示中枢神经系统感染,如脑膜炎、脑炎、脑脓肿等。

(4)发热伴有尿频、尿急、尿痛等泌尿系统症状时应考虑泌尿系统感染、肾结核等。

(5)发热伴有皮疹时,要根据皮疹的性质和部位予以鉴别,常见于幼儿急疹、麻疹、猩红热、水痘、流脑等。

(6)发热伴有局部感染,要仔细检查各个部位,多见局部感染为急性化脓性中耳炎、化脓性淋巴结炎等。

2. 惊厥

幼儿惊厥发作时典型的表现为突然意识丧失,两眼眼球上转呈斜视或凝视状,全身或局部(四肢或颜面肌肉)不自主抽动,部分幼儿大小便失禁。发作时间持续长短不一,短至仅数秒,长至数分钟。发作次数可因病因而有不同,少则每天一至两次,多则数十次不等,发作过久可因缺氧造成脑部损害。所以,幼儿惊厥发作时,教师要密切注意并予以识别。

(1)惊厥伴有发热常见的疾病:

① 高热惊厥。因各种原因所引起的突然高热而致抽搐。常发生于体温骤升时,发作持续时间短,能自行缓解,惊止后神志清楚。但此后每逢高热即有发作的可能。

② 惊厥伴有呼吸道症状。常见于急性上呼吸道感染、化脓性扁桃体炎、肺炎等。

③ 惊厥伴有消化道症状。特别为夏秋季节,应警惕中毒性痢疾的发生。

④ 惊厥伴有神经系统症状。多见于各种原因所致的脑炎、脑膜炎、脑脓肿。

(2)无热惊厥常见的疾病:

① 低钙惊厥。发作时有手足抽搐现象,次数多少不一,发作后神志清醒,无神经系统改变。

② 癫痫。惊厥反复发作,发作后神志清醒,无神经系统改变。

③ 中毒。因中毒而发生惊厥,发作时意识不清,呕吐,腹泻。

3. 呕吐

幼儿发生呕吐现象是由于各种原因致使胃肠道发生逆蠕动,同时伴有腹肌收缩,从而迫使胃内容物从口或鼻腔涌出。呕吐呈持续性或反复出现时,可作为严重疾病的主要表现,并可引起不良后果。呕吐虽然可以单独发生,但常随其原发病而伴有其他症状和体征。引起呕吐的病因很多,如各种感染、消化道梗阻、中枢神经系统疾病、中毒和喂养不当等。因此,教师要注意幼儿呕吐与饮食的关系,观察呕吐的特点、次数以及伴随的体征,以助识别。

(1)呕吐伴有流涕、咽痛、咳嗽等呼吸道症状时,常见上呼吸道感染、支气管炎、肺炎。

(2)呕吐伴有恶心、腹痛、腹泻等消化道症状时,多见于消化道感染性疾病,如急性胃肠炎、细菌性痢疾、阑尾炎、急性肝炎、腹膜炎等。当消化道梗阻时也会出现呕吐。

(3)呕吐伴有发热、昏迷、惊厥等中枢神经系统症状时要警惕中枢神经系统疾病。脑膜炎常有喷射性呕吐、颈强直等脑膜刺激征表现。头部外伤也会引起呕吐。

(4)喂养不当,饮食过量可在餐后引起呕吐,误服药物中毒后会出现呕吐。

4. 腹痛

腹痛是幼儿较常见的症状,引起腹痛的原因很多。当儿童出现腹痛时,教师应仔细观察腹痛的部位、

性质和伴有的其他症状。由于腹痛的病因有时不一定在腹部,因此,应注意查看儿童的全身状况加以识别。

（1）腹痛伴有恶心、呕吐等消化道症状时,可见于以下疾病:

① 急性阑尾炎。可突发腹部或脐周疼痛,后转至右下腹疼痛并呈阵发性加重,体温多增高。

② 肠套叠。表现为阵发性腹痛,面色苍白,大便为果酱样粘液血便。

③ 急性肝炎。常有食欲不振、恶心呕吐和发热,部分可出现黄疸。

④ 肠梗阻。表现为持续性腹痛、阵发性加重、腹胀、无大便。

⑤ 急性腹膜炎。以高热、频繁呕吐、剧烈腹痛和腹胀为主要表现。

⑥ 急性肠系膜淋巴结炎。常在急性上呼吸道感染的病程中并发。典型症状为腹痛、发热、呕吐,有时会发生腹泻或便秘。腹痛以右下腹部为多见。

（2）腹痛伴有尿频、尿急、尿痛等泌尿道症状时,常提示尿路感染、尿路结石。

（3）腹痛伴有出血性皮疹时应考虑过敏性紫癜。发病时以腹部剧痛,同时可伴有黑色血便、关节痛、皮肤以四肢末端和臀部出现对称性出血性皮疹为特点。

（4）腹痛经常性反复发作,常为肠痉挛、肠道寄生虫症。

5. 多汗

幼儿汗腺分泌过多称为多汗。因外界环境的影响或体内供热和产热过多时,多汗为机体调节体温所必需,称为生理性多汗;因受某些疾病因素影响所致的多汗称为病理性多汗。

（1）生理性多汗。常见于气候炎热、室温过高或穿衣、盖被过多时,当剧烈运动之后,快速饮热食时也会导致生理性多汗。

（2）病理性多汗。往往出现在幼儿安静状态或睡眠时,无外界环境因素的影响下,出现大汗淋漓或出汗不止,睡眠时常因盗汗湿透枕头。常见伴有多汗的疾病如下:

① 急慢性感染性疾病。肺炎、伤寒、结核病、风湿热活动期、感染性多发性神经根炎。

② 营养性疾病。佝偻病活动期、营养不良。

③ 药物作用。服用解热药物后。

④ 中毒。有机磷中毒、铝中毒、汞中毒。

⑤ 精神因素。精神过度兴奋或紧张、惊吓、恐惧等。

6. 厌食

幼儿厌食属于常见症状,是指较长时期的食欲减退或消失。长期厌食会伴有体重不增或下降,常有器质性病变或精神方面的障碍。幼儿厌食常伴有不良的饮食习惯,表现为生活不规律,吃饭不定时,饭前吃糖果、点心等零食,从而影响神经调节功能和消化液的分泌。家长不合理的喂养会使幼儿食欲下降而产生厌食。另外,幼儿精神压力和情绪变化,如家庭不和睦,被成人训斥、恐惧也可使幼儿食欲减退。伴有厌食的常见疾病如下:

（1）慢性感染。可伴有长期的食欲减退,如结核病、慢性肺部感染、肾盂肾炎、慢性肝病。

（2）营养障碍。如锌缺乏、铁缺乏症。

（3）药物作用。有些药物会造成胃肠道反应,引起食欲减低,如抗生素(红霉素等)。

7. 皮疹

皮疹是幼儿疾病常见的一种体征。皮疹有多种形态,皮疹呈红色,不高出皮肤表面,用手指压之可褪色的叫斑疹;高出皮肤表面的叫丘疹;兼有斑疹和丘疹特点的叫斑丘疹;皮疹高出皮肤表面、内含液体者叫疱疹,含脓性液体的叫脓疱疹;皮肤表面有鲜红色的斑点,大小不等,用手指压不褪色的叫紫癜,以后可变紫色再转为青色,最后变为棕黄色而消失。皮疹的形态大小不一,有的互相融合成片状。根据皮疹的形态、分布以及出疹前后机体的不同表现,教师可对幼儿皮疹进行初步识别。

（1）幼儿急疹。这是婴幼儿常见的发疹性疾病,可能是病毒感染引起的传染病。一年四季都可以发病,以冬春季为多。一般感染一次,感染两次的少见。潜伏期是8—14天。临床表现为发热,可以高热达39—41℃,一般持续3—5天,个别的儿童可能高热惊厥。

热退疹出是本病的特点。皮疹多为不规则的斑点状或斑丘疹。用手按压皮疹可以退色。全身均可见。一般 1—2 天消退，不留痕迹。有的儿童还伴有呼吸道和消化道的症状。颈部的淋巴结可能肿大，尤其是耳后或枕后淋巴结增大更为明显。

（2）风疹。这是由风疹病毒感染、幼儿时期常见的、通过呼吸道飞沫传播的急性传染病。传染源可能是已经感染的病人，也可以是没有发病但是带病毒者。多在冬春季发病，可以在集体中流行。一般潜伏期是 10—21 天。临床表现为发热，多为中度发热，少见有高热。持续 1—2 天，发热 3 天的少见。有的儿童伴有咳嗽、咽痛、流涕、头痛、呕吐、结膜炎。

发热 1—2 天出现皮疹，之后出疹迅速遍及全身。皮疹色淡，略高于皮肤。皮疹一般短则在出疹后 2—3 天消退，长则 4—5 天，个别病人在疹退后遗留色素斑。

（3）水痘。这是常见的、较轻的、通过接触或飞沫传染的急性病毒性传染病。初次感染是水痘，再次感染可出现带状疱疹。冬春季发病多见，一般一次发病，终身免疫。潜伏期 11—24 天。临床表现为发热，一般在 39℃以下。

发热当天即可出皮疹，也有的在发热 1—2 天后出现，以躯干、头、腰以及头皮多见。一般丘疹、疱疹、结痂的疹子同时存在。有的幼儿口腔、咽部和结膜也可以见红丘疹。

（4）麻疹。这是幼儿常见的呼吸道急性传染病，传染性极强。病原体为麻疹病毒。患过麻疹的幼儿可以获得终身免疫。麻疹患儿是唯一的传染源，主要通过呼吸道飞沫传染，或者通过第三者作为媒介进行传染。一年四季都可以发病，晚春最多。潜伏期 6—18 天。

发疹前 3—4 天可见高热、流涕、结膜炎、流泪、轻咳，口腔内可见口腔麻疹黏膜斑。发热第四天出现皮疹，先见于耳后，继而出现皮疹，从发际、颈部、脸、遍及全身最后达四肢。皮疹大小不等，呈暗红色。疹出 2—5 天按出疹顺序从上向下逐渐消退。

（5）丘疹性皮疹。又叫沙土皮疹，主要发生在夏天。幼儿皮肤娇嫩，经过沙土或水的多次刺激，使皮肤表面的保护屏障受到破坏，防御能力降低，由于天气炎热出汗，导致皮肤发炎，形成皮疹。轻的出现皮疹，重的可出现局部皮肤肿胀、糜烂、渗出。多发在腕部、手背，有的也会在的前臂、大腿、臀部出现。

（6）手足口综合症。一种由肠道病毒引起的、好发于幼儿的传染病，近年来在世界各国广为流行。全年均可发病，常发生在 3—11 月份，6—8 月份为高峰期，这种病传播速度极快，传播范围极广，发病年龄可从 4 个月的婴儿到 30 岁的成人，但以幼儿发病率最高。

发病初期，主要症状是发热，体温一般在 38—39℃之间，伴有嘴角痛、咽喉痛、流口水、不爱吃东西等症状，与上呼吸道感染很像。1—2 天后，手上、脚上和口腔内颊部、舌、口唇内侧等处可出现红色斑点，斑点逐渐发展成为疱疹，故而得此病名，是幼儿常见的疱疹性疾病之一。

疱疹破溃后形成溃疡，疼痛异常，因此，手足口病患儿常因嘴痛而影响吃奶、吃饭、哭闹不安。多数患儿的疱疹在 3—4 天后可自行消退，不留痂，也不脱屑而痊愈，无并发症者一周左右即可治愈，预后良好，只有极少数患儿可并发心肌炎或无菌性脑膜炎等疾病。

（二）常见病与传染病的识别技能训练

［训练主题］ 幼儿常见病与传染病的识别技能训练。

［训练目标］

（1）了解幼儿常见病的发病迹象以及常见传染病的症状。

（2）能对幼儿常见病与传染病进行初步的识别。

［训练内容］

（1）观摩图片、录像或教师讲解，了解幼儿常见病的发病迹象以及常见传染病的症状。

（2）观摩图片、录像或教师示范操作，掌握幼儿常见病与传染病的初步识别技能。

［训练要求］

（1）以 8—10 人为一组，轮流充当幼儿教师或幼儿，进行模拟识别练习。

（2）在幼儿园班级或保健室进行实地观摩，以获得感性经验。

［训练评价］ 训练后，总结、评估，填写表 2-14。

表 2-14 幼儿常见病与传染病的识别技能评价表

日期　　　　　　　训练人　　　　　评价人

评价序号	评 价 项 目	评价方式	评价等级					得分
			5	4	3	2	1	
1	能根据幼儿的发热症状对疾病进行初步识别	自我评价						
		他人评价						
2	能根据幼儿的惊厥症状对疾病进行初步识别	自我评价						
		他人评价						
3	能根据幼儿的呕吐症状对疾病进行初步识别	自我评价						
		他人评价						
4	能根据幼儿的腹痛症状对疾病进行初步识别	自我评价						
		他人评价						
5	能根据幼儿的多汗症状对疾病进行初步识别	自我评价						
		他人评价						
6	能根据幼儿的厌食症状对疾病进行初步识别	自我评价						
		他人评价						
7	能够根据幼儿的皮疹症状对疾病进行初步识别	自我评价						
		他人评价						
评价说明								

二、常见病与传染病的预防技能

（一）常见病与传染病的预防技能

幼儿园是幼儿学习、生活的场所，是人群比较密集的地方，也是疾病容易传染的场所。由于幼儿年龄小，身体各个系统发育还不完善，自身的抵抗力比较低，易感染上各种疾病。为了每位幼儿能够健康成长，幼儿园做好预防和控制常见病和传染病的发生、蔓延工作非常重要的。

1．养成良好的卫生习惯

（1）根据天气变化和体质情况，帮助幼儿适时增减衣服，做到科学穿衣。

（2）注意经常开窗，保持室内空气新鲜，让室内的空气流动起来，驱散病毒，以减少患病的机会。

（3）特别强调幼儿勤洗手，注意手的卫生。因为呼吸道传染病患者的呼吸道分泌物中含有大量病原体，有可能通过手接触分泌物，传染给健康人。

（4）督促幼儿在幼儿园多喝水，以利于体内毒素的排泄，净化体内环境。

（5）保证幼儿的户外锻炼，提高幼儿自身的免疫力。锻炼身体可增加血液循环，提高皮肤调节温度的能力，维护淋巴系统的功能，从而增强抗病能力。

（6）注意平衡营养。幼儿园膳食中可以增加含量丰富的鱼虾、豆制品，适当增加优质蛋白质，注意蔬菜水果的摄取，适当搭配粗粮和杂粮。

（7）保证幼儿充足的睡眠，不使幼儿过度疲劳，否则会带来失衡的免疫反应。

2．切断疾病传染源

幼儿传染病的传染途径主要分为呼吸道传染和消化道传染两种。呼吸道传染病是患儿在说话、呼吸、打喷嚏、咳嗽时将病原体播散在空气中，被健康儿童通过口、鼻吸入体内而感染发病，如流感、手足口病、猩红热等就是典型的病例。消化道传染病是健康的儿童误服了被污染的食物或水,或用手摸了被污染的玩具后,又吮吸手指或不洗手就吃东西,造成病原体由口进入体内,如感染性腹泻就是典型的病例。

因此,教育幼儿保持良好的卫生习惯对于预防传染病十分重要。如不喝生水,不随地大小便,不吮手指,饭前、便后洗手等,这些都是切断传染源的重要手段。

3. 切断传染途径

如果发现有幼儿得了传染病要迅速隔离,接触过病原的幼儿要另外隔离、检疫,必要时可给予一些预防的药物口服。传染病人更应及早隔离治疗。

由于传染病一般有 1—2 周的潜伏期,因此,在传染病流行的时期,若怀疑幼儿与病原有接触,就必须细心观察,一旦发现有异常症状,如发热、食欲下降、不爱玩等,就应尽早隔离,及早就医。

案例分析:"预防手足口病"防病活动(大班)

活动目标:

(1) 了解关于手足口病的传播和预防知识。

(2) 教育幼儿注意个人及饮食卫生,预防疾病的发生。

(3) 引导幼儿正确对待手足口病,不恐慌。

活动准备:手足口病例图。

活动过程:

1. 谈话导入

每天老师都会给你们量体温、检查小手和嘴巴,谁知道这是为什么?

2. 介绍手足口病的基本知识

(1) 小朋友们对手足口病已经有所了解,那么手足口病都有哪些症状呢?(幼儿讨论)

小结:发病时往往先出现发烧症状,手掌心、脚掌心出现斑丘疹,口腔黏膜出现疱疹或溃疡,很疼。还会咳嗽、流涕、食欲不振、恶心、呕吐、头疼,病重的会并发脑炎、心肌炎、肺炎等,若不及时治疗可危及生命。所以,小朋友不舒服时要赶快告诉老师和大人,及时就医。

(2) 请幼儿观看手足口病例图片,了解手足口病的传播途径。手足口病病菌是怎么传播的呢?(幼儿讨论)

小结:手足口病主要通过 3 条途径传播,一是人群密切接触,二是病人的分泌物、排泄物通过空气传播,三是饮用或吃了被病人污染的水、食物。患儿摸过的玩具、图书,带有病毒的苍蝇叮、爬过的食物,如果接触都有可能得病。

(3) 知道预防手足口病的方法。怎样预防手足口病?(幼儿讨论)

小结:要知道预防措施:

① 注意保持口腔卫生,饭后漱口。

② 早上入园洗手,饭前便后要洗手,勤剪指甲,勤洗澡。

③ 不去人群拥挤的公共场所,不要经常串门,不要和患病儿童接触。

④ 家长外出回家后,立即让家长洗手、换衣服,防止将病菌带回家。

⑤ 饭前用消毒液擦餐桌,不吃生冷食物,夏天少吃冷饮,不喝生水,瓜果洗净削皮,不吃变质的食品。不挑食,注意休息,避免日光暴晒,防止过度疲劳而降低抵抗能力。

⑥ 保持活动室和家庭环境的卫生,经常开窗通风。垃圾及时清理、消毒。

分析:春天是各种传染病流行的季节,教师结合季节特点和幼儿的生活经验,通过直观讲解,让幼儿了解有关手足口传染病的临床表现、传播途径、预防方法等,以培养幼儿良好的饮食及个人卫生习惯,增强幼儿的预防疾病意识。

(二)常见病与传染病的预防技能训练

[训练主题] 幼儿常见病与传染病的预防技能训练。

[训练目标]

(1) 了解幼儿常见病与传染病的传播途径和预防方法。

（2）能根据幼儿的年龄特点，对幼儿常见病与传染病进行正确的预防。

（3）学习设计组织幼儿预防传染病的指导活动。

［训练内容］

（1）观摩图片、录像或教师讲解，了解幼儿常见病与传染病的传播途径和预防方法。

（2）为幼儿园某一年龄班设计一个预防传染病的指导教案，如"讲卫生不生病"、"疾病来了我不怕"、"怎样预防手足口病"等。

［训练要求］

（1）根据训练内容，选择设计一个完整的幼儿园活动方案。

（2）轮流充当幼儿教师或幼儿，进行模拟组织练习。

（3）对活动方案进行幼儿园现场实践，并对活动效果做出分析评价，以掌握幼儿常见病与传染病的预防技能。

［训练评价］　训练后，总结、评估，填写表2-15。

表2-15　幼儿常见病与传染病预防技能评价表

日期　　　　　　训练人　　　　　　评价人

评价序号	评 价 项 目	评价方式	评价等级					得分
			5	4	3	2	1	
1	知道幼儿常见病与传染病的传播途径和预防方法	自我评价						
		他人评价						
2	能在幼儿园工作中自觉采取传染病预防措施，如及时开窗透气，保持室内空气新鲜等	自我评价						
		他人评价						
3	能教育幼儿养成良好的卫生习惯，以切断传染源	自我评价						
		他人评价						
4	能做到发现传染病患儿迅速隔离，并对接触过病原的幼儿另外隔离、检疫，以切断传染途径	自我评价						
		他人评价						
评价说明								

三、常见病与传染病的处理技能

（一）常见病与传染病的处理技能

1. 发热的处理

（1）降温处理。发热时要多饮开水，卧床休息。降温主要采用物理降温，如额部冷湿敷，高热持续不退可头枕水袋，并可服用退热药物，以防高热惊厥。

（2）加强护理。注意观察病情变化，如高热持续不退或精神差，应立即送往医院诊治。

2. 惊厥的处理

不管什么原因引起的惊厥，首先对症处理，控制惊厥。

（1）患儿侧卧，防止呕吐物吸入，解开衣领、裤带，将纱布包裹的压舌板放入口腔上下牙之间，防止舌咬伤。

（2）保持呼吸道通畅，及时去除咽部分泌物。惊厥时间较长或反复发作时须及时吸氧。

（3）降低体温，可采用物理降温措施。

（4）对惊厥持续状态或病情较重者应在给予止惊对症处理后立即护送医院治疗。

3. 呕吐的处理

（1）加强护理，防止呕吐物的吸入。

（2）当呕吐量多，呕吐次数频繁时要防止脱水。

（3）在呕吐伴有急危性症状时，如精神萎靡、高热持续不退、喷射性呕吐或腹痛进行性加重时，要考虑中枢神经系统疾病或外科急腹症的可能，应立即送医院诊治。

4. 腹痛的处理

（1）在腹痛发作过程中，特别在病因没有确定时，不得随便给予止痛药物。

（2）密切观察病情变化，如患儿精神、面色不佳，出现腹痛进行性加重时应立即送到医院检查，以免延误病情。

5. 多汗的处理

（1）加强护理，对出汗过多的儿童要及时将汗水揩干，更换汗湿的内衣，避免受凉。

（2）对非生理性多汗的患儿要到医院做进一步检查，确诊后按不同病因进行治疗。

6. 厌食的处理

（1）建立规律的生活制度，改变不合理的饮食习惯。

（2）对各种疾病引起的厌食，应积极针对原发病进行治疗。

7. 皮疹疾病的处理

（1）幼儿急疹。多喝水，可以用一些抗病毒的药物。如果幼儿高热可以用退热药，如果有的幼儿出现烦躁或者惊厥可以用镇静药。

（2）风疹。发热时可以多喝水，可以吃抗病毒的药物包括清热解毒的中药。如果体温高于 38.5℃ 可以用退热药。其余对症处理。注意休息，可以吃易消化的食物。本病隔离从发疹至出疹 5 日后，患儿不能接触怀孕早期的妇女。

（3）水痘。发热时多喝水，吃易消化的食物，保持皮肤清洁，勤换衣服，不要抓破水疱，以防感染，只要水疱不破，一般痊愈后不留疤痕。可以吃抗病毒药物或者注射维生素 B_{12}。

（4）麻疹。幼儿卧床休息，室内空气新鲜，吃易消化的食物，不要直接吹风。做好眼、鼻、口腔护理，不能急于降温，最好采取物理降温，可以在医生指导下用透疹的中药。病情如有变化及时去医院就诊。

（5）丘疹性皮疹。局部外用氧化锌软膏，口服维生素 C。如果有糜烂或渗出可以将化毒散用水调后外用。

（6）手足口综合症。可服用抗病毒的药物或清热解毒的中成药。保证患儿有足够的休息。若幼儿有发热时，多喝水，体温大于 38.5℃ 可口服退热药。保持溃疡处局部清洁，避免细菌的继发感染；对破溃处，可涂金霉素、鱼肝油以减轻疼痛及促使糜烂面早日愈合。患儿因口腔糜烂吃东西困难时，可以给易于消化的清淡的流食或半流食，避免引起疼痛而拒食，定时让患儿用温水冲漱口腔。

（二）常见病与传染病的处置技能训练

［训练主题］ 幼儿常见病与传染病处置技能训练。

［训练目标］

（1）知道幼儿常见病与传染病的基本处置方法。

（2）能对幼儿常见病与传染病进行初步的正确处置。

［训练内容］

（1）观摩图片、录像或教师示范操作，学习掌握幼儿常见病与传染病的正确处置技能。

（2）学生分组实践操作，模拟幼儿常见病与传染病的处置技能。

［训练要求］

（1）以 8—10 人为一组，轮流充当幼儿教师或幼儿，进行模拟处理练习。

（2）在幼儿园班级或保健室进行实地观摩，以获得直接经验。

［训练评价］ 训练后，总结、评估，填写表 2—16。

表 2-16　幼儿常见病与传染病处置技能评价表

日期　　　　　　训练人　　　　　评价人

评价序号	评 价 项 目	评价方式	评价等级					得分
			5	4	3	2	1	
1	能对幼儿的发热症状进行正确的处置	自我评价						
		他人评价						
2	能幼儿的惊厥症状进行正确处置	自我评价						
		他人评价						
3	能对幼儿的呕吐症状进行正确处置	自我评价						
		他人评价						
4	能对幼儿的腹痛症状进行正确处置	自我评价						
		他人评价						
5	能对幼儿的多汗症状进行正确处置	自我评价						
		他人评价						
6	能对幼儿的厌食症状进行正确处置	自我评价						
		他人评价						
7	能对幼儿的皮疹疾病症状进行正确处置	自我评价						
		他人评价						
评价说明								

技能拓展训练：考察一所幼儿园的保育工作,对该园一日生活组织、安全工作及疾病防控工作进行分析,并撰写综合分析报告。

第三章
幼儿教师教育教学技能与训练

幼儿园教育教学活动是教师有目的、有计划地积极利用幼儿园环境和材料,通过教师和幼儿双向交流互动,激发幼儿主动参与活动,促进幼儿身心全面发展的过程,它是实现幼儿园教育目标、组织传递教育内容的手段。

幼儿园教育活动是教师以多种形式有目的、有计划地引导幼儿生动、活泼、主动活动的教育过程。在教育活动的设计、组织、管理和评价中,教师要根据幼儿的发展水平、兴趣需要、经验特点选择活动内容,设计活动目标,有目的、有计划地对幼儿施加教育影响,并根据幼儿的反馈主动调整教学内容和方式,控制活动进程,引领幼儿向着目标方向发展。

第一节 教育活动设计技能

"想做什么"和"为什么要这么做"

王老师从外地学习回来,将在外地观摩到的一节艺术活动《折纸的变化》进行教学展示,与园内教师分享与交流。她自认为这是一个完整、优秀的教学设计,在外地看到的观摩活动效果也不错,但是依葫芦画瓢在本园开展的同样活动效果却大相径庭,一个很重要的原因就是学了"形",没学到"神"。看来,在评价一个教育活动时,不光要看这个教师想做什么,更重要的是要看她"为什么"要这么做。对"想做什么"和"为什么要这么做"的回答,正反映出幼儿教师在一定教育理念指引下的教育活动设计技能。

一、教育活动目标设计技能

（一）教育活动目标设计

教育活动目标是幼儿园目标体系中最具体的目标,是完成幼儿园教育教学任务、实现幼儿园保教目标的基础。教育活动目标设计就是确定科学的教育活动目标。恰当地表述教育活动目标,是幼儿教师教育技能的具体体现。

（二）教育活动目标设计技能

目标是教育活动的起始环节,是开展教育活动的出发点和归宿,它规定了教育活动预期所要获得的某种效果,是教育活动内容选择、方法运用、效果评价的依据和准则。因此,明确教育活动目标的过程也是精选教育活动内容、优化活动方式的过程。

1. 考虑领域特点

幼儿园教育内容具有广泛性和启蒙性,可按照幼儿学习活动的范畴相对划分为健康、社会、科学、语言、艺术等 5 个领域。各领域的发展目标是不同的,如语言领域重点发展幼儿的言语表达能力,艺术领域重点发展幼儿的审美感受和体验,但各领域的内容都应对幼儿的情感、态度、能力、知识和技能有所发展。因此,在目标设计时,要根据领域目标的特点设计具体的活动目标。如,语言领域的核心价值在于倾听、感

受、理解和表达,科学领域的核心价值在于幼儿的积极主动探究,艺术领域的核心价值在于对美的感受与表达,社会领域的核心价值在于幼儿的主动参与和交往,健康领域的核心价值在于提高幼儿的自我保护能力和积极情绪的培养。

2. 体现三维目标

美国著名教育评论专家布鲁姆自 1948 年开始研究教育目标的分类,到 1972 年,陆续编写出了认知、情感、动作技能 3 个领域的教育目标分类学,其目标分类的具体性、准确性和可评性值得我们在幼儿园活动设计中借鉴。认知领域有 6 项指标,即知识、领会(理解)、运用、分析、综合、评价;情感目标有 5 项指标,即接受与注意(觉察、愿意接受、控制或选择的注意)、反应(默许、意愿、满意感)、价值观(接受、偏爱、承诺感)、组织和个性化;动作技能领域有 3 项指标,即知觉、行动的倾向与组织和动作活动。具体的教育活动要突出以上 3 个领域的教育目标。

3. 表述清晰具体

在幼儿园的目标体系中,教育活动目标是最具体的,因而是完成幼儿园教育任务的基础。关于教育活动目标的表述,教育心理学家比较一致的观点是,重点应说明学习者行为或能力的变化。1962 年,马杰(R. F. Mager)在其出版的《程序教学目标的编写》一书中提出,一个教育活动目标应包括 3 个基本要素,即行为、条件和标准。行为是说明学习者通过教学将能做什么,以便教师能观察学习者的行为,了解目标是否达到;条件是说明这些行为在什么条件下产生;标准则指出了合格行为的最低标准。

4. 易于操作检测

从幼儿园的目标体系来看,从低到高,各层次目标越来越抽象、概括和笼统,最具体、最底层的幼儿园教育活动目标体现的是一种对实践活动的价值追求,是可观察、可测量、可评价的,可以明确界说,具体指导着教育活动的进行,并通过教育活动效果的反馈不断得以调整和完善。因此,教育活动目标的设计应当是具体、明确的,教师容易操作的,观摩者易于检测和评价的,它直接引导教师的教学和评价。

案例分析:"钻圈乐"活动(大班)

活动领域:健康领域

活动目标:

(1) 引导幼儿借助圈探索钻的多种方法,初步掌握侧身钻的动作技能。

(2) 鼓励幼儿用钻的多种方法,尝试创编体育游戏,体验体育游戏的乐趣。

活动准备:呼啦圈人手一个,音乐。

活动过程:

1. 热身活动

幼儿拿圈进入场地,随教师口令做热身活动。

2. 探索钻的多种方法

(1) 幼儿借助圈自由探索钻的多种方法。

① 引导幼儿根据已有经验说说圈可以怎样玩。

② 请幼儿借助圈大胆尝试钻的多种方法并注意安全。

③ 请幼儿听音乐开始探索,音乐结束,请幼儿回到原位。

(2) 展示探索成果。

① 鼓励幼儿大胆介绍自己探索出的钻法并演示。

② 师幼探讨圈的高低不同,钻的姿势有所不同。

③ 教师小结:钻的方法有正面钻、侧身钻、爬钻等。

(3) 集体练习侧身钻。

① 教师示范并讲解侧身钻的动作要领。

② 幼儿分组练习侧身钻。

3. 鼓励幼儿用钻的多种方法尝试创编体育游戏

(1) 教师提醒幼儿在创编游戏的过程中注意安全,且有规则意识。

（2）教师引导幼儿有秩序地进行自主创编的体育游戏。

4. 结束活动

（1）幼儿随音乐做放松运动。

（2）幼儿整理呼啦圈，离开场地。

（本活动设计由兰州城市学院附属实验幼儿园李沔玲老师提供）

分析：本活动的认知目标是鼓励幼儿用钻的多种方法尝试创编体育游戏，动作技能目标是引导幼儿借助圈探索钻的多种方法，初步掌握侧身钻的动作技能，情感目标是体验体育游戏的乐趣。目标表述具体清晰，便于操作评价，且体现了目标的创造性。

（三）教育活动目标设计技能训练

［训练主题］ 教育活动目标设计技能训练。

［训练目标］

（1）理解教育活动目标设计要领。

（2）掌握教育活动目标设计的层次。

（3）尝试具体、清晰地表述教育活动目标。

［训练内容］ 根据给出的领域目标设计教育活动目标。

（1）大班科学活动：小小科学家——有趣的沉浮实验。

（2）中班健康活动：我们的皮肤。

（3）小班语言活动：诗歌《轻轻地……》。

［训练要求］

（1）根据训练内容设计教育活动目标，并说明理由。

（2）对不同的活动目标加以比较，加深对相关知识的认识。

［训练评价］ 训练后，总结、评估，填写表 3-1。

表 3-1 幼儿园教育活动目标设计技能评价表

日期　　　　　　　训练人　　　　　　　评价人

评价序号	评 价 项 目	评价方式	评价等级					得分
			5	4	3	2	1	
1	能理解教育活动目标设计的要领	自我评价						
		他人评价						
2	能根据内容设计教育活动目标	自我评价						
		他人评价						
3	能考虑领域特点设计教育活动目标	自我评价						
		他人评价						
4	能清晰、准确地表述教育活动目标，且易于操作检测	自我评价						
		他人评价						
5	能全面体现三维教育目标	自我评价						
		他人评价						
评价说明								

二、教育活动内容处理技能

教育活动目标与教育活动内容是相辅相成的,教育活动内容是教育活动目标实现的载体,教育活动内容要以教育目标为依据。教育活动内容的选择必须实现教育目标,与教育目标保持完全一致。所以,教师在掌握活动目标设计的基础上,还要进一步掌握根据目标处理教育活动内容的技能。

(一)教育活动内容处理

教育活动内容是指一整套以教学计划的具体形式(课表和课程)存在的知识、技能、价值观念和行为。它是根据各种社会需要为规定的目的和目标而设计的。教育活动内容处理是按照不同教育层次、类型、年龄班和学科安排的、按某种教育目的制定和构成一组具体学习对象的过程。教师要根据活动目标,考虑幼儿年龄特点,对各种教育活动内容进行合理的编排和处理,以实现活动目标。

(二)教育活动内容处理技能

幼儿教师在处理教育活动内容时,一是要注意内容的全面性和启蒙性,二是要注意内容的粗浅性和趣味性,三是要注意内容的整体性和综合性。具体操作技能如下。

1. 分析教育活动目标

教育活动的内容应根据教育目的和幼儿的实际水平和兴趣,以循序渐进为原则,有计划地选择和组织。教学活动目标是每一次教学活动的出发点,因此在对内容进行选择时,首先把握五大领域的核心价值,使选择的内容有助于实现领域目标;其次要深刻分析目标中所表述的语言,紧紧围绕既定目标来选择相应的内容。教师在选择内容时要考虑"所选的内容是为了实现哪一项目标",一定要选择有助于实现目标的内容。

2. 考虑幼儿的现实生活

教育内容的选择应该既符合幼儿的兴趣和现有经验,又有助于形成符合教育目标的新经验;既贴近幼儿的生活,又有助于幼儿的经验;既体现内容的丰富性、时代性,又注重幼儿学习的必要性、妥当性以及与小学教育的衔接。这些原则要求幼儿园教育活动内容来源于生活,与儿童的生活经验紧密相关,只有来自于幼儿生活经验的内容才能引发他们的探究兴趣,符合他们的认知水平,进而获得可能的发展。

3. 符合幼儿的年龄特点

教育活动内容的组织应充分考虑幼儿的学习方式和特点,注意综合性、趣味性,寓教育于生活、游戏中。幼儿的年龄特征决定了兴趣是直接支配他们学习的最大内在动力,幼儿的兴趣和需要是选择教育内容不可忽视的因素。首先,教师要观察幼儿,捕捉幼儿的兴趣所在,选择符合幼儿年龄特点的、幼儿感兴趣并能促进其发展的活动内容;其次,应结合幼儿的兴趣点,从纷繁多样的相关内容中遴选幼儿可以理解的内容;最后,对遴选的内容进行合理的编排和设计。

4. 善于利用环境资源

在幼儿园教育活动内容的选择和安排中,还必须考虑季节、节日、资源等因素,重视教育活动内容与周围社会生活的联系,善于从本地区的自然环境、历史背景、社会设施、建筑风格等资源中挖掘与选择教育活动的内容和材料,体现地方性和民族性。如,利用当地民间艺术资源在幼儿园开展丰富多彩的艺术活动,幼儿自己制作、欣赏香包,自己绘画、欣赏脸谱,自己创作、欣赏雕塑等。

案例分析:"神奇的复制"科学活动(大班)

活动领域:科学领域

活动目标:

(1)让幼儿知道复制,能用复制的方法感受物品的纹理美。

(2)通过操作,体会生活中的复制给人带来的方便。

活动准备:猜想卡、若干白纸、水果包装袋、胶皮、毛巾、树皮、木块、浴巾、搓澡巾、硬币、印泥、橡皮泥、复写纸、颜料、铅笔等物品。

活动过程:

利用当地资源开展幼儿园活动

1. 引出主题

(1) 变魔术引起幼儿的兴趣。老师手里的这张纸上有一只小猴,我会像孙悟空一样一下子变出许多只小猴子。现在我请小朋友们吹一口气,老师现在就开始变了。

(2) 引出复制。老师变出了这么多的小猴子,就像老师这样一下子变出许多一模一样的小猴子的方法就叫复制。

2. 探索操作

(1) 认识操作材料。用操作材料来干什么?

(2) 提出要求:

① 用自己的方法复制出物品的纹理。

② 动脑筋想办法和同组的小朋友合作完成,把自己的办法记在脑子里。

③ 用完物品后把所有的物品放回原处。

(3) 幼儿操作,教师巡回指导。

(4) 小结:用压、印、拓等复制的方法来感受物体的纹理美。

3. 出示猜想卡,幼儿大胆猜想

在生活中,我们怎么复制出一模一样的东西呢?请小朋友和老师一起来玩猜想游戏。

猜 想 卡

物 品	自 己 的 猜 想
歌 曲	
蛋 糕	
硬 币	
碟 片	
……	

4. 生活中的复制

（1）出示图片，让幼儿了解生活中的复制给人们带来的便利。

（2）小结：生活中的复制多种多样，有平面复制、模具复制、机器复制等。

（本活动设计由兰州城市学院实验幼儿园李讷玲老师提供）

分析：复制在生活中的用途十分广泛。本活动的目标，一是让幼儿知道复制，能用复制的方法感受物品的纹理美，二是通过操作体会生活中的复制给人带来的方便。教师紧紧围绕以上目标来设计了相应的教育活动内容，并运用了生活中常见的材料如白纸、水果包装袋、胶皮、毛巾、树皮、木块、浴巾、搓澡巾、硬币、印泥、橡皮泥、复写纸、颜料、铅笔等物品作为幼儿操作的材料。同时，结合幼儿实物操作特点，鼓励幼儿分组对发放的操作材料进行探索，发现复制，并用自己的方法进行复制。

（三）教育活动内容处理技能训练

［训练主题］ 教育活动内容处理技能训练。

［训练目标］

（1）理解目标和内容之间的关系。

（2）掌握设计活动内容的基本技能。

［训练内容］ 以"我长大了"为主题，为大班儿童选择教育活动的内容。

［训练要求］

（1）明确目标和内容之间的关系。

（2）根据训练内容，选择设计活动内容，并说明选择活动内容的理由。

［训练评价］ 训练后，总结、评估，填写表 3-2。

表 3-2　幼儿园教育活动内容选择技能评价表

日期　　　　　　训练人　　　　　　评价人

评价序号	评 价 项 目	评价方式	评价等级					得分
			5	4	3	2	1	
1	能考虑幼儿生活实际选择教育活动内容	自我评价						
		他人评价						
2	能明确活动目标和活动内容之间的关系	自我评价						
		他人评价						
3	能充分利用当地环境资源选择教育活动内容	自我评价						
		他人评价						
4	能根据幼儿年龄特点选择相应的教育活动内容	自我评价						
		他人评价						
评价说明								

三、教材研究与驾驭技能

（一）教材研究与驾驭

教材研究与驾驭不是新的话题，自从有了现代意义上的教材开始，教材分析一直是教师工作的重要内容。它关系到教师对课程的设计、组织与实施，更关系到教学目标的实现和教育目标的达成。因此，掌握教材研究与驾驭的技能是幼儿教师必须掌握的基本技能。

（二）教材研究与驾驭技能

1. 领会各领域目标的精髓

幼儿园课程内容相对划分为健康、语言、社会、科学、艺术五大领域，虽然各领域的内容是相互渗透和整合的，但各领域主要达成的目标是不同的。例如，语言领域的主要目标是提高幼儿语言交往的积极性，发展语言能力；科学领域的主要目标是激发幼儿的好奇心和探究欲望，发展认识能力；艺术领域的主要目标是丰富幼儿的情感，培养初步感受美、表现美的情趣和能力等。幼儿教师在研究教材时，首先要明确各领域目标的精髓，为进一步研读所选教材奠定基础。

2. 挖掘教材中促进幼儿发展的元素

教材研究的最终目的是为了更好地设计适合本园、本班幼儿的教学活动，是为了达到教学活动过程的最优化。所以，教材分析一定要在本园实际情境下，弄清教材的要素、对象、过程和特点，弄清教材在幼儿园教学过程中的地位和作用，要分析教材中帮助幼儿学习和促进幼儿发展的内容，然后选择一个具体的切入点来设计教育活动。例如故事《老鼠娶新娘》中的教育元素有：娶新娘、扮新娘的幼儿兴趣点，我国婚嫁文化的知识点，画面本身的线条、色彩、主人公形象让幼儿通过观察而获得的美感体验等。在分析出教材中蕴含的各种元素的基础上，就可以有选择地进行活动内容的设计了。

3. 研究与教材内容相关的专业知识

教师在仔细分析和研究教材之后，为了更好地驾驭教材内容，还必须研究与教材内容相关的专业知识。如《老鼠娶新娘》的故事曲折生动，画面精细，给幼儿阅读带来广阔空间的同时，也带来了一定的困难。怎样才能使幼儿理解、接受并喜欢这个故事呢？这就要求教师要对中国传统民间故事有所理解，对中国传统色彩、绘画风格和国画的相关专业知识有所把握，对作者写作意图有所领会等。

案例分析："老鼠娶新娘"教学活动（大班）

活动领域：语言领域

活动目标：

（1）阅读绘本，感受中国的民风与民俗，理解有趣的故事情节，知道每人都有自己的强势和弱势，喜欢自己，对自己有信心。

（2）引导幼儿仔细观察画面并大胆猜想故事情节，学习用合适的词语、完整的句子清楚地进行表述。

（3）体验阅读故事带来的愉悦。

活动准备：大绘本，小绘本，喜庆民乐录音，配喜庆民乐的民谣录音，黑板及人物（太阳、乌云、风、墙、老鼠）图卡。

活动过程：

1. 引题

播放喜庆的民间音乐，提问。

2. 集体阅读，理解故事难点——村长找新郎

3. 讨论：谁是世界上最强的？

4. 自主阅读

5. 完整欣赏故事

附录：老鼠娶新娘

传说从前在一个村庄的墙角下，有个老鼠村。村长女儿很漂亮，村里的小伙子都想娶她做新娘。村长不知道把女儿嫁给谁才好，他想来想去，决定为了女儿的幸福，要为她找到一个全世界最强的女婿！

谁是世界上最强的？村长想来想去，好烦恼。这时天渐渐亮了，阳光从破屋顶射进来，照在村长脸上。老鼠村长跳起来，大叫："我知道了！太阳是全世界最强的。没有太阳，就没有光明。对！我要把女儿嫁给太阳。"村长说完，急急忙忙出门去找太阳。

老村长走了好久，终于爬上山顶。他问太阳："太阳啊！我是老鼠村的村长，我要把女儿嫁给全世界最强的，你是最强的吗？"

太阳得意地放出全身的光和热，说："当然，我是全世界最强的。世界上有谁能挡住我的阳光？"太阳的

话还没说完,忽然一片乌云飘来遮住了太阳。

老村长看见乌云把太阳遮住了,连忙大声对乌云说:"乌云啊!我是老鼠村的村长,我要把女儿嫁给全世界最强的,你是最强的吗?"乌云笑着说:"没错,我就是全世界最强的,因为只有我才能遮住阳光。"乌云的话还没说完,一阵风吹过来,把乌云吹散了。

老村长对风说:"风啊!我是老鼠村的村长,我要把女儿嫁给全世界最强的,你是最强的吗?"风说:"是啊!我就是全世界最强的,我会吹,吹散乌云,吹掉人们的帽子,还能把你吹回家。"风鼓起嘴"呼"地吹出一阵强风,把村长吹得东倒西歪的。风吹得正高兴,碰到一堵墙,被墙挡住了。

老村长就对墙说:"墙啊!我是老鼠村的村长,我要把女儿嫁给全世界最强的,你是最强的吗?"墙挺着胸回答:"对!我就是全世界最强的,我天不怕地不怕,"墙正说着,忽然大叫一声:"哎呀!"只见墙角破了一个洞,洞中钻出小阿郎。

墙小声地说:"我天不怕地不怕,就怕老鼠来打墙。"老鼠村长这才知道,原来老鼠虽小,也有别人比不上的本事呢。他高兴地对阿郎说:"我决定把女儿嫁给你。"

就在正月初三,村长女儿坐着草鞋的花轿,吹吹打打地嫁给阿郎。

从此,年初老鼠娶新娘的传说,便流传下来。

(本活动设计由浣江幼儿园吴妙真老师提供)

分析:《老鼠娶新娘》是一本有趣的绘本图书,不但文字美,图画美,装帧美,而且涵盖了包含语言、艺术、社会等方面的丰富内容。在选择了此教材后,教师在对教材体系结构、文字内容、语言表达等方面领会的基础上,分析出它在各领域中的目标,设计出具有不同教学侧重点的活动,从而带领幼儿在感受故事和绘本丰富内涵的同时,注重幼儿专心、创造性阅读习惯的培养。

(三)教材研究与驾驭技能训练

[训练主题] 教材研究与驾驭技能训练。

[训练目标]

(1)能领会各领域目标的精髓。

(2)能分析教材中促进幼儿发展的教育内容。

(3)能根据教材内容储备相关背景知识。

[训练内容] 对绘本《猜猜我有多爱你》进行教材研究。

[训练要求]

(1)阅读故事,理解故事内容。

(2)分析出教材中促进幼儿发展的教育内容。

(3)根据教材内容收集整理相关的背景知识。

[训练评价] 训练后,总结、评估,填写表3-3。

表3-3 幼儿园教师教材研究与驾驭技能评价表

日期　　　　　　训练人　　　　　　评价人

评价序号	评 价 项 目	评价方式	评价等级 5	4	3	2	1	得分
1	能领会各领域教育目标的精髓	自我评价						
		他人评价						
2	能根据不同领域的教育内容分析教材	自我评价						
		他人评价						
3	能根据幼儿年龄特点,把握教材的难易程度	自我评价						
		他人评价						

评价序号	评 价 项 目	评价方式	评价等级 5	4	3	2	1	得分
4	能分析出教材中促进幼儿发展的教育内容	自我评价						
		他人评价						
5	能根据教材内容储备相关背景知识	自我评价						
		他人评价						
评价说明								

四、教学活动方法的选择技能

(一)教学活动方法的选择

教学活动方法是指为达到一定的教学活动目标、完成一定的教学活动任务所采用的教学技术的总称，是教学研究中最重要、最具有实践意义的组成部分，包括教师教的方法和幼儿学的方法。教学内容确定之后，方法的设计就成为头等大事。

要恰当选择教学活动方法，首先应明确教学活动方法的分类。教学活动方法的分类就是建立教学活动方法的次序和系统，可根据教学方法中某些特征和一定的科学标准将其分类：

(1)按照教学工作的教法和学法分类。属于教师教学工作的方法有讲授、谈话、演示等，属于幼儿在教学过程中的学习活动方法有练习、实验、游戏等。

(2)按照幼儿学习过程、结果和方式分类。可分为传授式教学与发现式教学。

(3)按照传递信息的来源和感知信息的特点分类。可分为语言法(教师生动的语言、谈话、阅读书籍)、直观法(演示、图示、参观)和实践法(练习、实践、创造性作业)。

(4)按照掌握教学内容时幼儿思维形式的特点分类。可分为归纳法和演绎法。

幼儿园的教学活动方法丰富多彩，教师要根据具体的教育活动目标和内容选择适当的教学活动方法。

(二)教学活动方法的选择技能

1. 在确定教育活动目标的基础上选择相应的教学活动方法

教育活动目标是教育活动的出发点和归宿，教学流程的各个环节都要为活动目标的实现服务，活动方法的选择当然也不例外。所以，在选择教学活动方法时一定要考虑如何实现活动目标。如大班科学活动"神奇的复制"，为了实现活动目标，教师投放了大量的操作材料，让幼儿在实践操作，探索发现中理解复制，这比教师用讲述的方式更有效，更有利于实现教育活动目标。

2. 选择易于体现教育内容特点的教学活动方法

教育内容复杂多样，仅靠一些一般性的方法不能收到很好的效果。所以，教师需要针对具体的活动内容进一步选择合适的方法。如语言领域的教学活动是培养幼儿对语言的倾听、理解和表达能力，在选择方法时可以考虑口语类的方法和语言领域的特殊方法；科学领域的教学活动是培养幼儿快乐参与、动手操作和发现问题，在选择方法时可以考虑实验、游戏等方法。

3. 依据幼儿的年龄特征选择适宜的教学活动方法

教师要依据幼儿的年龄特征选择适宜的教学活动方法。幼儿具有好动、好模仿、好游戏、情绪化、易兴奋易疲劳、思维具体形象等身心发展的特点，教学活动方法的选择一定要适合这些年龄特点，使幼儿动静交替地展开活动，这样才能有效地调动幼儿活动的兴趣。

4. 整合利用多种教学活动方法，充分发挥各种方法的优势

每一种教学活动方法都有助于实现一定的活动目标，具有各自独特的功能和优势，但同时也有其

局限性和不足之处。正如前苏联教育家巴班斯基所说："每种教学方法按其本质来说都是相对辩证的，它们都既有优点又有缺点。每种方法都可能有效地解决某些问题，而解决另一些问题则无效或低效，每种方法都可能有助于达到某种目的，却妨碍达到另一种目的。"因此。教师在选用教学活动方法时一定要扬长避短。

案例分析："耳朵"教学活动(小班)

活动领域：语言领域

活动目标：

(1) 引导幼儿逐页观察画面并讨论画面内容。

(2) 初步学习叠词的使用方法并进行运用。

(3) 通过情景游戏表演，体验阅读带来的乐趣。

活动准备：

(1) 物质准备：课件、语言书《耳朵》、各种表演道具、音乐、黑板、录音机等。

(2) 知识准备：各种动物外形及生活习性的知识经验准备。

活动过程：

1. 情景导入，激发兴趣

老师带来了几只小动物，它们跑哪里去了？猜猜它们是谁？

2. 观察小书，幼儿讲述

(1) 教师发放小书，引导幼儿观察封面并提问：你从封面上看到了什么？猜猜她准备干什么？

(2) 引导幼儿通过从人物形象、表情、动作、心理活动等方面仔细观察画面。图画中的小朋友打扮成了什么？你怎么知道的？他什么表情？你觉得他在想些什么？

(3) 幼儿自由讨论。

3. 观看课件，再次阅读

(1) 播放课件，请幼儿观察。

(2) 初步掌握叠词的使用方法，请幼儿边模仿边表达。

(3) 引导幼儿讨论。你想打扮成什么动物？它们有什么特点？

(4) 幼儿边做肢体动作表演边回答。

4. 参加舞会，活动结束

幼儿自由模仿动物，随音乐一起参加动物化妆舞会。

(本活动设计由兰州城市学院实验幼儿园刘巧燕老师提供)

分析：此案例为幼儿园语言领域中的阅读活动。教师根据小班幼儿注意力容易分散，具体形象的思维特点，运用了观看视频和幼儿自己翻阅小书结合、教师提问和幼儿回答结合、教师讲述和幼儿表演结合的综合活动方法，培养幼儿阅读图书的兴趣，帮助幼儿理解画面的内容，最终实现教学活动目标。案例中教师选用的游戏、谈话、表演等方式符合小班幼儿年龄特点，幼儿参与性强，教学效果良好。

(三) 教学活动方法的选择技能训练

[训练主题] 教学活动方法的选择技能训练。

[训练目标]

(1) 掌握方法确定与选择的基本技能。

(2) 学会选择适宜的教学活动方法。

[训练内容] 为给出的教育活动内容设计适宜的教学活动方法。

(1) 大班科学活动：神奇的复制。

(2) 小班阅读活动：耳朵。

[训练要求]

(1) 根据给出的训练内容，任选其一，结合教学活动方法选择的基本要求设计教学活动方法，并阐明理由。

（2）方法的选择必须符合幼儿年龄特点。

[训练评价] 训练后，总结、评估，填写表3-4。

表3-4 幼儿园教育活动方法选择技能评价表

日期　　　　　训练人　　　　　评价人

评价序号	评 价 项 目	评价方式	评价等级					得分
			5	4	3	2	1	
1	能掌握一定的教学方法	自我评价						
		他人评价						
2	能根据教育活动内容合理选择教学方法	自我评价						
		他人评价						
3	能选择适当的教学方法实现教育活动目标	自我评价						
		他人评价						
4	能结合幼儿年龄特点选择相应的教学方法	自我评价						
		他人评价						
5	能整合利用多种教学活动方法，充分发挥各种方法的优势	自我评价						
		他人评价						
评价说明								

五、教育环境创设技能

幼儿园环境作为幼儿园的一种"隐性课程"，对幼儿身心发展起着潜移默化的作用。环境是重要的教育资源，幼儿教师应通过环境的创设和利用，有效地促进幼儿的发展。

幼儿园环境与幼儿生活、游戏和学习密切相连，在学前教育日益受到重视的今天，幼儿的生存质量得到普遍关注，幼儿园环境的改善和创设成为幼儿园教育的重要内容。

(一) 教育环境创设

幼儿园环境是指幼儿园内幼儿身心发展所必须具备的一切物质条件和精神条件的总和。幼儿园环境分类的形式很多，从存在形式上分，有室内环境和室外环境；从组成性质上分，有物质环境和精神环境。大量研究表明，幼儿比较喜欢以下特点的环境：熟悉的环境；与其生活经验相符的、具有家庭色彩的环境；新奇的环境；不断有新异刺激产生的、变化的、并具有一定挑战性的环境；可操作与探索的环境；有丰富自然物的环境；自由自在、轻松愉快的情感环境。

(二) 教育环境创设技能

1. 突出当地资源特色

创设幼儿园教育环境应从本地、本园的实际出发，选择幼儿周围环境中丰富的、在实际生活中容易接触的现实资源，体现本地区的人文、自然特点及教育文化特色，提高资源的利用率与使用价值，发挥优势，形成自己的风格和特点。例如，有的幼儿园突出民间美术特色，在环境创设时将这些元素融入到环境中，起到了良好的环境教育作用。

2. 把握安全、节约原则

由于幼儿年龄小，生活能力和自我保护能力都比较差，环境的创设必须遵循安全原则，只有在安全的环境里，幼儿的生命和发展才能得到保障，才能快乐地学习、成长。在环境创设中除了物质环境的安全，还有心理环境的安全。同时，在把握安全原则的基础上还要把握节约原则，例如，可充分利用生活中的废旧

利用当地资源特色进行环境创设

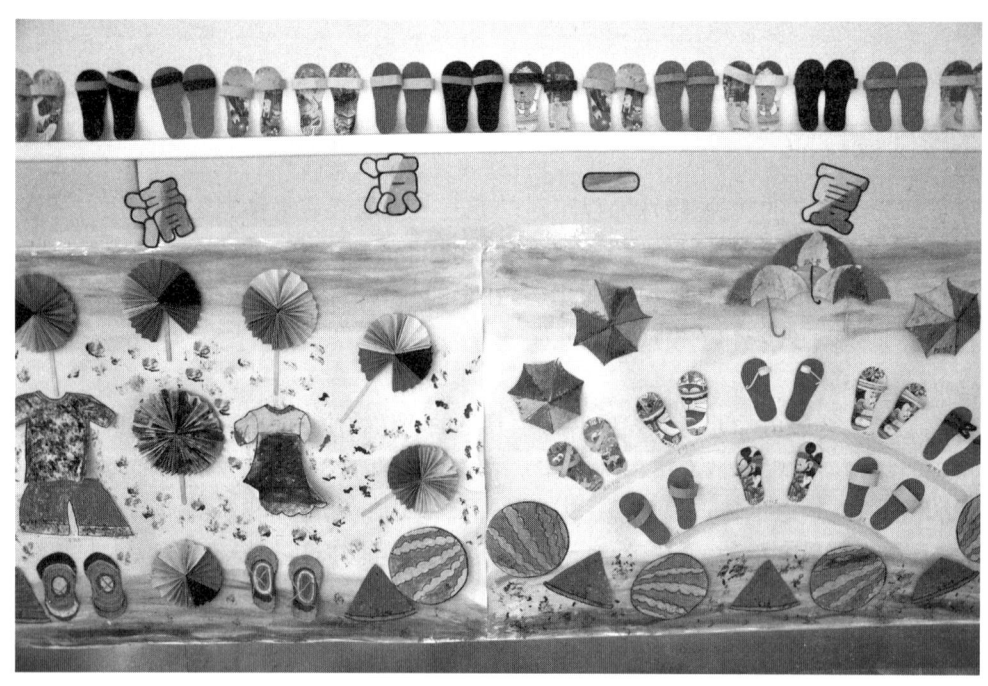

利用废旧材料进行环境创设

材料创设安全节约的环境。

3. 渗透艺术美观气息

色彩丰富是幼儿园环境创设的鲜明特点。幼儿园环境应渗透艺术气息,使幼儿在潜移默化中发现美、欣赏美和创造美,环境应起到润物细无声的作用。

4. 富于变化,充满童真

幼儿园环境不是固定不变的。环境设施应在空间、设置、功能上随教育活动需要而变化,室内环境应根据不同的季节和本班课程进展更新变化。儿童是环境的主人,他们对经常变化的环境充满兴趣,要站在

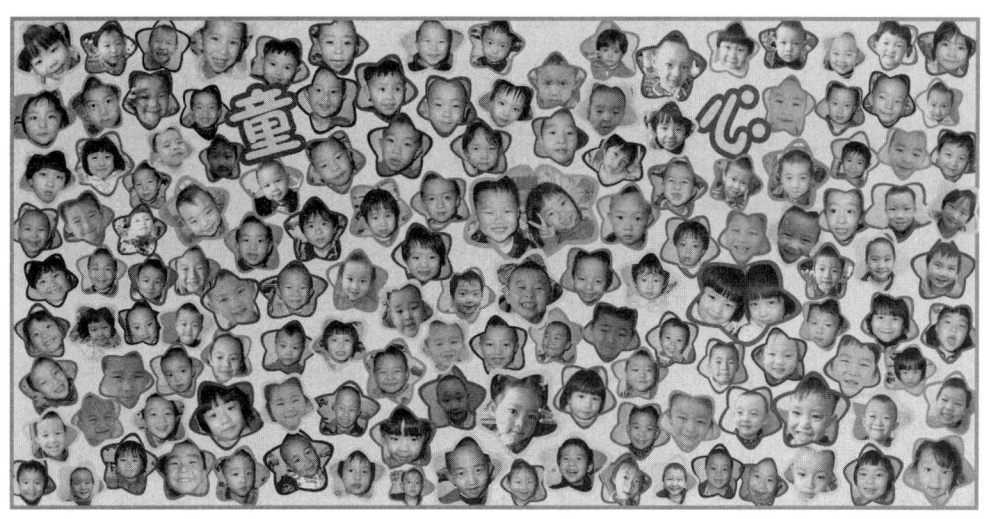

富于变化的环境创设

儿童的立场上,用儿童的眼睛去看、去想、去体验,让环境真正与儿童对话,让环境真正发挥教育作用。

(三) 教育环境创设技能训练

[训练主题] 教育环境创设技能训练。

[训练目标]

(1) 理解环境创设的基本要点。

(2) 能根据主题内容设计幼儿园班级环境。

[训练内容] 根据主题内容设计班级环境:大班主题"我长大了"。

[训练要求]

(1) 以主题为线索,设计出班级环境创设方案,并说明理由。

(2) 对设计方案在同学间进行分析比较,进一步改进方案。

(3) 将改进的设计方案在幼儿园中加以实施。

[训练评价] 训练后,总结、评估,填写表3-5。

表3-5 幼儿园教育环境创设技能评价表

日期　　　　　训练人　　　　　评价人

评价序号	评 价 项 目	评价方式	评价等级					得分
			5	4	3	2	1	
1	能按照一定的要求设计幼儿园班级环境	自我评价						
		他人评价						
2	能充分利用当地资源设计幼儿园班级环境	自我评价						
		他人评价						
3	能在环境创设中体现艺术、大方、美观	自我评价						
		他人评价						
4	能站在幼儿的立场上为幼儿创设舒适、温馨的环境	自我评价						
		他人评价						
5	能充分利用废旧材料创设环境,体现勤俭节约原则	自我评价						
		他人评价						
评价说明								

第二节 教育活动组织技能

此时,活动进入理想境界……

在幼儿园教育活动中经常会看到这样的现象:有的幼儿为了解决某个问题仔细研究;有的幼儿为自己的新发现欣喜若狂;有的幼儿为紧张活跃的竞赛摩拳擦掌;有的幼儿为取得的进步而自豪不已;有的幼儿在艺术活动中自我陶醉……此时,幼儿的整个意识处于高度的兴奋状态,教学活动也在此时达到了理想境界。之所以会有这样的教学效果,与教师有效利用教育技能恰当地组织教育活动分不开。

一、活动导入技能

教育活动组织就是将一个具体的活动方案加以执行以实现活动目标的过程,其中包括执行过程中根据实际情况对活动方案进行的调整。教育活动组织技能是幼儿教师专业素质的综合体现,一般包括活动导入技能、活动过程组织技能、提问技能和活动结束与评价技能等。

(一) 活动导入

导入是教育活动的开始,是教师引导幼儿进入活动的环节,其目的在于引起幼儿的注意,激发幼儿的兴趣,明确活动的任务。幼儿教师掌握了活动导入的基本技能,就能使幼儿以积极的态度和饱满的情绪进入活动。

教育活动是有目的、有计划、有组织地实施教育的过程,教师作为活动的组织者、指导者,是引导幼儿进入探究主题、体验情感、表达形象、建构概念等活动中去的不可或缺的人物,因此,恰当使用导入技能非常重要。

(二) 活动导入技能

教师要根据活动目标、内容特点以及教师的教学风格,选择不同的导入活动方式。导入活动应具有启发性、针对性、趣味性和艺术性,教师应在具体的教育活动中使自己的导入设计更具有教育价值。

1. 根据活动内容运用导入策略

启发引导幼儿积极思考是进行导入设计的核心内容,它既是活动中师幼互动特点的反映,也是实现教育目标的内在要求。因此,教师应根据内容选择相应的导入策略,启发幼儿积极思考。活动导入策略有以下3种:

(1)直观导入。指利用图片、多媒体、实验等导入材料演示、示范,以引出活动主题,引起幼儿兴趣的策略。

(2)问题导入。指根据活动内容,设置悬念,提出问题,以引出活动主题,激发幼儿探究愿望的策略。

(3)知识联系导入。指按照新旧知识间的逻辑关系,利用对旧知识的回顾或引申,承上启下地导入活动的策略。

案例分析:"今天我当家"活动(大班)(节选)

活动领域:社会领域

活动目标:

(1)能关注家庭的需要,知道当家不容易,懂得节约。

(2)初步建立健康消费的观念,懂得花钱要合理、有计划。

活动准备:

(1)经验准备:认识人民币;与家人去超市购物,对所购商品的用途有所了解。

(2)材料准备:一元纸币若干、家庭胸卡标志、家庭座位牌、购物篮、挂历、统计表、旅游海报,超市区角设置。

（3）活动室布置：以理财师主席台为中心，以家庭为单元，呈扇形分布。

活动过程：

1. 导入活动

（1）成立"三口之家"。今天我们要参加一档有趣的节目"今天我当家"，让大家都尝试一下当家的感觉。

宣布规则：请大家用最快的速度自由组合，3个人组成一个家庭。组合好了到老师处来佩带家庭标志。

（2）介绍家庭。请大家对号入座，欢迎大家做客"今天我当家"，我是大家的理财师。这是1号家庭、这是2号家庭……，掌声欢迎大家的到来。

分配家庭角色：现在请每个家庭快速商量谁当爸爸，谁当妈妈，谁当孩子。

（本活动设计由兰州军区68070部队机关幼儿园何茸娟老师提供）

分析：此案例中，教师紧紧围绕活动内容"今天我当家"设计导入，运用了知识联系的导入策略，将电视节目中的形式搬到幼儿园的教学活动中，让幼儿将自己的生活经验运用到活动中。这样的导入形式新颖独特，紧密围绕活动内容，引发了幼儿极大的参与兴趣。

2. 从激发幼儿兴趣出发选择导入方式

对于年幼的幼儿来说，兴趣是他们加入活动最直接、最真实的理由。因此，教师可运用激起幼儿兴趣的方式导入活动。激发幼儿兴趣的方式很多，教师可以根据幼儿的年龄特点、活动内容以及当时的时空条件等进行设计。例如，充分利用新奇的玩具、学具或材料吸引幼儿的兴趣，用生动、夸张的语言、表演感染幼儿，用幼儿感兴趣的问题吸引幼儿的注意等。总之，教师要因人、因事而异，在活动导入设计中体现灵活性、多样性和有效性，以激发幼儿的兴趣。

案例分析：音乐游戏"库乞乞"（中班）（节选）

活动领域：艺术领域

活动目标：

（1）通过欣赏和即兴舞蹈，让幼儿感受乐曲所表现的3种节奏。

（2）体验乐曲《库乞乞》欢快跳跃的音乐气氛。

活动准备：音乐磁带、录音机、寻宝路线图、城堡图、魔盒。

活动过程：

导入活动

（1）开火车律动进入活动室。

（2）谈话引出课题。今天带小朋友去探险寻宝物，可是要找到宝物是很困难的，必须沿着一条路线图的提示才行，这条路线图就藏在一段音乐中，我们一起来找一找吧！

（本活动设计由兰州市西固区幼儿园杨广老师提供）

分析：《库乞乞》是一首很有特色的乐曲。在这个案例中，教师用谈话方式引出课题，这个形式并不新颖，但是在谈话中教师用和小朋友一起探险寻宝物这样的方式引发了幼儿参与活动的兴趣，而且告知幼儿寻宝路线图就藏在音乐中，这种从激发幼儿兴趣出发选择导入方式的做法值得借鉴。

3. 以快速切入活动主题为目的设计导入活动

幼儿园的集中教育活动时间从小班的15分钟左右到大班的30分钟左右不等。在如此短的时间内，导入时间的分配不宜过长，要求教师的导入设计简洁明了，力争用最少的语言、最短的时间，迅速、巧妙地切中活动主题，达到激发兴趣、调动注意、保证活动展开的目的。

案例分析："灵巧的身体"游戏活动（大班）（节选）

活动领域：健康领域

活动目标：

（1）运用不同部位移动身体，提高身体的灵活性，体验游戏的乐趣。

（2）积极探索，设计完成不同的动作。

活动准备:

(1) 音乐,热身操,小毛巾。

(2) 场地布置:起点、终点的标志,垫子4个。

活动过程:

导入活动

(1) 随音乐伴奏,教师与幼儿一起做热身操。

(2) 提出问题:"刚才我们活动了哪些部位?"

(本活动设计由兰州市西固区石化幼教中心第25街区幼儿园张海燕老师提供)

分析:大班幼儿对自己身体各部位有一定的认识,在游戏中能有意识地积极寻找多种方法,运用身体某些部位去完成一些高难动作。此案例中教师在导入环节和幼儿一起做热身操,然后通过提问的方式直接导入活动,方式简洁明了,紧扣主题和内容,同时为下一个环节的开展奠定了基础。

(三) 活动导入技能训练

[训练主题] 活动导入技能训练。

[训练目标]

(1) 了解活动导入的基本技能。

(2) 能根据活动内容设计导入活动。

[训练内容] 根据给出的活动主题设计导入活动。

(1) 大班科学活动:有趣的磁铁。

(2) 中班艺术活动:变化的脸谱。

[训练要求]

(1) 根据给出的教育活动内容,尝试设计导入活动并说明理由。

(2) 将导入活动设计进行课内实操或在幼儿园中组织实施。

[训练评价] 训练后,总结、评估,填写表3-6。

表3-6 幼儿园教育活动导入技能评价表

日期　　　　　　训练人　　　　　　评价人

评价序号	评 价 项 目	评价方式	评价等级					得分
			5	4	3	2	1	
1	能根据教育活动内容选择合适的导入方式	自我评价						
		他人评价						
2	能结合领域特点设计相应的活动导入方式	自我评价						
		他人评价						
3	能考虑幼儿特点选择合适的活动导入方式	自我评价						
		他人评价						
4	能设计激发幼儿兴趣、引出活动主题的导入方式	自我评价						
		他人评价						
5	能快速切入主题设计活动导入,导入时间比例恰当	自我评价						
		他人评价						
评价说明								

二、活动过程组织技能

对于教师来说,教育活动的组织与指导既是一项创造性工作,又是一项艺术性工作,需要教师的教育机智和个人智慧的投入,是教育者与幼儿平等对话和交流的过程,是体现教师的教育理想和观念的过程,也是教师教育行为显现和作用的过程。教师在集体活动、小组活动、个别活动中的组织与指导是体现教师创造性工作的一项重要内容。

(一)集体活动组织技能

1. 集体活动

幼儿园集体活动是指教师从幼儿的兴趣和实际水平出发,面向全体幼儿,根据幼儿园教育目标,有目的、有计划地组织和指导幼儿主动学习,以增进幼儿对周围环境的认识,培养学习兴趣,帮助幼儿获取有助于其身心发展经验的活动。

2. 集体活动组织技能

维果斯基的"最近发展区"理论被多数幼儿教师所接受,它所揭示的教学是一种有规律的教学,要求教师能在生活中、低结构活动中、个别化学习等过程中寻找并发现幼儿的最近发展区,并在此基础上设计、组织开展对幼儿有一定挑战的活动。这是一种建立在幼儿发展基础上的教学,既尊重多数幼儿的现有水平,又能体现发展的原则。

(1)突出目标引领。集体活动注重体现教师预设的目标,反映教师在观察幼儿最近发展区基础上对幼儿发展的把握。教师在组织集体活动时必须有一个个清晰的、可检测、可达成的即时性课堂教学目标。每个具体活动解决什么问题,帮助幼儿积累什么经验,引发幼儿进一步探索什么新问题,教师的心中是非常清晰的,而且要努力通过短短 30 分钟左右的活动时间达成。

(2)活动有序递进。集体活动应该是有序递进的。不同年龄阶段、不同学习领域都有各自发展的顺序。以主题活动形式开展各类活动,更符合幼儿的年龄特点和生活实际,它将幼儿的学习放置于一个具有更广泛、更有价值和意义的生活背景中进行,在活动组织过程中依据学科特点,有序递进地开展教学活动。

(3)活动挑战有度。集体活动中教师设置活动的挑战点时,首先要考虑幼儿的已有经验,可以接受怎样的挑战,要明白活动给幼儿的发展价值是什么。这就需要教师巧妙地把握这个度。活动组织过程中要力图让幼儿在已有经验基础上有所拓展和提升,只有这样才能引发幼儿极大的学习热情和探索愿望,使教学过程不断碰撞出精彩的思维火花,幼儿从中获得发展和提高。

(4)体现教师作用。集体活动的组织是在关注幼儿已有经验基础上进行精心预设之后的现场实践,其中,教师是一个智慧的课程实施者,他把握着活动发展的方向,决定着活动进行的速度,影响着活动开展的质量。精彩的情景创设、有趣好玩的教玩具设计、亲密和谐的师幼关系、温馨自主的课堂氛围、及时有效的回应与提升,反映的都是教师在课堂中的作用。

案例分析:"乐观的我"集体活动(大班)

活动领域:社会领域

活动目标:

(1)引导幼儿观察周围生活,体会不着急、不放弃、再努力的乐观心态。

(2)知道遇到困难要积极动脑筋想办法解决。

活动准备:多媒体课件、自制视频、调查表。

活动过程:

1. 绘本故事导入,初步感受主人公的乐观心态

(1)播放多媒体课件,教师讲述故事,请幼儿倾听。

(2)引导幼儿讨论:贝琳达在第一次参加舞蹈比赛时,为什么没有被评委通过?她在最后登台表演时,为什么会取得成功?

(3)小结:贝琳达能取得最后的成功,是因为她拥有乐观的心态,对舞蹈不放弃,并通过坚持不懈的努

力,将跳舞时的快乐心情带给了所有人,她赢得了观众的认可与掌声。

2. 联系生活,迁移主题

(1)播放视频,请幼儿观看。

(2)讨论:你觉得谁更棒?你为什么会这样认为?

(3)你遇到过困难吗?遇到困难时你的心情是怎样的?

(4)在生活中你遇到过什么样的困难?遇到困难时,你是怎样解决的?

(5)观看多媒体课件,了解多种克服困难的方法。

(6)小结:我们每一个人在生活中都会遇到许多困难,困难并不可怕,重要的是一定要扔掉坏心情,保持快乐的心情,以积极乐观的心态动脑筋想办法解决困难,让快乐伴随我们度过每一天。

活动延伸

出示调查表,鼓励幼儿回家对爸爸妈妈进行调查。

人　物	困　难	心　情	怎么办
爸　爸			
妈　妈			

(本活动设计由兰州城市学院实验幼儿园殷冬彦老师提供)

分析:此案例是以绘本《大脚丫跳芭蕾》为教育载体,希望幼儿能向绘本中主人公一样快乐地面对生活。首先,教师在组织教学过程时,始终以确定的教育目标引领整个教学过程,通过观看视频,联系生活,师幼谈话等方式让幼儿萌发不着急、不放弃、再努力的乐观心态。其次,教师在组织活动时,按观看视频→师幼讨论→让幼儿理解绘本思想→迁移生活经验→师幼讨论的顺序有序递进地组织活动,这是一节有借鉴价值的集体活动。

3. 集体活动组织技能训练

[训练主题] 集体活动组织技能训练。

[训练目标] 掌握集体活动组织的基本技能。

[训练内容] 设计语言教育活动并尝试实施。

[训练要求]

(1)根据教育活动设计理念,运用集体活动组织形式设计教育活动,并做必要的设计说明。

(2)将活动设计进行课内实操或在幼儿园中组织实施。

[训练评价] 训练后,总结、评估,填写表3-7。

表3-7　幼儿园集体活动组织技能评价表

日期　　　　　训练人　　　　　评价人

评价序号	评　价　项　目	评价方式	评价等级					得分
			5	4	3	2	1	
1	能在集体活动组织过程中一步步实现教育活动目标	自我评价						
		他人评价						
2	能在集体活动组织过程中调动幼儿活动的积极性,有效地开展教学活动	自我评价						
		他人评价						
3	能解决集体活动组织中的突发事件和问题,保证教学活动的顺利开展	自我评价						
		他人评价						
4	能层层深入地开展集体活动,引导幼儿逐步理解活动内容	自我评价						
		他人评价						

（续表）

评价序号	评 价 项 目	评价方式	评价等级					得分
			5	4	3	2	1	
5	能根据幼儿的年龄特点,张弛有度地组织集体活动,保证每个幼儿的发展	自我评价						
		他人评价						
评价说明								

（二）小组活动组织技能

1. 小组活动

幼儿园教育活动组织中的小组活动至少要符合以下 3 个标准。一是两人或两人以上的人数标准,二是小组成员之间是以共同的"任务目标"连接而成的"共同体",三是小组成员之间有一定的分工和配合。

小组活动要体现合作与交往,每一次小组活动的顺利完成都意味着一次成功的交往与活动,幼儿在交往与活动中体会快乐,感受合作的力量。因此,教师在小组活动组织过程中要把握这一小组活动的核心内涵,有效地进行小组活动组织指导。

2. 小组活动组织技能

（1）引导幼儿明确小组活动目标。活动目标本身对小组成员的行为有良好的管理与指导作用,教师要引导小组成员明确小组活动目标,必要时可选小组长领导小组成员实施活动。

（2）充分挖掘"小组共同体"的教育作用。在小组活动中培养幼儿的责任意识、规则意识、合作能力、交往技巧等素质是十分自然而有效的。教师要认识到小组共同体的这些价值和功能,充分挖掘"小组共同体"的教育作用。如科学活动中可设计分组操作环节,让小组成员分工协作,有组长,有记录员,有操作者,有发言者,每个成员各有职责;在实验中,小组成员要积极合作,分工操作,共同努力开展实验,以验证教师提出的假设;在实验结束后,小组成员要整理实验材料,帮助教师收拾活动场地。

（3）引导幼儿自己解决矛盾冲突。在小组活动中,由于幼儿间意见的不一致,探究方法的不同,对教师提问理解的不同,幼儿可能会有争执,甚至有吵闹。教师不必过于在意幼儿间的吵闹,尽量让幼儿各自表达思想,自己解决小组活动中的矛盾冲突。

案例分析:"生活中的网"小组活动（大班）

活动领域:科学领域

活动目标:

（1）区分生活中的网状物品,了解它们的作用。

（2）体会网状物品给人们生活带来的便利。

活动准备:蜘蛛织网图片、泥工板、塑料袋、网兜、毛巾、口罩、苹果包装网、浴花、海绵、橡皮泥、水、大米、小米、白豆、筐子、塑料盘。

活动过程:

1. 初识生活中的网,引出主题

（1）观看蜘蛛织网视频。提问:小蜘蛛在干什么? 它为什么要织网?

（2）说说生活中的网状物品。人们受到蜘蛛结网的启发,在生活中发明了许多网状的物品,见过哪些网状的物品?

2. 分组探索操作,区分生活中的网状物品。

（1）观察操作材料,用自己的方法区分哪些物品是网状的,说明理由。

（2）统计操作结果。

序　号	网　状　物　品	非　网　状　物　品
1		
2		
3		
……		

（3）小结：网状的物品能透气、漏水，还能印出花纹。

3．师幼讨论，总结网状物品的作用

（1）观察图片，说说网状物品的作用。提问：网状物品有什么作用？

（2）幼儿体验，感受网状物品的好处。提问：衣服是网状的吗？如果它不是网状的，你会有什么感受？

（3）教师总结网状物品的作用。网状物品的作用有很多，有的是为了美观，有的是为了透气，有的是为了过滤。因为有这些网状的物品，我们的生活才变得更加便利。

（4）分组操作，将知识经验用于生活实际。启发幼儿利用已有的知识经验，用最快的方式区分混合在一起的小米、大米、豆子等物品。

（本活动设计由兰州城市学院实验幼儿园李讷玲老师提供）

分析：蜘蛛结网是生活中随处可见的自然现象，教师利用这一自然现象，将其作为教育活动的内容。教师在设计"生活中的网"的活动内容时充分考虑到大班幼儿好奇心强，爱动手操作，善于思考，喜欢合作的年龄特点。首先，通过视频资料引发幼儿对网产生强烈的好奇心。然后，引导幼儿先后进行了两次小组探索操作。在第一次探索操作中，让幼儿通过看一看、摸一摸、印一印的方法自主区分网状物品和非网状物品；在第二次探索操作中，设计了将知识经验运用于生活实际，鼓励幼儿通过获得的网的知识很快区分混合在一起的大米、小米和黄豆。教师在活动中鼓励幼儿积极开展小组活动，让幼儿自主探索发现网的功能并形成小组意见，是一种有效的组织技能。

3．小组活动组织技能训练

［训练主题］　小组活动组织技能训练。

［训练目标］

（1）理解小组活动组织技能在教学活动中的运用。

（2）掌握小组活动组织的基本技能。

［训练内容］　采用小组活动形式设计并组织科学教育活动。

［训练要求］

（1）根据教育活动设计理念，用小组活动组织的方式设计科学教育活动，并做必要的设计说明。

（2）将活动设计进行课内实操或在幼儿园中组织实施。

［训练评价］　训练后，总结、评估，填写表3－8。

表3－8　幼儿园小组活动组织技能评价表

日期　　　　　训练人　　　　　评价人

评价序号	评　价　项　目	评价方式	评价等级					得分
			5	4	3	2	1	
1	能掌握小组活动组织的基本技能	自我评价						
		他人评价						
2	能在小组活动组织过程中有目的地指导幼儿活动，保证教学活动的顺利进行	自我评价						
		他人评价						

评价序号	评 价 项 目	评价方式	评价等级					得分
			5	4	3	2	1	
3	能解决小组活动组织中的突发事件和问题,保证教学活动的顺利开展	自我评价						
		他人评价						
4	能让幼儿明确小组活动的任务,分工协商,共同配合,引导小组幼儿共同完成活动内容	自我评价						
		他人评价						
5	能在小组活动前提出具体的活动要求,张弛有度地组织小组活动,保证小组活动的有效性	自我评价						
		他人评价						
评价说明								

(三) 个别活动指导技能

1. 个别活动

个别活动是相对于集体活动而言的,是根据每个儿童身心发展特点和实际需要制定的针对每位幼儿的教育活动,它为儿童教育和身心发展提供了一个总体构想。在个别活动中教师既能为幼儿提供在主题活动中对热点问题的探索空间,又能支持幼儿在主题背景下自主地表达与表现,还能引导幼儿通过与材料的互动解决一些有关认知方面的问题。

2. 个别活动指导技能

个别活动的指导主要有两层含义,一是对集体或小组活动中个别幼儿的指导,二是对幼儿自选活动的指导。

(1) 指导不可过分干预。指导不是干预,幼儿的想象较为特殊,表现的方式和结果也非教师所想象。如果教师执意要让幼儿符合"实际",很可能破坏其想象力和活动兴趣,干预其表现的意愿。所以,教师应该清醒地认识到,幼儿主题价值的充分体现需要教师的引导和启发,教育活动中教师的主要作用是"导","导"是教师主体角色作用显现的一个重要方面。

(2) 指导不能千人一面。在组织个别活动的过程中,教师必须在活动中时刻关注幼儿的需要,意识到每个幼儿作为社会个体都是独立的、自主的,这种独立和自主表现在他们的认识活动、学习活动、游戏活动、日常活动等各个领域。教师应当尊重幼儿的独立和自主,满足他们好奇、好问、探究和交往的需求,尊重幼儿的精神和情感世界,因人而异进行指导。

(3) 指导不要越俎代庖。现代教育观认为,学习过程中的幼儿不是被动的接受者,而是积极主动的参与者。幼儿在教育活动过程中是一个主动参与、互动交流并积极建构的主体,他们身上所蕴含着独立、自主、能动和创造的潜能,教师必须认识到幼儿的这些潜能。在活动组织中指导幼儿时不能越俎代庖,应给幼儿大胆尝试和创造表现的机会。

案例分析:"小猪的婚礼"个别活动(大班)

活动领域:艺术领域

活动目标:

(1) 引导幼儿尝试用线条、色彩、形状及图案做创造性装饰。

(2) 通过操作感受装饰的美感。

活动准备:课件、各种小猪造型、水彩笔、油画棒、音乐、动画《快乐的婚礼》、装饰品若干。

活动过程:

1. 交流参加婚礼的快乐景象,回忆结婚的有关经验

出示新人照,播放《婚礼进行曲》并提问:这是什么音乐? 你参加过婚礼吗? 婚礼上新娘新郎穿什么

呢?客人穿什么呢?妈妈怎么打扮你的?为什么要精心打扮去参加婚礼呢?(参加婚礼打扮得漂亮不仅是为了好看,也是对主人的尊重,是种礼貌)

2.播放课件,讨论服装打扮

(1)播放动画片《快乐的婚礼》,边看边讨论小猪们服饰的色彩、款式和饰品装饰。

(2)出示一群光溜溜的小猪图片,讨论打扮它们的方法,引导幼儿尝试用线条、色彩、形状及图案创造性地打扮猪宝宝。

3.分组合作装饰小猪

(1)介绍材料并提出要求。将幼儿分成4组用合作的方式,用水彩笔和油画棒通过使用线条、色彩、形状和图案对小猪进行装饰。

(2)幼儿伴随音乐进行创作,教师进行个别指导。(根据绘画水平的不同,有针对性地进行个别指导)

(3)教师出示饰品,请为打扮好的小猪配上漂亮的饰品。

4.粘贴婚礼合照,分享作品,体验合作的快乐

(1)幼儿粘贴小猪并对新娘新郎送一句祝福的话。

(2)插入《快乐的婚礼》最后一段,融入情景,幼儿共同参加婚礼,体验快乐。

(本活动设计由兰州城市学院实验幼儿园刘巧燕老师提供)

分析:教师在活动组织过程中针对幼儿绘画水平的不同,对不同的幼儿进行了不同的指导,对想象力丰富的幼儿指导他们合理安排画面,对不敢下笔的幼儿鼓励他们大胆表现,对绘画能力强的幼儿要求他们线条流畅、配色艺术、结构合理的作画,对于绘画能力弱的幼儿则以鼓励其大胆用笔为主。

3.个别活动组织技能训练

[训练主题]　个别活动组织技能训练。

[训练目标]

(1)根据教育活动内容,了解幼儿特点对个别幼儿进行指导。

(2)掌握集体活动中个别指导的基本技能。

[训练内容]　在集体活动中进行个别指导:艺术领域活动中的个别指导。

[训练要求]　在教育活动中,根据内容尝试分析幼儿特点并进行个别指导。

[训练评价]　训练后,总结、评估,填写表3-9。

表3-9　幼儿园个别活动组织技能评价表

日期　　　　　训练人　　　　　评价人

评价序号	评 价 项 目	评价方式	评价等级 5	4	3	2	1	得分
1	能在集体活动中对幼儿进行个别指导不越俎代庖	自我评价						
		他人评价						
2	能在了解幼儿特点的基础上,在集体活动中对幼儿进行个别指导不千人一面	自我评价						
		他人评价						
3	能在个别指导时不过分干预,充分尊重幼儿的意见,进行有益的指导	自我评价						
		他人评价						
4	能在个别指导时,给予幼儿一定的表扬,鼓励幼儿积极参与活动	自我评价						
		他人评价						
评价说明								

三、提问技能

(一) 提问

在教育活动组织过程中,提问是教师运用语言与幼儿进行互动的一项最基本、最常见的教学方法和策略。通过提问,帮助幼儿提取已有经验,进行迁移性学习,引导幼儿进行观察、想象、思考和创造,了解幼儿对活动材料或认识对象的态度与情感。

(二) 提问技能

提问是幼儿园集体教学活动中不可缺少的有机环节。教师提问的艺术和技巧是启发幼儿想象、开阔思路、理解内容的重要保证。教师应根据幼儿的实际情况,灵活调整问题,多引出启发性、开放性的问题,在层层深入的问题情境中将幼儿的学习和活动不断推进。因此,教师要把握提问的基本技能,保证教学活动的顺畅开展。

1. 设计富有启发的提问

集体教学活动中教师提问目的是为了促使幼儿积极思考,但作为教师,其自身也应该思考,自己提出的问题是否真能激发幼儿的思考,这就涉及何为"问题"的问题,因为不是所有的问题都能激发幼儿的思考。实际上,活动中很多所谓的问题不是真正意义上的"问题",如,"是不是"、"对不对"、"好不好"等,因为幼儿无须思考就能直接用"是"或"不是"、"对"或"不对"、"好"或"不好"来回答,那种缺乏置疑和认知冲突、以简单的集体应答取代幼儿深入思维的提问是不当的。所以,要避免包含答案或只有一个答案的提问,提出的问题应启发幼儿朝不同的方向思考,使其思维具有求异性、独特性。

2. 使用措词准确的提问话语

提问时要注意措词准确,句式简短,表达鲜明,有利于幼儿理解提问的意思,有利于幼儿积极思考。教师不但要巧妙地向幼儿发问,而且要鼓励幼儿提问,有意识地让幼儿对某个问题产生争议,鼓励他们用正确的语言表达自己的问题。活动中,可以根据具体目的合理安排问题的难易次序,一般认知性问题在前,理解性问题次之,创造性问题最后,这样,既体现了活动中教师由浅入深的引导,又为幼儿积极、主动、创造性的学习提供了条件。

3. 围绕活动重点设计提问

提问必须围绕教学中的关键点设计。重点是幼儿应该掌握的内容,因此对重点要反复设计问题,使幼儿理解和掌握重点,从而保持思维的条理性、连续性和稳定性,并为幼儿进一步解答相关问题奠定基础。发散性设问是一种较好的创造性思维活动,针对同一问题,教师可引导幼儿从多方面、多途径去思考,纵横联系所学知识,以求问题灵活解决。

案例分析:"云朵棉花糖"教学活动(小班)

活动领域:语言领域

活动目标:

(1) 理解故事内容,知道故事的主要情节。

(2) 鼓励幼儿大胆想象,大胆表达自己的想法。

(3) 感受与同伴分享的快乐。

活动准备:立体故事教具一套(老鼠、白云、枕头、棉衣、棉花糖的教具各一副),音乐磁带,袋装的棉花糖若干。

活动过程:

1. 谈话导入

2. 故事讲述,教师提问

(1) 故事中有谁?他们叫什么?

(2) 什么东西飞到鼠小小的屋里了?

（3）鼠老二把云朵做成了什么？鼠老大把云朵做成了什么？

（4）你会把白白的、软软的、松松的云朵做成什么？

3. 再次完整讲述故事，教师提问

（1）3只小老鼠最后决定把云朵做成什么？

（2）棉花糖的香味吸引了谁？小老鼠是怎么做的？

（3）它们为什么要把棉花糖分给别人吃呢？

（4）如果小朋友有棉花糖，你会把它分给谁吃？

4. 教师带领幼儿边说儿歌边玩游戏"分棉花糖"。

5. 教师引导幼儿与同伴一同分享"3只小老鼠的棉花糖"，自然结束活动。

附录：云朵棉花糖

有3只小老鼠，他们是鼠老大、鼠老二和鼠小小。他们住在一幢小楼里。鼠老大最大，住在最下面，鼠老二住在二楼，鼠小小住在三楼。

一天，鼠小小打开窗子，一朵云飘进来了。啊，这朵云很白很白，很软很软，很松很松。

鼠小小抱着白云到二楼去。鼠老二说："我看可以用它来做枕头，肯定很松软的。"

鼠小小和鼠老二又到了一楼。鼠老大说："我看可以用它做棉衣，肯定很暖和的。"

鼠小小说："我看还是把它做成棉花糖吧。"

鼠老大和鼠老二说："对，这个办法好。"

3只小老鼠开始做云朵棉花糖。他们先往云朵里加一些水果味，再加一些奶味，再加一些甜叶。抬到太阳下去晒，香味就开始飘散开来。闻到香味，动物们都来了。大家好馋呀，3只小老鼠把云朵棉花糖分给大家，这个一朵，那个也一朵，大家吃得真开心。

分到最后，云朵棉花糖只剩一点点了。3只小老鼠你舔一口，我舔一口，舔得很开心。

第二天，大家都等着云朵再飞进鼠小小的窗口，他们要做更多的云朵棉花糖。

（本活动设计由兰州西固区石化幼教中心化工街幼儿园张瑛老师提供）

分析：故事"云朵棉花糖"的结构简单，情节有趣，以"云朵"为线索贯穿始终。生动有趣的故事能带给幼儿懂得与他人分享的启示。教师围绕活动重点，根据图片内容提出一个个具有启发性的问题，让幼儿边观察图片边理解故事内容。如"你会把白白的、软软的、松松的云朵做成什么？""如果小朋友有棉花糖，你会把它分给谁吃？"提问紧紧围绕目标创设，具有一定的启发性，能鼓励幼儿积极思考，大胆表达。

（三）提问技能训练

[训练主题]　提问技能训练。

[训练目标]

（1）尝试为具体活动内容设计提问。

（2）初步掌握提问设计的基本技能。

[训练内容]　根据给出的活动内容设计提问。

（1）大班语言活动：《春雨的色彩》。

（2）小班科学活动：有趣的转动。

[训练要求]

（1）根据给出的教育活动内容，尝试设计活动提问。

（2）活动提问设计要考虑幼儿年龄特点，表述要清晰具体，简洁明了。

[训练评价]　训练后，总结、评估，填写表3-10。

表3-10 幼儿园教育活动提问技能评价表

日期　　　　　　训练人　　　　　　评价人

评价序号	评 价 项 目	评价方式	评价等级					得分
			5	4	3	2	1	
1	能紧紧围绕教育活动内容设置相应的提问	自我评价						
		他人评价						
2	能根据幼儿年龄特点,设置具有启发性的提问,能引导幼儿积极思考。	自我评价						
		他人评价						
3	能用儿童化、规范化的语言进行提问	自我评价						
		他人评价						
4	能积极回应幼儿的回答,引导幼儿积极思考,正确回答	自我评价						
		他人评价						
5	能围绕活动重点,设置环环相扣、层层深入的问题	自我评价						
		他人评价						
评价说明								

四、结束技能

(一) 结束

结束部分是教育活动的最后一个环节,只有比前面各环节更吸引人才能使幼儿精神为之一振,将活动完美地结束。当然,一次具体活动的结束环节并不是教育的结束环节,活动的结束应是开放性的,而不是封闭性的,要让幼儿快乐地离开活动的同时,也能带着新的问题愿意开始新的探索与活动。

(二) 结束技能

一个完美、成功的教学活动不能只有引人入胜的导入和环环相扣的过程,更应有耐人寻味的结束。设计结束要首尾照应、结构完整、水到渠成、适可而止。

(1)总结归纳结束技能。指教师用准确、精练的语言,把活动内容加以总结归纳。教师可利用简明扼要的语言讲述要点,也可启发幼儿回忆复述要点,进行形象化的总结。

(2)操作练习结束技能。指教师充分利用幼儿操作学习的特点,在结束时不是用语言进行总结归纳,而是让幼儿在操作活动中感知、体验、发现,从而自然结束活动。教师在运用此结束技能时,要准备丰富的操作材料,设计的结束操作活动与前面各环节要有机联系,实现自然过渡。

(3)游戏表演结束技能。指教师在活动结束时组织幼儿用游戏表演形式结束活动,这是幼儿园教育活动的结束环节中经常使用的策略。教师在运用此结束技能时,要注意幼儿的游戏表演一定要紧密结合主题,突出目标。

案例分析:"猜猜我有多爱你"教学活动(大班)

活动目标:

(1)倾听故事,理解故事内容,初步尝试用"……有多……,我就有多爱你"的句型仿编。

(2)引导幼儿运用语言、动作表达自己的爱,并初步感受母子之情。

*活动准备:*多媒体课件、音乐

活动过程:

1.谈话导入

(1)这个故事叫什么名字? 这本书里的爱字在哪里?

（2）这个故事讲的是谁和谁的爱的故事？

2. 欣赏理解

（1）在音乐伴随下，教师讲述故事第一段，并提问：小兔子和兔妈妈说了些什么？它们用了一个什么动作来表示爱？

（2）请幼儿边做动作边说出书中的语句，并比一比是兔妈妈的爱多，还是小兔子的爱多？

（3）提问：小兔子为什么把手张到无法再张？

（4）教师继续讲述故事第二段，并提问：小兔子还用了哪两个动作？说了什么话来表示对妈妈的爱？

（5）请幼儿边做动作边说出书中的语句，并比一比谁的爱更多？

（6）教师继续讲述故事第三段，并提问：小兔子和兔妈妈看到了什么？你能用看到的东西来表示对妈妈的爱吗？

3. 句型仿编

（1）引导幼儿观察图片：你能用这些东西来表示对妈妈的爱吗？

（2）请你想一想，还有什么可以用来表示爱呢？

4. 提升主题

（1）教师讲述故事结尾并提问：这个故事里的爱多吗？你最爱谁？

（2）小结：我们每个人都有许多爱你和你爱的人，请把你的爱对这些人大胆地说出来。

（本活动设计由兰州城市学院实验幼儿园殷冬彦老师提供）

分析：这是一个经典绘本故事，表现了兔妈妈和兔宝宝之间深厚的母子之爱，很容易激发幼儿产生对爸爸妈妈爱的情感。在活动设计中，教师首先通过观察封面让幼儿初步感受母子之爱，然后围绕目标深刻理解故事，在理解故事情景的基础上，引导幼儿仿编句型，以此让幼儿感受母子之间真挚深切的爱。活动结束时，教师回归故事，讲述了故事结尾，提升主题，让幼儿在爱的感染中慢慢结束活动。此结束活动设计运用了总结归纳结束技能，教师用准确、精炼的语言，使故事内容中爱的主题升华，既实现了既定的目标，又能让幼儿回味、思考。

（三）结束技能训练

［训练主题］　结束技能训练。

［训练目标］

（1）了解教学活动常用的结束方式。

（2）尝试为具体活动内容设计结束。

［训练内容］　根据给出的内容设计结束：为大班科学活动"有趣的复制"设计结束活动。

［训练要求］

（1）根据给出的教育活动内容，尝试设计结束活动。

（2）将设计的结束活动进行课内实操或在幼儿园中组织实施。

［训练评价］　训练后，总结、评估，填写表3-11。

表3-11　幼儿园教育活动结束技能评价表

日期　　　　　训练人　　　　　评价人

评价序号	评 价 项 目	评价方式	评价等级					得分
			5	4	3	2	1	
1	能根据具体的教学活动内容，设计活动结束	自我评价						
		他人评价						
2	能自然地结束活动，起到承上启下、画龙点睛的作用	自我评价						
		他人评价						

(续表)

评价序号	评 价 项 目	评价方式	评价等级					得分
			5	4	3	2	1	
3	能设计引导幼儿自然进入下一个集体教学活动的结束活动,使活动之间自然衔接	自我评价						
		他人评价						
4	能准确表述活动结束,不罗嗦,能紧扣主题,突出主题的内容	自我评价						
		他人评价						
评价说明								

技能拓展训练:到幼儿园观摩一个教学活动,从教育活动目标制定、活动内容处理、活动方法选择、环境创设以及教育活动的组织过程等方面做出分析评论。

第四章
幼儿教师游戏活动
指导技能与训练

　　幼儿园"以游戏为基本活动",说明游戏是幼儿的内在基本需要,集体教学活动已不再一统于幼儿园教育活动形式之中,区角游戏活动作为能满足幼儿基本需要、使幼儿自主学习、实施个别化教育的重要组织形式正在受到关注。因此,幼儿教师掌握区角游戏活动的组织技能显得尤为重要。本章从游戏环境的创设、游戏材料的投放、游戏活动方案的制定以及游戏活动的指导等方面对幼儿教师游戏活动组织技能及训练做出要求。

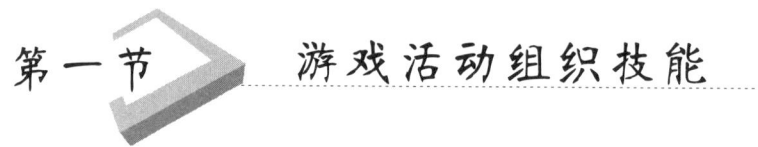

第一节　游戏活动组织技能

其实我是"熊爸爸"

　　可可在玩建构游戏时把两只大夹子夹在耳朵上。老师看到后忙说:"耳朵疼不疼啊? 快拿下来!"可可呆呆地看着老师不动。老师又说:"快把积木围起来,等会儿你拿什么给大家看呢?"丁丁无可奈何地取下夹子,等老师走远了,他又把夹子夹在耳朵上,然后悄悄走进"动物园"里,扮演一只长着一对小耳朵的"熊爸爸"——如此有创意的想象,差点夭折在老师的"指导"之中了。

一、游戏环境创设技能

　　游戏是幼儿身心发展的需要和基本的学习方式,也是他们在幼儿园生活的基本内容,幼儿园要为幼儿创设有利于发展的学习环境。教室中的环境因素,如游戏空间、空间安排以及玩具和设施的选择,都对儿童的游戏行为具有重大的影响。环境设置可以影响儿童游戏活动的类型、数量、时间和质量。教师必须了解环境因素对游戏的影响,才能为幼儿提供有利于达成课程目标的游戏环境,为幼儿的发展与学习提供最大的支持。

　　(一) 区角创设技能

　　1. 区角创设

　　区角活动是教师利用游戏特征创设环境,让幼儿以个别或小组的方式自主选择、操作、探索和学习,从而在和环境的相互作用中,表达自己的经验和感受,在获得游戏体验的同时,获得身体、情感、认知及社会性等各方面发展的一种教育组织形式。通常,教师会将教室划分成几个游戏区或学习中心,每个游戏区都有特定的游戏器材以及游戏互动。在这样的环境中,幼儿通过操作各种游戏材料,与游戏材料发生互动,建立自己的知识和技能。教师的任务是创建区角游戏环境,观察儿童与游戏材料的互动,并不断向每个区角介绍新的活动。

　　2. 区角创设技能

　　区角创设是把各个活动区通过一定的空间设计和安排组织成一个合理的、有教育意义的环境。在组

织和安排由活动区构成的教室环境时,应把握以下几个基本技能:

(1)环境舒适安全。活动室是幼儿一天中度过时间最长的地方,为他们创设一个安全舒适的环境非常重要。只有在安全舒适的环境下,使意外伤害的发生降到最低,教师才有可能把全部精力放到对幼儿游戏活动的观察、引导和评价上来。因此,活动区环境创设时,可利用地毯、垫子、靠枕、布帘和墙饰等材料为幼儿营造一个舒适温馨的类似于家的室内环境。

舒适安全的活动室一角

(2)空间合理有序。室内空间的合理安排可以促进幼儿主动和有意义的学习。因此,在安排时应考虑以下因素:用分隔物和家具把大的开放空间分隔开来,可以减少跑动和粗野嬉戏游戏;使用标志或象征提示清楚地将不同的游戏区域区分开来;将互补性游戏区(如积木区和表演区)放在一起,以鼓励不同游戏区之间活动的综合;将需要水的游戏区靠近洗手台或其他水源;将有冲突的活动区分开,以免相邻游戏区互相干扰。

合理有序的空间设计

（3）内容新颖多变。教师要在分析各类游戏教育功能的基础上，结合幼儿实际，设置有利于其身心全面发展的、内容新颖多变的活动区。如"娃娃家"等角色游戏有益于丰富幼儿的社会生活经验，培养角色扮演能力，学习和实践社会交往技能；美工区、益智操作区等的活动可以训练小肌肉动作和动手操作能力，激发表现创造美的意愿；科学区的活动有益于促进幼儿的探索、尝试和发现能力，激发其对生活中科学现象的兴趣。

角色游戏区角

案例分析：Walling 老师和她的区角创设

Walling 老师带了一班3—4岁的幼儿，对在区角游戏期间儿童过多的攻击性行为和粗野嬉戏活动感到很担忧。另外，她发现幼儿很少光顾戏剧性游戏区或者参与戏剧性游戏。因此，她开始猜想教室的空间创设有问题，从而导致儿童游戏的质量低下。仔细调查后，她发现了几个问题：

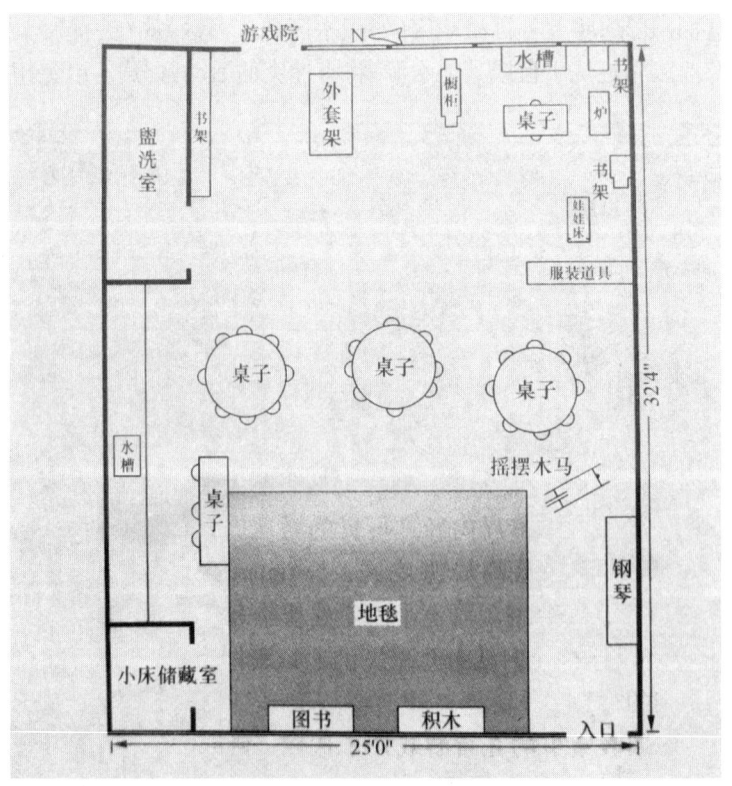

Walling 最初的教室空间安排

（1）教室中间太空了，使得幼儿追逐打闹。

（2）游戏区（积木区、图书区、艺术区和扮家家区）的布置不太好。

（3）一些相邻的活动区互相干扰，如积木区（吵闹）与图书区（安静）放在一起不妥当。

（4）教室里没有清楚的活动路径，这会导致幼儿产生许多冲突。

于是，Walling 老师重新布置了教室，以消除这些问题。她移走了桌子，增加了几个分隔物，将大的开放空间间隔开来，制造了一条清楚的活动路径。

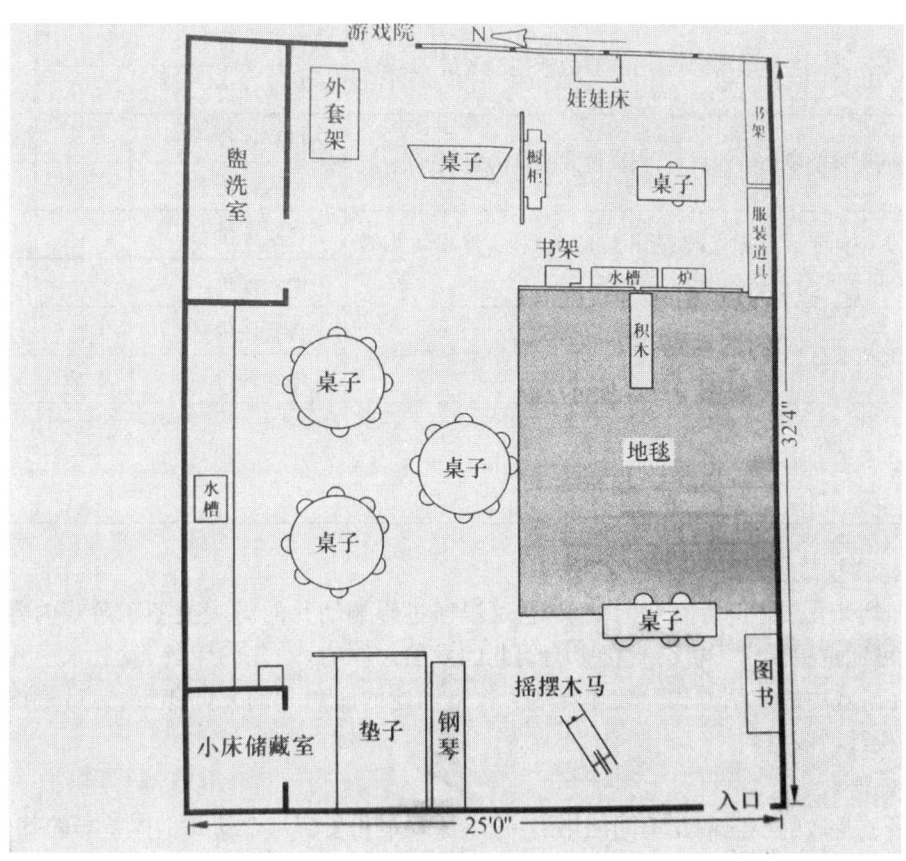

Walling 改进后的教室空间安排

经过一周对这个重新调整的空间安排的适应后，可以看到幼儿的游戏开始有所改变。扮家家区和积木区的游戏增多了，粗鲁及攻击性行为也显著减少了。教师花在解决争端和维持幼儿纪律的时间减少了，有更多的时间和幼儿共同游戏。

分析：通过以上案例，我们可以看到区角环境创设的重要性，案例中的教师根据发现的问题，重新布置了教室，使游戏指导过程中出现的问题迎刃而解，重新调整后的区角环境中幼儿粗鲁行为逐渐减少。因此，在进行区角环境创设时，教师应灵活地把握环境创设的基本技能。

3. 区角创设技能训练

〔训练主题〕 区角创设技能训练

〔训练目标〕

（1）理解幼儿园教室活动区创设的基本要求。

（2）能为教室创设活动区。

〔训练内容〕 为不同年龄班教室创设活动区。

〔训练要求〕

（1）根据训练内容设计教室活动区。

（2）画出活动区平面图并说明理由。

〔训练评价〕 训练后，总结、评估，填写表 4-1。

表 4 - 1　幼儿园区角创设技能评价表

日期　　　　　　　　训练人　　　　　　　评价人

评价序号	评 价 项 目	评价方式	评价等级					得分
			5	4	3	2	1	
1	能按照环境创设的基本要求,为幼儿创设舒适、安全的区角环境	自我评价						
		他人评价						
2	能根据幼儿园主题活动的需要,有目的地创设区角	自我评价						
		他人评价						
3	能定期更换或添加游戏材料,保证游戏活动的顺利进展	自我评价						
		他人评价						
4	能根据不同年龄班特点,创设相应的游戏区,体现幼儿的自主选择	自我评价						
		他人评价						
5	能合理安排区角空间,将有联系的区角相对集中放在一起	自我评价						
		他人评价						
评价说明								

（二）游戏材料投放技能

游戏材料和幼儿发展之间存在双向关系,它可以通过影响幼儿的游戏类型和游戏内容对幼儿发展产生间接影响,也可通过提供学习机会直接影响幼儿的发展。同时,幼儿的年龄、发展水平和游戏类型又会影响特定材料在游戏中的使用方式。教师要结合教室创建的区角和幼儿的年龄特点,考虑游戏材料的耐用、安全等特点投放游戏材料。

1. 游戏材料投放

游戏材料投放是教师根据幼儿不同的年龄特点,在观察和了解每个幼儿个体差异的基础上,在同一区角分层投放难易不同的游戏材料。在材料投放时,教师要考虑新旧游戏材料的搭配,现成玩具与自制玩具的比例,还要注意利用游戏材料的品种、性质、数量等因素控制幼儿的行为。

2. 游戏材料投放技能

在幼儿的游戏世界中,玩具和其他游戏材料占有很重要的地位。面对众多的游戏材料,教师应为幼儿提供制作良好、安全、适合幼儿能力和满足幼儿兴趣的游戏材料。

（1）准备丰富的游戏材料。能够找到自己感兴趣的材料对幼儿的学习来说非常重要。因此,要为幼儿提供可供他们改变和组合的足够多和多样化的材料,确保每个幼儿都能根据自己的需要和兴趣选择材料,使幼儿能进行不同类型的游戏,获得各种不同的游戏体验。

（2）选择安全实用的游戏材料。游戏材料的安全问题是一个重要的问题,要选择适合幼儿年龄、能力、技巧和兴趣的游戏材料。不能给幼儿购买带小零件的玩具,以免吞咽窒息;不能为较小幼儿购买有长线或绳索的玩具,将塑料包装去掉,以免引起窒息危险;定期检查玩具是否有故障或磨损;监督幼儿的游戏,确保其正确使用玩具;为预防玩具掉下来,应教导幼儿将玩具放在架子上或放在柜子里。

（3）合理有序地投放游戏材料。游戏材料的投放是一个动态的过程,教师要不断观察幼儿的活动情况,及时调整、补充、有序地投放材料。要根据幼儿的年龄特点和实际需要分配游戏材料,在不同年龄班投放同类材料时要提出不同的要求。如,在阅读区投放的图书材料一样的情况下,不同年龄班提出的图书阅读目标不同,内容不同,要求也不同。可以根据班级实际情况,因地制宜,一物多玩,但一定要考虑它的有序性,让幼儿真正与游戏材料发生相互作用。室内活动区设置及材料投放,可参考表 4 - 2。

丰富的游戏材料

安全实用的游戏材料

表 4 - 2　室内活动区设置、材料投放及可开展的活动一览表

活动区名称	可提供的学习经验	游戏材料	活动建议	活动区设置要求与注意事项
娃娃家区	1. 学习角色扮演,了解不同角色身份。 2. 学习友好交往技能,如轮流、分享等。 3. 学习表达个人意愿、情感、见解,尝试自己解决社交问题的方法	娃娃、小衣服、矮床、柜架、小型桌椅、餐具、茶具、厨具等家庭生活常用的物品,各种废旧物品制作的食物等	1. 简单的家庭生活主题。如吃饭、做饭、看护娃娃、整理房间、请客、看病、买东西等。 2. 扩展的反映社会生活的主题。如餐厅、菜场、医院、邮局、电影院等	1. 位置可与大积木区相邻。 2. 注意材料归类整理。 3. 注意启发和丰富幼儿的生活经验,及时反映当前事件,促进游戏深入发展
建构区	1. 发展建构能力,学习建构技法。 2. 尝试不同的建构设计,自行解决问题。 3. 幼儿之间能分享、分工合作,共同建构设计,共同角色游戏。 4. 发展语言交流和表达能力	大中型积木,可以是现成的,也可用大纸盒、泡沫塑料自制;不同规格的废旧纸盒;辅助材料,如交通工具、人偶等	1. 单纯建构活动。如叠高、延伸、对称、围封等。 2. 结合主题或角色游戏进行建构。如餐厅、马路、大桥等	建构活动所需空间较宽敞,宜与娃娃家相邻,以便进一步开展角色游戏。积木分类摆放,做标签,以便幼儿自行取放
科学区	1. 激发幼儿对自然和科学现象的兴趣。 2. 运用多种感官认识事物。 3. 提供尝试、探究、实验的机会,通过实地操作,解决认识问题	台、架、矮桌、种子、动植物、养殖活动所需的用具,如铲、水壶、瓶;科学活动所需用品,如镜子、放大镜、手电筒、磁铁、万花筒等	1. 养殖活动。 2. 各种主题的探究活动,如光、声、电等。 3. 探究各种化学现象等	应设置在安静的区域,有充足的阳光及流通的空气且光线良好。提供观察记录本,根据活动计划,随时更换材料及活动形式

3. 游戏材料投放技能训练

［训练主题］　游戏材料投放技能训练。

［训练目标］

(1) 理解活动区游戏材料投放对游戏发展的意义。

(2) 掌握活动区游戏材料投放的基本技能。

(3) 尝试为活动区投放相应的游戏材料。

［训练内容］　为大班表演区、中班自然科学区投放相应的游戏材料。

［训练要求］

(1) 根据训练内容,为活动区投放相应的游戏材料,并说明理由。

(2) 仔细分析训练内容,多层次考虑投放材料,材料内容应丰富多样,与活动区相符。

［训练评价］　训练后,总结、评估,填写表 4 - 3。

表 4 - 3　幼儿园游戏材料投放技能评价表

日期　　　　　　训练人　　　　　　评价人

评价序号	评 价 项 目	评价方式	评价等级					得分
			5	4	3	2	1	
1	能为幼儿投放安全、丰富的游戏材料	自我评价						
		他人评价						
2	能为幼儿投放自制游戏材料,作为购置游戏材料的有益补充	自我评价						
		他人评价						

（续表）

评价序号	评价项目	评价方式	评价等级					得分
			5	4	3	2	1	
3	能根据不同年龄班幼儿的特点投放游戏材料	自我评价						
		他人评价						
4	能定期增加游戏材料的品种,充分利用当地资源投放游戏材料,以引发幼儿游戏的兴趣	自我评价						
		他人评价						
5	能在不同的游戏区投放相应的游戏材料,鼓励教师和幼儿共同制作游戏材料	自我评价						
		他人评价						
评价说明								

二、游戏方案设计技能

（一）游戏方案设计

游戏方案是幼儿园教师为幼儿开展游戏活动所制订的书面计划。游戏方案的设计是实现将游戏纳入有目的的教育过程的关键,可增强教师开展游戏的目的和意识,指导其教育行为,通常以周为单位。教师要根据本班幼儿学习总目标的重点设计游戏方案,从而使游戏与其他形式的教育活动相互联系和渗透,共同实现教育目标。游戏方案制订得越具体,游戏活动的质量越高。

（二）游戏方案设计技能

1. 明确游戏目标

游戏目标的确立要与游戏内容的安排结合起来考虑。例如,角色游戏"餐厅"游戏的活动目标是通过游戏活动让幼儿明确自己在角色中的职责、具体工作,如何与同伴交流沟通,如何让游戏情节发展,如何整理游戏材料等。教师只有明晰了游戏活动的目标,才能有针对性地进行游戏的指导。

2. 考虑材料与空间

游戏材料的投放与物质环境的创设并不是一次性的,教师要根据班级准备开设的活动区和周活动目标有层次、有计划地投放材料。在空间设置上要考虑动静分开,相关活动区安排在一起,相对安静的区域放在临近的位置。如,美工区和图书区可安排在一起。

3. 选择适宜的指导方式

教师应依据不同活动区的特点与幼儿的年龄特点选择合适的指导方法并做相应的指导。指导时要考虑幼儿的个体差异,注意方式方法,以鼓励表扬为主。例如,小班幼儿在角色游戏中经常各玩各的,游戏情节很难深化和发展,教师可组织混龄游戏,请大班幼儿带领小班幼儿开展角色游戏,一方面可增强大班幼儿的合作意识,激发大班幼儿的自豪感,另一方面,小班幼儿在大班幼儿带领下,感受到了游戏的快乐。教师在活动结束后对幼儿积极鼓励表扬,幼儿参与游戏活动的热情会更加高涨。

4. 进行游戏效果的记录与评价

在幼儿游戏活动结束之后,教师要对游戏计划执行情况、游戏过程、游戏效果、幼儿游戏行为等情况进行简单反馈并如实简要记录,从而对本周游戏活动的教育效果做出分析评价,并为下一周区角游戏活动方案的制定提供依据。

案例分析：区角游戏活动方案

班级：大班　　　　　　　　教师：李汭玲、俞小慧　　　　　　　　日期：2012 年 10 月 17 日—21 日

周游戏 活动目标	1. 培养幼儿的游戏常规和交往能力。 2. 培养幼儿良好的阅读和行为习惯。 3. 提高幼儿对科学探索活动的兴趣					
活动时间	每天下午 3:30—4:30					
活动区名称	娃娃家区	建构区	美工区	阅读区	益智区	科学区
发展目标及可提供的主要学习经验	在游戏常规稳定的基础上，加强角色与角色之间的交往	幼儿根据国庆节的生活体验，进行相关搭建，如黄河铁桥、立交桥等	在前期手工制作的基础上，结合生活经验进行制作	培养幼儿的阅读习惯，鼓励幼儿大胆讲述和仔细倾听	鼓励幼儿积极探究一种玩具的多种玩法	结合小实验培养幼儿对科学知识的探究意愿
设备材料与空间设置	案板、锅、碗、灶具、面、菜等。与建构区相邻	积木、大小不同的各种盒子	小瓶、小盖、果冻盒等。离盥洗室近的地方	绘本图书录音故事、自制绘本等。远离建构区、科学区	棋类游戏材料	磁铁玩具、磁铁、纸片、尺子、布片、木头等。尽量在窗户边
活动建议与指导方式	重点指导角色间的礼貌交往及情节发展	帮助幼儿解决搭建过程中的疑难问题	重点指导幼儿在制作中的疑难问题	指导幼儿逐页翻书，仔细观察，认真倾听	强调按游戏规则开展棋类游戏	引导幼儿发现磁铁玩具的特性和功能
注意问题	注意个别幼儿的礼貌教育	家长可提供相关照片，为幼儿搭建提供材料	提醒幼儿保持环境干净和物品归位	提醒幼儿注意正确的看书姿势	请家长和幼儿一起开展游戏活动	指导幼儿观察记录，发现问题
行为观察与效果记录	幼儿游戏常规较好，角色之间的交往增多，能够根据生活经验发展游戏情节	幼儿能根据经验自主搭建，并能充分利用材料	幼儿进行的小制作较为单一，还需加强技能培养	幼儿对图书很感兴趣，但持续的时间不长	还需不断丰富下棋方面的经验，可以引导幼儿回家和爸爸妈妈开展棋类游戏	幼儿兴趣浓厚，能积极主动参与探索，并能在教师指导下发现问题，明确原理

（本活动设计由兰州城市学院实验幼儿园李汭玲、俞小慧老师提供）

分析：此活动方案是一份幼儿园一周游戏方案，是根据大班幼儿年龄特点和幼儿生活经验提出的周游戏活动目标。在周游戏活动目标的基础上，将目标进行分解，提出了每个活动区幼儿的发展目标，具有可操作性，并用表格形式写明了每个活动区材料的投放和空间的设置，提出了相应的活动建议与指导方法。教师在对本班幼儿观察和了解的基础上，提出了在游戏活动中应注意的问题，期待通过家园共育、个别指导提高幼儿游戏的质量。值得一提的是，在活动方案执行之后，教师及时将在指导游戏活动中观察到的幼儿行为和游戏活动的效果进行了及时的记录。

（三）游戏方案设计技能训练

[训练主题]　游戏方案设计技能训练。

[训练目标]

（1）理解游戏活动方案的意义。

（2）掌握游戏活动方案设计的基本技能。

（3）能进行游戏活动方案的设计。

〔训练内容〕 为小班幼儿设计区角游戏活动方案。

〔训练要求〕

（1）根据训练内容设计区角游戏活动方案。

（2）将游戏活动方案进行课内实操或在幼儿园组织实施。

〔训练评价〕 训练后，总结、评估，填写表4-4。

表4-4 幼儿园游戏方案设计技能评价表

日期　　　　　训练人　　　　　评价人

评价序号	评 价 项 目	评价方式	评价等级					得分
			5	4	3	2	1	
1	能根据不同年龄班幼儿的特点设计游戏方案	自我评价						
		他人评价						
2	能正确规范地制定一周游戏活动方案	自我评价						
		他人评价						
3	能在游戏方案中说明每个游戏区的指导要点	自我评价						
		他人评价						
4	能结合幼儿园主题活动设计游戏方案	自我评价						
		他人评价						
5	能对游戏效果进行评价和记录	自我评价						
		他人评价						
总评								

三、游戏活动指导技能

（一）游戏活动指导

游戏活动指导是指教师在体现一定教育意图的游戏环境间接影响幼儿的行为，激发幼儿积极投入游戏或直接参与游戏过程，具体指导幼儿的游戏，不断提高游戏的质量和活动的水平。教师对游戏活动指导的教育价值，就在于引导幼儿行为的方向性。教师是教育者，要通过游戏活动的实施和指导，实现必要的游戏活动目标。教师在游戏活动中的指导能规范幼儿的行为，产生游戏活动的内容，提高游戏活动的质量。

（二）游戏活动指导技能

1. 观察理解幼儿的游戏活动

观察是理解和指导幼儿游戏的关键。通过观察游戏中的幼儿，教师能得到许多游戏活动中的信息——他们喜欢的游戏方式、偏爱的玩具、选择的游戏地点、偏好参与的主题以及与同伴和成人之间的关系。

为了获取准确清晰的游戏行为信息，教师在观察时要注意以下几个方面的问题。预先确定观察游戏行为的内容，并选择适宜的观察方法尽量在幼儿进入游戏情景时进行观察；为保证观察到的是幼儿游戏的典型行为，应适当延长观察时间。教师通过有意的观察可以在一定程度上对幼儿进行指导；教师可根据观察的内容设计适当的观察记录表。

表 4-5 角色游戏记录表

| 姓 名 | 角色扮演 | 假 装 | | | 互 动 | 言语交流 | | 持久性 |
		实 物	行 为	情 景		元交流	假 扮	

2. 适当参与游戏角色

为了让游戏对幼儿学习和发展的正面影响最大化,教师可扮演积极的角色丰富幼儿的游戏经历。通过参与,教师能适时帮助幼儿发展及延伸游戏。所以,教师应明确自己在游戏中能够扮演的角色,并确定哪些角色对游戏有正面影响,哪些角色对游戏有负面影响。一般,教师在游戏中的角色有以下几种:

(1) 不参与——成人对游戏不予关注。

(2) 旁观者——成人旁观儿童的游戏。

(3) 舞台管理者——成人帮助儿童为游戏做准备,并在游戏进行时给予支持。

(4) 共同游戏者——成人参与游戏并成为游戏同伴。

(5) 游戏带头人——成人参与游戏并积极地丰富和延伸游戏。

(6) 导演/指导者——成人控制游戏,并告诉儿童应该怎样做,或重新引导儿童关注教育性内容。

这些成人角色组成一个集合,从不参与到完全控制儿童的游戏活动。研究表明,最有成就的角色位于这个集合的中间,即旁观者、舞台管理者、共同游戏人,集合两端的角色对儿童的游戏经历有负面影响。

支持性角色

最小程度的参与　　　　　　　　　　　　　最大程度的参与

| 不参与 | 旁观者 | 舞台管理者 | 共同游戏者 | 游戏带头人 | 导演/指导者 |

成人在游戏中的角色

3. 合理制定和实施游戏规则

规则是使活动顺利开展并使幼儿获得经验的重要保证,它不是为了制约幼儿,而是为了创设更宽松的环境。各活动区有一些共同的规则,如固定物品的取放。同时,要根据每个区角活动的特殊性,制定一些相应的规则,如美工区剪纸活动剪下的纸屑及时放进小筐,保持桌面、地面的干净;棋类游戏要依次轮流进行等。这些规则不是教师强制制定的,而是幼儿在活动中体验到要保证活动顺利进行所必须遵守的。

4. 及时进行游戏活动评价

游戏活动结束时要对幼儿游戏的活动及时评价。教师可以对幼儿执行游戏规则的情况做出小结,表扬肯定其积极行为,可以对游戏活动的质量予以评价鼓励,如幼儿有哪些新玩法、新创意等。教师还应进一步提出深入开展游戏的新要求,激发幼儿新的需要。对于中大班的幼儿,教师可以引导幼儿相互交流游戏的经验体会,介绍游戏过程,并进行自我评价,从而激发幼儿的自主意识和自主能力。

案例分析："做午餐"游戏

林老师问果果和毛毛是否愿意玩"做午餐"的游戏,她们都表示十分愿意。于是,林老师坐在饭桌旁,问道:"今天午餐吃什么?"果果开始寻找宝宝的奶瓶,然后说她在做午餐前要打扫一下房屋,于是拿着小抹布假装在娃娃家这个区域擦拭家具。毛毛说她来准备午餐,她用手拿起小刀,假装在案板上切菜,然后将切好的菜放入锅中炒好,盛在盘里。林老师说:"这是一道好吃的菜吗?"毛毛看看,晃动着脑袋说:"这道菜很好吃。"她把盘子递给林老师说:"酸辣土豆丝,请用餐。"林老师说:"非常感谢!"老师假装吃完午餐后,果果将盘子收起来,放到了指定的位置。

分析:老师通过邀请幼儿玩"做午餐"的游戏发起了一个游戏活动,但是游戏活动一开始控制权就在幼儿身上,幼儿决定晚餐吃什么以及什么时候吃,而老师则通过询问午餐吃什么以及表明自己已经饿了来微妙地影响游戏的进程。同时,她还通过假装吃"食物"来示范对物体和动作的假扮。在这个游戏进程中,教师通过仔细观察幼儿的行为,作为共同游戏者的角色,参与到幼儿的游戏中,老师成为幼儿的游戏同伴,产生了游戏的主题,促进了游戏进程。而且,当老师吃完饭以后,幼儿能将物品归位,表现出的秩序感、规则感为下一次游戏活动的进行奠定了良好的基础。

(三) 游戏活动指导技能训练

[训练主题] 幼儿游戏活动指导技能训练。

[训练目标]

(1) 理解幼儿游戏活动指导的重要性。

(2) 掌握幼儿游戏活动指导的要点。

(3) 尝试到幼儿园指导幼儿的游戏活动。

[训练内容] 指导大班幼儿建构区游戏活动。

[训练要求]

(1) 根据训练内容,写出指导要点,并说明理由。

(2) 到幼儿园观察大班幼儿建构行为,并开展有效的指导,保证游戏的进行。

[训练评价] 训练后,总结、评估,填写表4-6。

表4-6 幼儿园游戏活动指导技能评价表

日期　　　　训练人　　　　评价人

评价序号	评 价 项 目	评价方式	评价等级					得分
			5	4	3	2	1	
1	能根据游戏目标,有目的地观察幼儿的游戏行为	自我评价						
		他人评价						
2	能根据幼儿游戏情节的需要,适当地参与游戏活动,成为游戏活动的参与者	自我评价						
		他人评价						
3	能帮助幼儿制定合理的游戏规则	自我评价						
		他人评价						
4	能对幼儿的游戏活动进行适当的指导,帮助	自我评价						
		他人评价						
5	能及时评价幼儿的游戏活动	自我评价						
		他人评价						
评价说明								

第二节 大型活动及节日活动组织技能

被否定的活动策划方案

幼儿园每年都要举行各种各样的大型活动或节日庆祝活动,有的活动是全园幼儿参与,有的活动是以班级为单位组织。今年,幼儿园要以"幸福家园、阳光儿童"为主题开展大型活动,郑老师负责策划活动。经过和老师们的共同努力,她终于将活动策划方案交到了园长手中。然而,园长看后不但没有表扬郑老师,而且要求她重新策划和修改。郑老师很委屈,觉得自己加班加点,挖空心思写的方案却不能得到领导的认可。但当她静下心来仔细思考分析这个策划方案时,开始慢慢意识到了自己的问题——活动主题创意不够,活动方案撰写不够规范,甚至设计的活动内容也有很多问题。

一、大型活动组织技能

(一)大型活动组织

幼儿园大型活动组织是指幼儿园有目的、有计划、有步骤地组织全园幼儿参与各种内容丰富、有特定意义的活动如全园亲子运动会、大班毕业典礼、大型冷餐会等。

(二)大型活动组织技能

1. 明确活动理念与创意

大型活动一般是为满足各种社会需求、文化需求、经济需求以及政治需求等产生的,其形式主要取决于活动组织者举办活动的原则和理念。在活动初始阶段,教育者应在活动理念和最终目的引领下筛选活动创意,使之与活动目标相吻合。在活动理念的引领下,活动创意十分重要,它将决定活动的成败。

创意就是创造主意,想出好点子,可以理解为想出一个新的主意,而这个主意可能被多人提出过,但此时却源于个人创造力、个人技能或个人才华,是科学技术和艺术结合的某种新的集合或创造。大型活动可以产生好的创意的地方很多,例如,举办单位的选择和组合,活动时机的选择,活动理念、主题词和宣传口号的设计,标志物及形象大使的选择,开幕式及闭幕式的形式和关键环节,重要嘉宾的邀请和组合,表演节目或者设施设备的形式和内容,与观众的互动形式以及服装道具等。

2. 策划具体活动项目

(1)明确活动目标。活动方案是以活动目标为核心而制定的,各项活动围绕目标而展开,它在事前对各项活动作了统筹规划。因此,确定活动的目标,能避免管理与实施活动时的盲目性。

(2)提炼活动主题。为了更好地实现活动目标,大型活动策划需要提炼一个主题及主题活动来系统、全面地实现活动目标。主题活动应该是整体活动中非常精彩的部分,把主题活动设计得更有激发性是大型活动创意的核心和关键。此外,在策划主题的同时还应策划氛围,通过氛围创设把活动主题表现出来。

(3)预设活动成果。预设活动成果,一是要预想到活动的整体效果,使其可以实现活动目标;二是要形成一个相应的活动方案,它相当于一个蓝图,活动就是基于此来创建和实施的。所以,预设成果也是一个起点,是决策的依据和活动开展的标准。

总之,活动策划是一种创造性活动,无固定的模式或现有的方法,需要具体问题具体分析对待,但有方法可以借鉴。一般,先仔细分析、考虑大型活动的期望是什么,然后对活动形成一个总体设计,明确关键要素,如主题、名称等。这个阶段所有方法可以围绕"6W3H"来进行。

表4-7 策划思考方法(6W3H法)

Why(为什么)	活动为什么要举办? 创意和组织这项活动最具诱惑的理由是什么?
Who(谁)	谁最适合主办活动? 谁最适合协办互动? 谁最适合参加和参观?
When(何时)	活动将在何时举办? 举办的日期和时间是否可灵活掌握?
Where(何地)	举办地点在哪里? 室内室外是否都有活动? 单地点还是多地点?
What(干什么)	需要干些什么才能实现目标?
For whom(给谁干)	活动为什么要举办? 谁会从中受益?
How(怎么干)	怎么干才能达到目标?
How long(多长时间)	需要多长时间干完?
How much(花多少钱)	需要什么样的元素和资源能满足上述各项要求?

3. 撰写活动项目策划书

在前期准备工作结束后,应着手编写活动项目策划书,主要包括如下内容:

(1)封皮。包括策划主办单位、策划人员、日期等基本信息。

(2)序文。阐述此次活动的目的、主要构思、主要层次等。

(3)内容。阐述活动的具体内容。应文笔生动,数字准确无误,方法科学合理,层次清晰。

(4)预算。为了更好地指导活动的开展,需要把项目预算作为一部分在策划书中体现。

(5)策划进度表。这是活动进展时间安排。在制定时间表时要留有余地,具有可操作性。

案例分析:隆重的大班毕业典礼

活动内容:大班毕业典礼。

活动主题:感悟成长,感恩老师,感谢父母,感受成就。

活动地点:××礼堂;幼儿园大厅。

活动对象:全国家长、大班全体幼儿。

活动时间:2012年6月30日下午3:00—5:00:

　　　　　3:00—4:20　隆重的毕业典礼;4:30—5:00　参观幼儿作品展。

活动目标:

(1)全体毕业幼儿穿学士服,戴学士帽,感受自己的成长。

(2)全体毕业幼儿表演毕业诗、毕业歌,表达对老师的感激之情。

(3)颁发幼儿口述日记一书,幼儿感受自己的成就。

活动准备:

(1)写请柬,邀请主管领导参加。

(2)与当地媒体联系,邀请摄影摄像、记者等宣传人员。

(3)学士服、学士帽、幼儿口述日记、毕业证书、音乐磁带、幼儿美术作品、幼儿科技作品、幼儿自制绘本。

活动流程:

(1)学院领导为大班毕业幼儿致词。

(2)毕业班教师代表回顾幼儿成长。

(3)毕业班幼儿表达离别情意。

① 朗诵毕业诗。

② 演唱毕业歌。

③ 表演"感恩的心"。

(4)来宾为毕业班幼儿颁发毕业证书。

(5)老师为毕业班幼儿颁发礼物。"爱的印记"——幼儿口述日记一书。

（6）毕业班幼儿与来宾老师合影。

（7）来宾和家长参观幼儿作品展。

① 幼儿美术作品展。

② 幼儿科技作品展。

③ 幼儿自制绘本展。

经费预算：

幼儿学士服 110 元/套，幼儿口述日记书籍 25 元/本，邀请记者、摄影摄像 1 000 元，布置会场、展厅 1 500 元。

时间安排：

6 月 10 日—22 日　大班组组长带领大班教师排练舞台节目，精选幼儿口述日记；

6 月 20 日—25 日　绘本、美术、科学负责教师遴选作品，准备布展；

6 月 25 日—26 日　购置布置舞台、展厅相关物品；

6 月 27 日—29 日　在舞台提前登台演练，联系相关人员，邀请相关领导；

6 月 29 日全体　　检查发放物品到位情况，展厅布置情况，领导出席情况；

6 月 30 日下午　　毕业典礼开始。

（本活动案例由兰州城市学院实验幼儿园提供）

分析：此活动的创意灵感来源于大学毕业生身穿学士服，头戴学士帽，举行毕业典礼的场景。具有特殊意义的服装，既能代表孩子们从幼儿园毕业，又能展示他们 3 年成长的成就。活动分两部分，第一部分由大班幼儿在舞台上完成，深情地朗诵毕业诗，演唱毕业歌，用手语表演表达对老师、父母的感谢；第二部分为幼儿作品展示，包括幼儿口述日记、美术作品、科技作品、绘本制作等成果展示活动，使幼儿感悟成长，感受成就。整场活动主题鲜明，策划周密，活动过程紧凑、严谨，经费预算清晰，活动时间制定清楚，活动方案简洁明了。

隆重的大班毕业典礼

（三）大型活动组织技能训练

［训练主题］　幼儿园大型活动组织技能训练。

［训练目标］

（1）掌握幼儿园大型活动的设计流程。

（2）把握幼儿园大型活动的活动目标。

（3）能在考虑实际的基础上设计大型活动。

〔训练内容〕 为全园亲子运动会设计活动方案。

〔训练要求〕

（1）根据训练内容，尝试制定幼儿园大型活动主题。

（2）在可能的情况下，组织实施活动方案，并做出评价。

〔训练评价〕 训练后，总结、评估，填写表4-8。

表4-8 幼儿园大型活动组织技能评价表

日期　　　　　训练人　　　　　评价人

评价序号	评 价 项 目	评价方式	评价等级					得分
			5	4	3	2	1	
1	能根据具体要求策划幼儿园大型活动，主题明确	自我评价						
		他人评价						
2	能制定幼儿园大型活动方案，思路清晰，表述准确	自我评价						
		他人评价						
3	能结合本园特点，策划别具风格且有意义的大型活动	自我评价						
		他人评价						
4	能根据要求，撰写大型活动计划项目书	自我评价						
		他人评价						
5	能对大型活动做出恰当、准确的评价	自我评价						
		他人评价						
评价说明								

二、节日活动组织技能

节日是一种文化，各类节日中所蕴含的文化特点和情感体验丰富多彩。不可否认，节日蕴含着潜在的教育资源，幼儿园可以筛选、分析、甄别不同节日的核心价值，梳理出适合幼儿参与的传统节日和社会节日，开展各种类型的节日庆祝活动。

（一）节日活动组织

幼儿园节日活动组织是指各种节日活动的策划、设计与组织，如五一劳动节、六一儿童节及教师节等。幼儿园节日活动与特殊的时刻、时间或者主题有关。因此，要求配合不同的主题开发庆祝活动，营造活动气氛，整个活动应突出公益性质，要十分注意活动期间的安全问题，以免影响或冲淡庆祝的气氛。

（二）节日活动组织技能

1. 确定节日活动主题

节日活动的庆祝、纪念色彩非常浓厚，即使活动形式多样、丰富多彩，但最终目的都必须指向这个主题。不论是活动内容、活动程序、活动形式等都必须与主题相一致。

2. 策划节日系列活动

幼儿园节日活动应有连续性，要考虑幼儿身心发展的特点。可在节日庆祝活动之前，根据节日主题内容开展一系列教学活动和区角游戏活动，让幼儿对节日有一个全面、整体的认识。另外，不仅要注重节日

活动的结果,更要注重节日活动开展的过程,应在对节日的认识、对环境的布置和活动的参与等方面做统一的策划和安排。

3. 注重家长参与

为了让幼儿更好地理解节日文化,做好节日庆祝活动,必须要取得家长对幼儿园庆祝活动的认同。在策划节日活动时,要调动家长的积极参与,因为家长积极参与的情绪可以影响幼儿的情绪。因此,在幼儿园、家庭营造浓厚的节日气氛,家长的参与必不可少。

案例分析:劳动节庆祝活动

教学活动计划:

	第一周活动		第二周活动		第三周活动
1	活动一:劳动最光荣	1	活动一:悯农	1	活动一:我有一双勤劳的手
2	活动二:采访劳动者	2	活动二:打击乐《加油干》	2	活动二:工具作用大
3	活动三:分类统计人们的职业	3	活动三:城市美容师	3	活动三:动物职业介绍所
4	活动四:不同职业作用多	4	活动四:医生本领大	4	活动四:我是小小建筑师
5	活动五:猜职业	5	活动五:服装设计师	5	活动五:给爸爸妈妈写封信

区角游戏活动:

	区域游戏名称	活动准备	主要内容
美工区	各行各业的人	纸、笔	通过绘画表现自己采访的人物的职业特征
	设计工作牌	空白工作挂牌、自己的照片、卡纸等	通过粘贴照片、绘画等方式自主设计游戏工作牌
	给爸爸妈妈写封信	纸、笔等文具	用绘画的方式表达自己对爸爸妈妈想说的话(教师可协助用文字适当注解)
	服装设计师	报纸、剪刀、双面胶、彩色皱纹纸、毛线、布头	利用多种废旧材料设计、制作服装
	鲜艳的红花	红色皱纹纸、细线	制做红花
科学区	拆装圆珠笔	各种可拆卸的圆珠笔	拆卸各种圆珠笔,观察后再组装圆珠笔
语言区	动物职业介绍所	各种动物图片	根据动物生活习性和特征进行"职业介绍"
生活区	厨房小帮手	事先和厨房工作人员联系,准备容易清理的果蔬	幼儿动手进行摘洗果蔬等生活劳动
	劳动小卫士	装有清水的盆、抹布、包干区	值日生对各自负责的包干区进行打扫
建构区	交通指挥员	各种玩具车辆、警察人物模型、积木、幼儿收集的各种交通标志	用积木搭建马路、立交桥等交通设施,张贴交通标志,并利用玩具警察和车辆表现交通状况
角色游戏区	小吃店	围裙、厨师帽、餐具等	开展劳动节优惠酬宾活动,吸引顾客前来就餐
	卫生监督员	"卫生监督员"工作牌	增设卫生监督员角色,增加游戏情节,如评选"最清洁社区"
	娃娃舞台	音乐磁带,幼儿在"服装设计师"活动中设计、制作的创意服装,布置好的"T型台"	幼儿随音乐穿着自己设计、制作的创意服装进行表演展示

全园庆祝活动:

活 动 名 称	活 动 准 备	主 要 内 容
慰问劳动者	爱心卡、自制小花等	分组到园内各个部门去慰问工作中的教职员工,向他们表示尊敬和爱戴
寄给爸爸妈妈的一封信	幼儿自己绘制的"信"、邮票、写有收信人姓名和正确的地址的信封	在老师的带领下,到邮局把写给爸爸妈妈的信寄出去
新闻发布会	幼儿完成的职业调查统计表	以新闻发布会的形式组织幼儿交流了解到的成人工作情况,向同伴介绍自己的采访成果

环境创设:

(1)展示幼儿的职业调查统计表。

(2)主题墙饰"能干的我",内容为家长在幼儿参与劳动时拍摄的摄影作品。

(3)布置创意服装展示区。

(4)设立"卫生检查评比栏",由班级卫生监督员公布每日检查结果,评出每周的"最洁净社区"。

(5)布置各种职业图片展示区,引导幼儿了解各行各业人们的工作及与人类生活的关系。

家长、社区资源:

1.活动前期

(1)家长观察幼儿在家参与力所能及的劳动,及时用照片记录幼儿的劳动场景,并将照片展示在班级主题环境中。

(2)家长带领幼儿参观几种常见行业的工作,了解他们的工作,如清洁工人、发型师、超市销售员等。

2.活动中期

(1)向幼儿介绍自己的工作特性,配合幼儿完成职业调查统计表。

(2)带领幼儿一起采访并慰问小区里的工作人员。

(3)教育幼儿要尊重劳动者,珍惜劳动成果。

3.活动后期

坚持让幼儿做一些力所能及的劳动,不包办代替,养成幼儿良好的劳动习惯。

分析:此案例以"五一劳动节"为活动主题,通过教学活动、区角游戏活动、全园庆祝活动等一系列活动来突出五一劳动节主题。在教学活动中让幼儿了解关于劳动节的相关知识和经验,在环境创设中让幼儿全程体验和感受自己劳动的快乐,在区角游戏活动中让幼儿体验各种各样的职业,在全园庆祝活动中通过幼儿的精心准备,将自己的劳动成果展现给身边的老师和爸爸妈妈。在整个活动中,强调家长的积极参与,借助家长资源渗透关于劳动节的相关知识和思想。这样的活动策划符合幼儿认知的特点,使他们真正体验和感受什么是劳动节,体验劳动的快乐,培养良好的习惯和品质。

(三)节日活动组织技能训练

[训练主题] 幼儿园节日活动组织技能训练。

[训练目标]

(1)掌握幼儿园节日活动的设计流程。

(2)把握幼儿园节日活动的活动目标。

(3)能根据本园实际进行节日活动设计。

[训练内容] 以"六一"节为主题为小班幼儿策划节日活动。

[训练要求]

(1)根据训练内容,尝试制定幼儿园节日活动目标。

(2)围绕节日活动目标,尝试设计幼儿园节日活动方案。

(3)根据节日活动目标创设环境和布置区角。

[训练评价] 训练后,总结、评估,填写表4-9。

表4-9 幼儿园节日活动组织技能评价表

日期　　　　　　　训练人　　　　　　　评价人

评价序号	评 价 项 目	评价方式	评价等级					得分
			5	4	3	2	1	
1	能根据节日需要,准确制定幼儿园节日活动目标	自我评价						
		他人评价						
2	能根据节日活动目标设计幼儿园节日活动方案	自我评价						
		他人评价						
3	能紧紧围绕节日活动目标和方案,对幼儿园公共环境和班级环境进行布置	自我评价						
		他人评价						
4	能充分利用家长资源,鼓励家长积极参加幼儿园节日活动	自我评价						
		他人评价						
5	能及时对幼儿园节日活动进行总结、评价	自我评价						
		他人评价						
评价说明								

三、幼儿表演化妆技能

（一）幼儿表演化妆

幼儿表演化妆是一种造型艺术,是运用多种表现手法,对生活中的造型元素进行鲜明、准确、生动地组织提炼并加以艺术化的妆扮活动。幼儿表演化妆的特点是,塑造的人物形象鲜明,有一定的典型性和感染力,并表现一定的审美意境。好的表演化妆具有强烈的艺术感,既不能照搬生活,也不能脱离生活。

（二）幼儿表演化妆技能

1. 准备化妆工具与材料

为幼儿化妆的工具一般有各类化妆刷、化妆海绵、粉扑、辅助工具棉棒、纸巾等。化妆材料一般有粉底、散粉、腮红、眼影、化妆笔、眉笔或眉粉、眼线笔或眼线液、唇膏等。值得注意的是,幼儿使用的化妆品对质量有更高的要求。

2. 掌握儿童妆的化妆技法

儿童妆的普遍规律是越小越淡,最好不化。绝大多数情况下,3周岁以下的儿童不需要化妆。如果要上台表演或一些特殊场合需要化妆时,儿童妆应以抓住儿童的天真可爱、不失真为原则,化妆修饰忌用成人的化妆技法浓妆艳抹,只要点到为止,略加修饰即可。男孩妆在多数情况下较女孩妆淡。

（1）皮肤修饰:粉底尽量薄,否则会显成人化。

（2）眼部修饰:眼影的颜色可用粉红色等柔和的色彩,界限要模糊,不可太硬。大眼睛、眼神生动的幼儿眼部化妆要淡,否则会造成不必要的夸张。

（3）眉的修饰:眉毛不要过多加工修理,若眉毛稀疏或较淡,稍加刷浓即可,以突出儿童的自然美。

（4）脸颊的修饰:脸颊用粉嫩的腮红,淡刷几下即可。

（5）唇的修饰:忌用鲜艳的色彩,也不必刻意描绘唇形,色彩应选用能表现自然红润唇色的色调,否则会显成人化。

儿童表演妆

(三) 幼儿表演化妆技能训练

[训练主题] 幼儿表演化妆技能训练。

[训练目标]

(1) 了解幼儿表演化妆的基本技能。

(2) 能根据表演内容为幼儿化妆。

[训练内容] 为童话剧"白雪公主"中的人物形象化妆。

[训练要求]

(1) 根据训练内容,尝试为童话剧中不同的人物形象化妆。

(2) 重点要将 7 个小矮人的不同特征通过化妆表现出来。

[训练评价] 训练后,总结、评估,填写表 4 - 10。

表 4 - 10 幼儿表演化妆技能评价表

日期　　　　训练人　　　　评价人

评价序号	评 价 项 目	评价方式	评价等级					得分
			5	4	3	2	1	
1	能根据演出内容为幼儿化妆	自我评价						
		他人评价						
2	能掌握儿童妆的基本化妆技法	自我评价						
		他人评价						
3	能将不同人物形象通过化妆表现出来	自我评价						
		他人评价						
4	能对自己的化妆技法进行评价,发现不足,积极提高	自我评价						
		他人评价						
评价说明								

技能拓展训练: 通过幼儿园观摩和对幼儿教师的访问,撰写一篇关于游戏活动设计、组织的评论文章在班内分享。

第五章
幼儿教师合作交流技能与训练

　　人际交往是个体借助一定的语言、文字或表情等表达手段将某种信息传递给其他个体的过程。幼儿教师的人际交往，就是幼儿教师在幼儿园里进行各种教育活动的过程中，人与人之间直接发生的联系或作用。

　　合作交流是人际交往过程中所必不可少的技能。它指个人或群体为达到某一确定的目标，通过彼此的协调沟通而形成的联合行动。良好人际关系的建立，有赖于个体相互之间的接触和了解，因此，增加沟通频率是保持合作交流的重要条件。

　　对于幼儿教师来说，合作交流是日常教育教学过程中一种必要技能，良好的合作交流技能是正确处理幼儿教师之间以及幼儿教师与幼儿、家长之间的人际关系，顺利开展教育教学工作的基础；它主要体现在幼儿教师与幼儿、家长及同事的合作交流上，良好的合作交流，既有利于促进幼儿教师的身心健康，又有利于提高教育教学的质量，也有利于促进幼儿的全面发展。

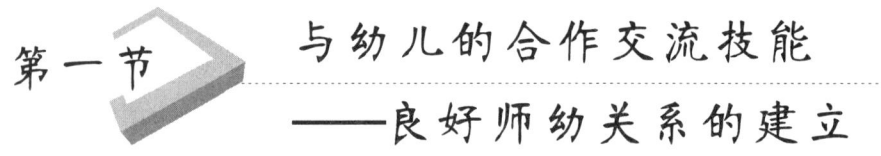

第一节　与幼儿的合作交流技能
——良好师幼关系的建立

老师，你是警察

　　午休时间到了，大班幼儿正在寝室门口排队等待检查，许多小石子、小玩具、树枝一一被李老师从幼儿的口袋中掏了出来。轮到浩浩了，他看着老师说："老师，你是警察，我们是小偷，我们是在玩警察捉小偷的游戏吗？"李老师问道："你为什么这么说呢？"浩浩小声说："妈妈说，警察才有权利搜别人的口袋，其他人随便搜别人的口袋是不对的。"李老师心里一怔，是啊，自己只想着保证幼儿的安全，却忽略了对他们人格的尊重。

一、良好师幼关系的意义

　　儿童一出生就开始了与周围人的交往，伴随着各种交往，逐步形成一定的人际关系。进入幼儿园以前，家庭是儿童最主要的成长环境，在和父母密切交往的过程中，形成了最初的人际关系——亲子关系。进入幼儿园以后，儿童的生活步入了一个新的阶段，幼儿教师和同伴成为幼儿主要的交往对象，于是，幼儿和教师之间便形成了一定的人际关系。这种人际交往关系对幼儿形成健全人格、发展智力、发展社会性有着十分重要的意义。教师与幼儿的相互关系如何，直接影响到幼儿园的教育质量。因此，幼儿教师应注重与幼儿建立良好的关系。

　　（一）师幼关系

　　师幼关系是指教师与幼儿之间通过信息交流、情感沟通而形成的人际交往关系。师幼关系是幼儿园人际关系中最基本、最重要的组成部分。它贯穿于幼儿一日生活的各个环节，是幼儿园各项教育目标得以实现的重要保障,是促进幼儿和谐发展的重要因素。

受不同时期儿童观和教育观的影响,师幼关系可以从不同的角度加以认识和理解。其一,师幼关系是一种亲密的情感依恋关系。幼儿教师几乎每天都与幼儿在一起学习、生活,是除家长之外最亲近的人,教师要关爱每一个孩子,与他们建立情感依恋关系。其二,师幼关系是一种平等合作互动的关系。在教育活动中,教师与幼儿以平等的身份相互合作,积极互动,共同发展。其三,师幼关系是一种教与学的关系。在教育过程中,幼儿教师与幼儿各自担当着教育者与被教育者的角色,教师通过有计划、有目的的教育活动对幼儿进行指导教育,以促进其全面和谐发展。

由此可见,良好的师幼关系表现为教师充当幼儿发展的支持者、帮助者和指导者的角色。在教育活动中,教师与幼儿平等地交流互动,热爱并尊重每一个幼儿,幼儿与教师建立起良好情感依恋关系,双方彼此接纳,彼此认同,共同提高。

（二）良好师幼关系的意义

良好的师幼关系是沟通教师和幼儿情感的桥梁,是保证幼儿园教育教学活动顺利开展的重要条件,对幼儿的认知活动、情绪情感过程、社会性发展和心理健康成长有着积极的影响。

1. 良好师幼关系对幼儿的全面发展具有积极影响

（1）良好的师幼关系有利于幼儿认知和情感的顺利发展。和谐融洽的师幼关系,能够为幼儿提供有利于认知的氛围,激发幼儿认知的积极性和主动性;在引导幼儿学习知识和技能的过程中,使幼儿心情愉快、情绪饱满,有利于幼儿认知能力的发展。

（2）良好的师幼关系有利于幼儿良好个性的发展。积极良好的师幼关系中,教师对幼儿的尊重、关怀和细心照顾对于幼儿形成积极的情绪、获得安全感、发展自信心都是必不可少的。研究表明,那些经常感受到教师的支持和帮助的幼儿更具有强烈的学习欲望,对自己的能力更自信,更容易形成良好的个性特征。

（3）良好的师幼关系有利于幼儿社会性的正常发展。在和谐融洽的师幼关系中,幼儿能够通过观察和模仿学会关心、分享、同情等社会行为,拓宽自身的社会认知,学习一定的社会行为规范;教师对幼儿的尊重、关心和鼓励有利于幼儿自尊水平的发展;在良好的师幼关系中,教师对待幼儿的方式和态度也会直接影响幼儿同伴交往的主动性和态度,能够帮助幼儿更好地处理人际交往问题,促进幼儿人际交往能力的发展。

2. 良好师幼关系是顺利开展教育教学活动的重要保障

师幼互动关系是幼儿园教育教学活动的基本表现,它贯穿于幼儿一日生活之中,表现在幼儿园教育的各个领域,师幼关系的状况、幼儿对教师的情感直接影响到教育教学活动的成效。在和谐良好的师幼关系中,教师热爱幼儿,对工作充满热情;幼儿尊敬教师,乐于接受活动内容。双方互动的积极性越高,教育教学活动的效果越好;反之,在不良的师幼关系中,教师与幼儿之间存在紧张、焦虑等负面情绪,双方互相抵触,教学活动难以顺利进行。

二、建立良好师幼关系的技能

（一）把握好教师的角色定位,以平等的身份参与互动,营造和谐宽松的师幼互动氛围

1. 正确把握教师的角色定位

在师幼相互交往的过程中,双方是同等重要、互为主体的,师幼交往不应是以教师为中心和权威,幼儿被动接受的过程,而应当是教师和幼儿两个主体之间相对均衡发生作用的过程。因此,在与幼儿交往的过程中,教师应把自己定位成幼儿心声的倾听者、幼儿行为的观察者和分析者、幼儿发展的支持者和指导者,这样,师幼之间才能建立起融洽、和谐的交往关系。

2. 教师应以平等的身份参与互动,与幼儿建立真正的互动关系

在师幼相互交往的过程中,幼儿作为师幼交往的主体之一,与教师享有同样的权利和地位,教师应以平等的身份参与各项活动,蹲下来和幼儿平等交流,像伙伴一样倾听幼儿的心声,让幼儿感受到平等和谐的师幼关系。师幼双方都能大胆发表各自的观点和看法,师幼之间才能建立真正的互动。而且,教师还可

以通过参与互动,有意识地关注到幼儿的活动信号,并随时随地给予应答和反馈,使幼儿在与教师平等互动的合作中得到发展。

3. 营造和谐宽松的师幼互动氛围

在幼儿园教育教学活动中,教师应为幼儿创设一个宽松自主、和谐愉快的环境,使幼儿能够在活动中主动积极地参与、探索和尝试,愉快健康地发展。同时,和谐良好的氛围能为幼儿提供更多的积极交往的机会,激发幼儿与教师交往的愿望和行为。

案例分析:坐到幼儿的座位上

听录音故事的时候,孩子们特别能闹,叽叽喳喳说个不停,有的大声嬉笑,有的窃窃私语,林老师反复强调:"安静! 不要说话了!"孩子们没有任何反应,仍然是各行其事。林老师刚要发火,突然灵机一动,何不走到他们中间,听一听他们到底在说什么。林老师轻轻地走到孩子们中间,在他们旁边坐了下来。她这才意识到,原来今天播放的录音音量太小了,孩子们根本听不清楚,所以才说起话来。

分析:幼儿教师对教育活动的引导不仅仅是简单的"发号施令",还要学会走到幼儿当中去观察了解他们,帮助他们。案例当中的林老师选择坐到幼儿的座位上去倾听,一方面可以从幼儿的角度分析出现的问题,另一方面可以近距离倾听幼儿的心声。

(二) 关爱并尊重每一位幼儿,考虑幼儿的需求,发挥幼儿的主体作用

1. 教师应关爱并尊重每一位幼儿

关爱幼儿是教师最基本的职业道德,是对幼儿施加影响的基础。教师要以宽大的胸怀去爱护每一位幼儿,时刻以真诚的态度去对待每一位幼儿,这样,才能在师幼之间建立起深厚的感情,幼儿才会更加主动积极地参与各种活动,实现和谐全面的发展。此外,教师在与幼儿交往的过程中,要尊重每一位幼儿的人格和权利,尊重幼儿的身心发展特点。

2. 教师应尊重幼儿的个别差异,平等对待每一位幼儿

每一位幼儿都是具有独特潜能和发展特质的个体,他们有的思维敏捷,有的则思维迟缓;有的性格外向,善于与人交往,有的内向,喜欢安静和独处,甚至沉默寡言。教师在与幼儿交往的过程中,要公平、公正地对待每一位幼儿,尊重他们的个体差异,使每一位幼儿都有被关注、被重视的尊重感,心理上获得满足,产生愉悦的情绪体验。例如,有的教师在请小助手的时候总是爱请自己喜欢的、能力强的幼儿,这样,难免给其他幼儿造成不公平的印象。所以,教育的公正性就在于排除偏爱因素,给每个幼儿公平、公正的教育和发展机会。

3. 教师应充分考虑幼儿的需求,发挥幼儿的主体作用

在师幼共同活动、相互交往的过程中,双方都是活动的主体,幼儿能动的主体作用是教育取得成功的决定性因素。但在实际的互动过程中,教师多以指导者的身份发起互动,对幼儿发起的互动信号反应淡漠,幼儿的主体地位远远没有得到应有的重视和落实,这会直接影响幼儿活动的积极性和主动性,影响师幼互动的整体效果。因此,教师要随时随地关注幼儿的表现和反应,设身处地地站在幼儿的角度去看待问题、思考问题,了解他们的需求,随时发现并抓住教育契机,并采取相应的教育措施。

案例分析:老师,我能当一次排头吗?

每天早操时间,付老师都会从小朋友中选出一名小排头领着大家站队、做操。付老师总是让那些聪明、听话的小朋友当小排头,而很少让调皮的和默默无语的小朋友当排头。

一次,付老师照例请一位小朋友当排头。忽然,一个很大的声音说:"付老师,让我当一次排头好吗?"付老师回头一看,原来是平日里很调皮的王浩然。接下来的几天里,每天早操付老师都会听到王浩然要求当排头的声音。看到他那乞求的目光,付老师想,也许该让他试一试。于是,有一天早晨,付老师对王浩然说:"今天,付老师选你做排头。"王浩然的脸上露出了欣喜的笑容。这天早操,王浩然做得特别认真。下操后,付老师把一个象征奖励的小五星贴在了王浩然的额头上。一整天下来,王浩然特别遵守纪律。

第二天早晨,王浩然来园的时候额头上还依然贴着昨天的小五星。也许是平时老师从来不重视他,他对老师这一次小小的表扬特别珍惜。

分析:每位幼儿都是独特的个体,无论他善于交往,还是沉默寡言,甚至调皮搞乱,他们都想表现自己,都

渴望老师的关注和鼓励,都想成为老师心目中的主角。作为幼儿教师,只有公平、公正地关爱每个孩子,让每个孩子都得到同样的爱,同样的微笑和拥抱,才能使他们有被关注、被重视的尊重感和愉悦的情绪体验。

(三)关注细节,从小处做起

1. 教师应不断观察,善于发现幼儿身上的闪光点

蒙台梭利强调,教师必须培养观察幼儿的愿望和能力,这样才能了解他们,教育他们。教师对幼儿的观察,不仅是去看,还要去倾听、去询问、去思考,从而认识和了解幼儿身心各方面的发展特点。通过观察,教师才能尝试和探索更适合的指导方式和师幼互动对策。幼儿的想法、行为和成人是不同的,教师通过观察,可以对幼儿有更深入细致的了解,从而进行积极有效的沟通。幼儿特别需要别人的鼓励和肯定,教师若能发现他的闪光点并给予肯定,就能给他带来上进的动力。

2. 教师应以足够的耐心和宽容、理解的态度对待幼儿

幼儿教育工作是细致、繁琐的,这就需要教师有足够的耐心对待每一位幼儿,尽量满足幼儿的合理要求。只有这样,才能了解幼儿的想法和感受,才会对幼儿给予理解和宽容,才能减少师幼之间的摩擦,增进师幼之间的感情。

幼儿对一切充满了好奇,喜欢问为什么,喜欢摸摸这儿,动动那儿,一不小心,就会犯错误。教师如果在幼儿做错事之后过于严厉地批评,甚至打骂,幼儿就可能失去自尊心和自信心,就可能越来越害怕教师,久而久之甚至产生逆反心理。所以,教师应以宽容、理解的态度对待犯错误的幼儿,心平气和地帮助幼儿分析错误的原因,使幼儿平静地接受批评并改正错误。

案例分析:小调皮变了

明明是幼儿园里出名的小调皮,班里老师都不喜欢他。小朋友们总是告他的状,说他爱说脏话、骂人。新来的王老师经过一段时间的观察,发现他是个善于观察而且勤快的孩子,如,每次吃完午饭,老师端着碗提着桶出门的时候,他都赶快去给老师开门。

有一次,活动室的地上有垃圾,其他孩子视而不见,而明明却主动把它捡起来扔进了垃圾桶,王老师在全班幼儿面前表扬了他,并且给他奖励了一张小贴画。明明因为这少有的表扬和肯定,表现出一种久违的喜悦。在以后的活动中,他开始积极表现自己,得到老师的表扬多了,小朋友们也开始接纳他了。

分析:"一百个孩子就有一百个特点,一百个孩子就有一百种教育方法。"幼儿教师在日常活动中,如能像王老师那样善于观察幼儿,及时找到每个幼儿的闪光点,真诚地表扬他们,并巧妙地发挥他们的优点,以进行正面教育,就能有效地促进幼儿的健康发展。

三、建立良好师幼关系的技能训练

[训练主题] 建立良好师幼关系技能训练。

[训练目标]

(1)能针对不同个性特征的幼儿采用不同的交往方式。

(2)基本掌握与幼儿建立良好人际关系的技能。

[训练内容]

1. 根据以下情况,尝试设计合适的沟通的方法。

妞妞刚刚入园,每天早晨她与家长离别后,哭一会就不哭了,但是她不许老师碰。游戏时,妞妞对丰富多彩的游戏环境没有一点兴趣,别人玩得兴高采烈,她却一个人坐在角落里。当老师试着和她交流时,她非常紧张地把头一扭,不看老师,也不跟老师说话。集体活动时,她也会有意地跟大家保持一定的距离,当有别的小朋友靠近,她会紧张得大声尖叫。后来,老师从妈妈那里了解到,妞妞是姥姥带大的,从小很少和外人接触,可能是陌生的环境让她不适应。

2. 如果你是奇奇的老师,接下来你会怎么做?

性格活泼开朗的奇奇入园以来一直表现很好,团结其他小朋友,从来没和其他小朋友吵闹过。他的好奇心很强,凡事都喜欢问个为什么。"五一"节过后,奇奇妈妈向老师反映说孩子不愿来幼儿园,每天早晨都会以各种理由拒绝入园。经过和家长沟通,老师弄清了他不想来幼儿园的原因。原来,"五一"节前几

天,奇奇早晨高高兴兴地来到幼儿园,并主动跟老师打招呼,但老师因为忙着跟家长交接工作,周围又很吵,没有听到,他以为老师不喜欢他了,故意不理他,所以很伤心,以后再也不愿上幼儿园了。

[训练要求]

(1)正确分析幼儿情绪波动的原因,根据幼儿的心理特点找出合适的应对方案。

(2)根据幼儿的个性特点,选择合适的沟通方式,使幼儿敞开心扉。

[训练评价]　训练后,总结、评估,填写表5-1。

表5-1　建立良好师幼关系技能评价表

评价序号	评 价 项 目	评价方式	评价等级					得分
			5	4	3	2	1	
1	能正确把握教师的角色定位,以平等的身份参与师幼交往,营造和谐宽松的师幼互动氛围	自我评价						
		他人评价						
2	能关爱、尊重并平等对待每一位幼儿,在活动中充分考虑幼儿的需求,发挥其主体作用	自我评价						
		他人评价						
3	能有足够的耐心和宽容理解的态度对待幼儿,善于发现幼儿身上的闪光点	自我评价						
		他人评价						
4	能经过沟通交流得到幼儿的信任,建立起持久良好的师幼关系	自我评价						
		他人评价						
评价说明								

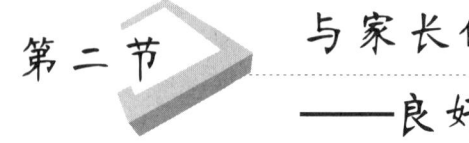

第二节　与家长的合作交流技能
——良好家园关系的建立

带不来的玩具

新学期开学,小李老师发现班里每个幼儿手里都有一、两件新玩具。她认为这是培养幼儿分享意识的好机会,于是鼓励幼儿把家里最好的玩具带来与大家分享。可是,第二天全班30位幼儿中只有5位带来了自己的玩具,老师问他们为什么不把自己的玩具带来与大家分享,有的幼儿说:"妈妈不让带来,怕玩具被别的小朋友弄坏。"有的幼儿说:"爸爸说如果我拿来的话,他以后就再也不给我买玩具了。"

原本是一个很好的促进幼儿社会性发展的契机,却由于家长的不支持和不配合,不仅没有取得预期的教育效果,相反成为了许多家长教育孩子自私、小气的机会。这不得不引起教师的反思。

一、良好家园关系的意义

早在20世纪30年代,我国著名儿童教育家陈鹤琴先生就指出:"幼稚教育是一件很复杂的事情,不是家庭一方面可以单独胜任的,也不是幼稚园一方面能单独胜任的,必定要两方面共同合作方能得到充分的功效。"近年来,国际社会也在强调幼儿教育的开放性,他们普遍认为,教育仅仅依靠幼儿园的力量是难以完成的,必须依靠社会的各种力量,尤其需要家长与幼儿园的相互配合,才能更好地促进幼儿的健康发展。

因此,在幼儿教育工作中,幼儿园要主动加强与家长的沟通、交流,建立良好的家园关系,实现家园共育。

(一) 家园关系

1997年,在联合国教科文组织机构总部召开的幼儿教育与特殊需要国际咨询会上,就曾对教师与家长之间的合作关系进行了讨论,会议探讨了家长与教师合作的相互关系,认为家庭是关乎儿童利益的第一位而且是最重要的决策者。正如《幼儿园教育指导纲要(试行)》在组织与实施中所指出的:"家庭是幼儿园重要的合作伙伴。应本着尊重、平等、合作的原则,争取家长的理解、支持和主动参与,并积极支持、帮助家长提高教育能力。"

良好的家园关系就是幼儿园、教师和家长通过积极主动的相互沟通、支持和配合建立起的一种合作关系,这种良好的关系对幼儿的成长教育起同向、同步的教育作用。

(二) 良好家园关系的意义

1. 良好家园关系有利于幼儿身心的健康发展

幼儿园和家庭对于幼儿的成长和发展的影响是不同的。幼儿园是专门的教育机构,幼儿教师是专职的教育工作者,具备专业的幼儿教育技能,能结合幼儿身心发展的特点和规律,利用科学的教育方法对幼儿进行有组织、有计划的教育。而家庭是幼儿成长的重要环境,家长是幼儿最亲近的人,他们对幼儿的了解更加全面、具体,因此,家庭教育在幼儿发展中起着长期的作用。

如果幼儿园和家长将自身优势有机结合起来,充分发挥各自作用,建立良好的关系,就能统一对幼儿施加教育影响的方向,形成教育合力。反之,如果来自幼儿园和家庭的教育在方向上不一致,就会减弱甚至抵消各自的教育影响。正如案例"带不来的玩具",教师要求幼儿带玩具的目的是培养幼儿的分享意识,可是家长却担心玩具会被别的幼儿弄坏,甚至警告孩子不要带玩具,这就与幼儿园的教育目的背道而驰。因此,需要更多的家园交流,建立良好的家园关系,才更有利于幼儿的成长。

2. 良好家园关系有利于提高家庭教育水平

家庭教育对幼儿发展的影响是其他教育所无法替代的。但在现实生活中,很多家长缺乏科学的教育理念和方法,有的家长家庭教育观念薄弱,认为只要管好幼儿的生活就行了,教育是幼儿园的任务,他们能给予幼儿优越的物质生活环境,却忽视了对幼儿的教育;有的家长一味追求智力开发,却忽视了非智力因素对幼儿发展的重要性;有的家长对幼儿过度保护、包办过多或者过度严厉,有的家庭中教育意见不一致。凡此种种,使得家庭教育水平处于低下状态。

加强幼儿园与家庭之间的联系和沟通,能指导家长掌握正确的教育方法,提高家长的教育水平,同时,能为家长提供更多的了解幼儿的机会,帮助家长树立正确的幼儿教育观念。

3. 良好家园关系能为幼教工作创造有利条件

幼儿教师虽然对于某年龄段的幼儿发展情况有专业的了解,但对于幼儿个别性、独特性的认识,需要借助与家长的合作交流才能实现。首先,良好的家园关系可以促进幼儿教师和家长之间的沟通,可以促进他们在认知上的互补,在教育上达成相互的合作和支持。其次,幼儿教师个人的时间、精力、知识、创造力以及经验毕竟有限,良好的家园关系,可以使家长参与幼儿园教育工作,提供更多的教育资源。另外,家长对教师工作的支持和肯定,能使教师感受到他们的努力受到了重视与尊重,可以促成教师的职业幸福感。

二、建立良好家园关系的技能

(一) 尊重家长,关爱幼儿

教师和家长都是幼儿教育过程中的教育者,双方应以平等、尊重为前提才能建立积极健康的家园合作关系。

在教师与家长的合作关系中,教师作为专门的教育人员,应当积极主动地与家长建立合作关系,应当摆正自己的位置,把家长视为平等的合作伙伴,尊重、信任家长,虚心向家长学习;要尊重家长的权益,当涉及家长参与的活动时,要提前告知。教师要不断提高自身各方面的素养,自觉约束自己的言行。面对家长,说话态度要谦和有礼,不能盛气凌人;对待家长要一视同仁,不因幼儿的个性缺陷和其家庭地位的差异而区别对待;对家长提出的意见和建议要虚心接受,切实改进。

一切为了幼儿的发展是家园合作的出发点和归宿。教师要发自内心地关爱幼儿,要公平、公正地对待

每一个幼儿,幼儿会将教师的态度真实地传递给家长。当家长感受到教师是在真诚地关心、帮助幼儿时,一定会积极主动地配合教师。

(二)掌握与家长沟通的艺术

教师要保持热情、诚恳的沟通态度,对每位家长都要热情相待。教师要善于倾听家长的建议,鼓励家长表达自己的看法,并适当地予以反馈,使家长感受到教师的真诚;在实际交谈过程中,教师应始终考虑家长的感受和处境,避免出现让其难以接受的情形。例如,在向家长交流幼儿在园的缺点和错误时要措辞委婉,要先提出幼儿在园的点滴进步,充分细致地肯定幼儿的优点,再适当地提出幼儿的不足或需要改正的地方,并协商具体的改进方案,这样才能使家长感受到教师对幼儿真诚的关注,从而愿意接受教师的意见和建议。

邀请家长来园参加家园联系活动时,教师应该热情地接待家长,谦虚地听取家长的意见和建议;教师到幼儿家庭中做家园联系工作时,要多倾听家长的想法,多给家长一些说话的机会,切忌在幼儿面前评论家长和幼儿。

(三)多渠道建立家园联系

1. 家访

家访是教师和家长沟通思想、联络感情、共同探讨幼儿教育方法的一种常用方式。通过家访,一方面可以深入了解幼儿在家中的表现和幼儿生长发育的个性特征,了解家长的教育观点、教养态度和方法,指导家长的教养态度和行为;另一方面,可以向家长介绍幼儿在园期间的学习、生活情况和存在的问题,争取家长的密切配合,共同探讨正确的教育方法,还可以听取家长对幼儿园和教师的意见和建议。

家访一般分为定期家访和随机家访。定期家访有新生入园家访、学期初或学期末的家访等,随机家访有幼儿生病等特殊情况的家访、幼儿家庭发生重大变故时的家访等。

幼儿教师每学年至少要对每个幼儿进行一次家访。家访前,要根据幼儿和家长的情况拟好计划,事先征得家长的同意,并约定家访的具体时间。在实施家访的过程中,要尊重家长,多倾听家长的心声,真正建立家园之间平等的教育伙伴关系。家访后,要做好家访记录,并进行分析和评价,确立下一步工作措施,使教育更有针对性和实效性。

2. 家长会

家长会是家园之间最普遍的联系方式。有针对全园的家长会,也有针对班级的家长会,还有针对部分幼儿的家长会。一般安排在学期初或学期末进行。

每学期幼儿园应定期召开家长会,及时向家长介绍幼儿园的工作、活动和幼儿发展情况,听取家长的意见,同时向家长介绍科学的教育理念,让家长更好地了解幼儿园,配合幼儿园,争取家长对幼儿园工作的理解和支持。

班级家长会

案例分析：幼儿园班级家长会计划

1. 致欢迎辞、自我介绍

2. 简要介绍本次家长会的目的及主要内容

3. 具体内容

（1）班级情况分析。

师资情况：介绍主班教师、配班教师和保育员的情况。

班级基本情况：人数、性别、该年龄班幼儿的年龄特征等。

（2）介绍幼儿在园一日常规活动安排，总结幼儿近期表现。

（3）说明教育工作计划。向家长说明幼儿园近期工作安排，包括将要开展的活动内容介绍和近期教育任务。

（4）介绍需要家长配合的幼儿园工作。包括主题活动中材料的准备，家园共同配合培养幼儿某方面的习惯，接送安全等问题。

（5）家长经验交流。请家长交流育儿经验，分享教子心得，讨论育儿过程中的困惑，并共同围绕主题问题展开讨论，教师参与答疑。

（6）征求家长的意见和建议。请家长提出问题、意见和建议，以便幼儿园更好地开展工作。

（7）家长委员会代表选举。

4. 结束语

分析：这是一份该班幼儿教师初次召开的家长会。通过此次家长会的召开，向家长介绍班级情况，通报幼儿在园一日常规活动安排和表现以及需要家长配合的事项，使家长更好地了解幼儿的在园表现，实现家园配合，共同促进幼儿发展。

3. 家长开放日

家长开放日是指幼儿园在特定的时间向家长开放教育教学活动的一种家园联系方式。通过家长开放日活动，可以使家长全面深入地了解幼儿园的教育教学情况，近距离地观察幼儿在活动中的表现以及各方面的能力发展情况，了解幼儿教师的教育技巧，从而更新家长的教育理念，促使家长在教育要求和方法上尽量与幼儿园保持一致，促进幼儿教育、保育工作的顺利开展。

家长开放日可以是幼儿入园前家长对幼儿园整体环境与师资力量等情况的参观、访问，也可以是幼儿入园后家长对一日或半日活动的观摩与参与，如家长进课堂活动。

家长进课堂活动

幼儿园每学期至少应组织两次家长开放日活动。家长开放日活动之前,幼儿园及教师要做好充分的活动准备,并列出活动方案。家长开放日活动中,教师要引导家长采用正确的方式积极参与活动,让每个家长体验幼儿的学习过程,使家长、幼儿、教师融为一体。家长开放活动结束后,要组织家长研讨或发放反馈单,请家长对开放日活动做点评,了解家长的真实体会和感受,这有利于幼儿园及教师从中取长补短,从而提高家长开放日的效果。

案例分析:幼儿园家长开放日活动方案

活动目标:

(1)通过幼儿园半日活动开放,使家长了解幼儿在园发展状况,并关注同年龄阶段平行幼儿的发展情况。

(2)帮助并指导家长积极参与到幼儿教育中来。

活动时间:2012年3月27日上午7:30—11:50。

活动准备:

(1)设计半日活动计划和安排。

(2)创设与本次活动相适应的环境,包括方便家长观摩的座位。

(3)向家长发放活动通知单,请家长做好时间调整。

活动内容:

(1)家长来园。请家长签到,并向其发放本次活动的信息反馈表和开放日活动安排。

(2)各班按幼儿园作息时间表进行活动:

7:30—8:00　　　幼儿入园、晨间活动

8:10—8:40　　　幼儿早餐

8:50—9:20　　　第一次教育活动

9:30—9:50　　　幼儿早操

10:00—10:30　第二次教育活动

10:40—11:10　游戏

11:20—11:50　幼儿午餐

(3)家长将信息反馈表交回本班教师并离园。

分析:该活动方案是家长对幼儿园半日活动的观摩与参与。开放日活动准备充分,既包括开放日活动设计和环境创设,又包括向家长发放反馈单。家长通过对开放活动的观摩,可以达到观察了解幼儿在园表现的目的;幼儿教师也可以通过家长对开放日活动的反馈,了解家长的真实感受,有利于今后教育教学活动中取长补短,进步提高。

4.家园宣传栏

家园宣传栏是教师通过专栏形式向家长传递科学的育儿知识和方法,展示班级活动等内容的家园联系方式,目的是帮助家长树立正确的育儿观念,提高家庭教育能力。

家园宣传栏有全园性的,也有班级性的。全园性的宣传栏内容主要侧重于介绍幼儿园的教育目标、当前幼儿教育的新成果、优秀的家教经验和各种通知等。班级性的宣传栏其内容可以是科学的育儿知识和方法,当前的幼儿教育资讯,也可以是一周活动安排或幼儿作品展示等。家长在这里可以及时了解、掌握幼儿园及班级的教育信息,熟知教学进度和内容,配合准备教学材料,并有针对性地采取适宜的方式与教师配合,共同教育幼儿。

家园宣传栏是家长每天出入幼儿园都要经过并可能浏览的区域,其形式简便灵活,深受家长欢迎。为保证家园联系栏提供信息的时效性,教师要经常更新家园联系栏的内容,把幼儿最新的情况告知家长,也让家长在了解的基础上给予有效的建议。另外,家园宣传栏的设计形式和内容要充分考虑家长的兴趣和需求,应展示一些容易引起家长共鸣的内容,专栏的高度、图片或文字大小也要适合家长。

5.家园联系册

家园联系册是教师和家长之间以书面形式对幼儿的发展和教育进行个别交流的家园联系方式。家园

全园性家园宣传栏

联系册主要由学期课程安排、幼儿在园和在家的日常表现以及对幼儿的评价、希望和建议等栏目组成,这些栏目为幼儿及家长、教师提供了现实、有效的交流空间。

幼儿园应在每学期为幼儿准备一本家园联系册。教师通过及时填写幼儿在园发展情况与家园配合方面的具体要求,与家长进行交流;家长也通过联系册反馈幼儿在家的情况和对幼儿教育方面的意见和建议。家园联系册传递信息及时,图文并茂,又具有很强的针对性,因而深受家长喜爱。

家园联系册中教师填写的部分主要是向家长介绍幼儿在园内的各项表现。要从全面发展的角度出发,对幼儿各方面的发展状况做出评价,并辅以具体实例的简要说明。对于幼儿的主要优点和特别需要家长配合纠正的缺点,要多着墨书写。

幼儿尚处于成长发展的早期阶段,存在着巨大的发展潜能。对幼儿的评价、介绍要以赏识为主,不吝赞扬地肯定优点与进步;对于缺点,也应以提出期望的方式建议改正。幼儿发展水平与特点不同,在填写家园联系册时要分别对不同的家长提出各有侧重的建议,指导他们在各自的基础上进一步提高家庭教育水平、家园合作水平。

家园联系册的撰写应采用通俗易懂的文字,以亲切友好的语气描绘幼儿的在园生活与成长,提出合理化家庭教育建议。

6. 亲子活动

亲子活动是由家长和幼儿共同参与的幼儿园组织的游戏或体验活动。亲子活动的形式丰富多样,如亲子运动会、亲子郊游、亲子共同庆祝节日等。每学期邀请家长参加一次以上的亲子活动,有利于增强家长和幼儿之间的感情,增加家长与教师密切交流的机会。

亲子活动的设计,不仅要突出幼儿的主体地位,更要将家长作为参与者、评价者等多种角色纳入到活动中来,使家长在亲身参与活动的过程中更加深入地了解幼儿园的工作,同时,通过对幼儿教师教育行为和幼儿表现的观察,改善家庭教育观念和方法,指导家庭教育实践。

案例分析:"共度元宵节"亲子活动(大班)

在"共度元宵节"活动中,大班设计了4个系列活动:谈话活动"说元宵",课前要求幼儿和家长共同收集有关元宵节的知识与图片等资料,在谈话活动中,让幼儿自己讲解所收集到的资料,并和同伴进行交流,目的是了解元宵节的时间、风俗习惯等;"做元宵",每班请一、两名家长来园助教,和幼儿一起做元宵;"煮元宵",让家长和孩子一起煮元宵,幼儿当讲解员,向其他家长和幼儿介绍自己的元宵特点;"吃元宵",家长

亲子运动会

与孩子一起品尝不同口味的元宵,充分体验元宵节的快乐。

（本活动由潍坊市经济技术开发区锦程幼儿园王丽萍老师提供）

分析：这是幼儿园班级为邀请家长与幼儿一起参加元宵节活动而做的系列亲子活动安排。请家长参与活动，一方面可以帮助家长走进幼儿的活动，近距离观察幼儿在园的表现，改善家庭教育方法，增进亲子感情；另一方面，可以增加家长与教师交流的机会，能进一步密切教师与家长的关系，达到家园共育的目的。

7. 网络联系

除了上述传统的家园联系方式以外，还可以通过网络等现代化手段加强与家长的合作与联系。当今社会，由于父母生活节奏快，工作繁忙，接送孩子的任务往往由祖辈代劳，使他们对幼儿在园的具体情况缺乏了解，幼儿教师也会因工作任务繁重，无法将幼儿的表现及时反馈给父母，网络联系就成了家园沟通的便捷方式。例如，幼儿园建立自己的网站，定期更新网页内容，及时向父母传递幼儿园的信息。又如，幼儿教师建立班内家长 QQ 群，及时将幼儿在园表现反馈给家长，起到家园高效配合，共促幼儿发展的良好作用。

8. 家长学校

家长学校是深受家长欢迎的家园联系方式，它是以家长为对象，有目的、有计划、系统地向家长传授科学的育儿知识，交流推广家教经验的一种有效途径。

家长学校的活动形式丰富多样，可以是专家讲座、专题讨论，也可以是家长育儿经验交流等。通过开设家长学校，可以使家长更新育儿观念，调整教育行为，还可以使家长感受到他们为孩子的成长和教育做出的贡献，继而激发和保持参与幼儿教育的积极性。

9. 家长委员会

家长委员会由每个班的家长代表组成，是幼儿园与家长之间、家长与家长之间沟通的桥梁。它代表全体家长参与幼儿园的管理和决策，主要负责和幼儿园一起讨论家长和幼儿所遇到的问题，安排节日等活动，考虑如何完善幼儿教育，为幼儿做到最好。

家长委员会的选举要按照一定的民主程序，在自愿的基础上选举出能够代表全体家长意愿的在园幼儿家长，组成委员会，对于幼儿园的一些工作计划和重要决策，特别是关于幼儿和家长切身利益的事项能够提出意见和建议。家长委员会原则上每学期举行会议不少于两次。

幼儿园网站截图

家长委员会会议场景

构建和谐的家园关系是一项持久的工作,需要幼儿教师与家长双方共同担负起这一责任,应本着平等、尊重与信任的原则,根据实际情况,讲究实效,采取各种适当的方式进行家园联系,为幼儿创建一个良好的教育环境和成长空间。

三、建立良好家园关系的技能训练

[训练主题]　建立良好家园关系技能训练。

[训练目标]　能根据幼儿的不同情况设计不同形式的家园联系方式。

[训练内容]

(1)案例一:有幼儿家长向老师反映孩子回家后偶尔会说脏话,以前却从不说脏话,猜测是在幼儿园学的。请根据情况选择适当的家园沟通方式。

(2)案例二:家长询问小班教师为什么孩子上幼儿园后会经常生病,怎样与家长沟通此事?

(3)案例三:嘟嘟和乐乐喜欢在一块玩,但经常玩不了一会儿就会争吵甚至打架。有一天,嘟嘟把乐乐的手抓破了,乐乐爸爸来接孩子时,老师向他解释,可他一句也听不进去,对老师大发雷霆:"嘟嘟已经不止一次欺负乐乐了,这次把手都抓出了血,我要把这个小混蛋赶出去。"并转身对乐乐说:"儿子,以后他再欺负你,你就给我狠狠地还手。"老师听后,赶紧劝乐乐爸爸说:"小朋友之间的事情,大人不要插手,交给我们老师来处理吧。"没等老师说完,乐乐爸爸便火冒三丈:"你有能力处理?能处理我儿子还会被欺负?我忍了多少次了,这次不用你们管了!"请分析案例中老师与家长的沟通方式是否欠妥,如果你是乐乐的老师,你会怎么处理?

[训练要求]

(1)采取合适的家园沟通方式,机智回答家长的问题。

(2)说明解决问题的具体方法。

[训练评价]　训练后,总结、评估,填写表 5-2。

表 5-2　建立良好家园关系技能评价表

评价序号	评 价 项 目	评价方式	评价等级					得分
			5	4	3	2	1	
1	能耐心地聆听和解释,稳定家长情绪,找到合适的切入点,说服力强,并得出合理的应对方案,让家长放心	自我评价						
		他人评价						
2	能向家长合理解释应对方案的科学性,既有理论依据又能切合实际,用合适的案例与之沟通,使家长接受	自我评价						
		他人评价						
3	能正确分析问题产生的原因,取得家长的信任,结合幼儿特点向家长提出家园合作的必要性	自我评价						
		他人评价						
4	能循序渐进地与家长进行交流合作,配合家长正确实施应对方案,并对过程进行记录和阶段性评价	自我评价						
		他人评价						
5	能选择适当的联系方式开展家园合作	自我评价						
		他人评价						
评价说明								

第三节  与同事的合作交流技能

主班老师吃醋了

中班新来的实习教师小王勤劳能干,除了每天尽心尽力地照顾幼儿外,还能帮助主班教师整理资料。她性格活泼,很快就和幼儿打成一片,有的小朋友总是情不自禁地过来让王老师抱,有的小朋友有好吃的、好玩的总是争先恐后地送给王老师,这让王老师非常欣慰。但是,同时她又察觉到主班教师对她的态度有点冷淡。偶尔听两位教师聊天,她才得知原来主班老师因为自己和孩子们感情太好而"吃醋"了。

一、与主配班教师、保育员等人员的合作交流技能

(一) 与主配班教师、保育员等人员的合作交流技能

幼儿园的每个班级一般配备两名教师和一名保育员,3 个人共同负责班级内的事务和幼儿的一日生活。班内教师之间的合作状况是班级教育教学工作顺利开展的基础,它直接影响到班级管理的效果,也直接关系到幼儿在认知、情感、态度和行为方面的发展。因此,教师之间要和谐相处,紧密合作,营造宽松、愉快的工作环境。

1. 明确分工,相互协作

主、配班教师和保育员是一个集体,每个人都要承担起各自在班级中的责任,既要分工明确,又要相互协作,共同负责班级管理工作,这样才能做好本班的一日活动,保障幼儿的在园安全,保证良好的教育效果。

一般来说,主班教师承担班级内的主要教学活动、家长工作、开放活动和观摩活动等。配班教师则要全面配合主班教师的工作,除了完成维持课堂秩序,及时处理幼儿个别情况的任务外,还要灵活机动地应变事情,在需要调动幼儿情绪时做出相应的反应。保育员的主要职责是负责所在班级的安全、卫生等工作,负责管理幼儿的生活,并配合教师组织教育活动。

但是,单靠某个教师的个人力量是难以做到既兼顾全体,又注意个别幼儿的。因此,幼儿在园的每个时间段,班内保教人员要明确分工,有秩序的配合,不能各自为阵,造成幼儿放任自流的现象。

2. 沟通交流,以诚相待

班内的一切教育教学工作需要主配班教师之间相互沟通才能顺利进行。但是,在实际工作中,由于各种原因,主配班教师之间往往缺乏沟通,导致采取的教育措施不一致,造成彼此的教育效果相互抵消,或产生一些不必要的误会。

主配班教师之间要保持良好的沟通交流习惯,既要针对每个幼儿的特点和表现、教学方法等随时随地地交流意见和看法,又要坦诚对待彼此,尊重、信任对方,做到取长补短,相互磨合,相互适应,才能搞好班级管理工作,教师与幼儿才能共同进步和发展。

另外,保育员也是教育工作者,是教师重要的合作伙伴。幼儿的生活、活动中也要注入教育内容,因此,教师应当加强与保育员的沟通交流,一起对幼儿的一日活动进行合理安排,这不仅可以让教师把自身所学的专业理论知识运用到实践中去,还可以让保育员根据幼儿的身心发展特点对幼儿进行保育,并配合教师组织好教育活动,做到教中有保、保中有教,保教并重的教育理念才能真正落实。

3. 端正思想,尊重彼此

保教人员之间要互相尊重,尤其是教师,不能以高人一等的心态与保育员相处,必须要克服"重教轻保"和"教师为主,保育员为辅"的思想,要认可保育员的工作。保育员要端正教育态度,克服"只要照顾好幼儿的生活就可以了"的思想,要认真研究幼儿的年龄特点和需要,考虑幼儿的个体差异,不能用一个标准、一种方法对待所有的幼儿,做到把促进幼儿的发展当成自己的职责。

（二）与主配班教师、保育员等人员的合作交流技能训练

[训练主题]　与主配班教师、保育员等人员的合作交流技能训练。

[训练目标]

（1）能够与同事建立良好的合作交流关系，并掌握与同事沟通的方法。

（2）能够正确处理工作中与同事的分歧或矛盾。

[训练内容]　新学期开始，徐老师和林老师共同担任中班的教育教学工作。林老师做事严肃认真，一丝不苟，认为班级一定要形成良好的常规，因此对待幼儿要求严格。徐老师对幼儿的态度与林老师截然不同，她认为要给幼儿足够的自由自主的空间。有一次午睡时间，一位小朋友正在津津有味地看悄悄带进寝室的图画书，林老师发现了，要求徐老师就近过去把书收掉，可是当徐老师看到小朋友认真看书的样子时，舍不得去打断他，想过会等小朋友看完了再去把书拿出去。林老师很生气地说："整天就知道放纵！"徐老师却觉得对方没有爱心，两个人之间闹起了矛盾，开始带着对彼此的不满情绪共事。

请思考：如何处理两位老师的分歧和矛盾？

[训练要求]

（1）分析分歧和矛盾的原因，提出具体的处理办法。

（2）与同事坦诚沟通交流，互相尊重。

[训练评价]　训练后，总结、评估，填写表5-3。

表5-3　与主配班教师、保育员等人员合作交流技能评价表

评价序号	评 价 项 目	评价方式	评价等级					得分
			5	4	3	2	1	
1	能及时发现与同事的矛盾所在，正确分析原因，并从自身做起，发现不足，自我反省	自我评价						
		他人评价						
2	能采用合适的方法与同事进行沟通，谈话方式得体，能动之以情、晓之以理，使同事能放下戒备，融洽沟通	自我评价						
		他人评价						
3	能正确理解主配班教师的角色，做好角色的定位，能从对方的角度分析问题，为对方着想，使对方接受自己	自我评价						
		他人评价						
4	能理论联系实际，寻求最佳处理方案，积极解决问题和矛盾，有良好的同事合作关系	自我评价						
		他人评价						
评价说明								

二、与园领导的合作交流技能

（一）与园领导的合作交流技能

幼儿园领导包括了园长、业务副园长（保教主任）、总务副园长（后勤主任）等不同层次的业务管理者。作为幼儿教师，要本着尊重、支持、理解、信赖的原则与园领导合作交流。

1. 尊重、支持园领导的工作

幼儿教师应懂得尊重园领导，这不仅是对园领导个人的尊敬，而且是支持园领导工作的表现。尊重园领导就要全力支持园领导的工作，服从园领导的正确决定。在工作中要主动请示汇报，自觉接受园领导的安排，维护园领导的威信。但是，尊重不是恭维奉承，也不是畏首畏尾，更不能巴结讨好园领导。过分的恭维不仅得不到园领导的支持和信任，反而会降低自己的人格和尊严。

2. 做好本职工作，在自己的岗位上尽职尽责，争取领导的信任

园领导都希望自己的教职工在工作上有更大的成绩，在办园水平上有新的提高。教师要想取得园领

导的支持,就要努力做好自己的本职工作,不断学习新知识新技能,提高教育教学能力,在教育教学质量上走在前面,以自己的工作业绩赢得园领导的信任与重视。

3.分清问题主次,理解体谅园领导

在解决教育教学过程中遇到的困难以及工作过程中的矛盾和难题时,幼儿教师难免会碰到无法面对的情况,是否应该请示园领导呢?明智的做法是沉着冷静,仔细分析问题缘由,选择适当的问题请示领导,不要大事小事全问领导,也不要越权行事。在遇到困难和挫折时,要放宽气量,学会换位思考,体谅领导的难处。另外,当工作中出现误会时,要平静地向园领导解释,不要公开表示对园领导的不满或当面顶撞,对领导有什么意见或建议应单独面谈,而不要当众让领导下不来台;工作中出现失误时,要耐心听取园领导的批评和指导。

(二) 与园领导的合作交流技能训练

[训练主题] 与园领导的合作交流技能训练。

[训练目标]

(1)能够与园领导建立良好的合作交流关系。

(2)初步掌握与园领导沟通的方法。

[训练内容] 假如园长因为某事误解了你,你打算怎样跟他沟通?

[训练要求]

(1)能够仔细分析误会的缘由,用尊重的态度与之沟通。

(2)能够选择恰当的沟通方法,向领导说明原因,从而消除误会。

[训练评价] 训练后,总结、评估,填写表5-4。

表5-4 与园领导的合作交流技能评价表

评价序号	评 价 项 目	评价方式	评价等级					得分
			5	4	3	2	1	
1	能理智对待问题,控制自己的情绪,从大局着想,正确理解领导用意	自我评价						
		他人评价						
2	能把握合适的时机和选择适当的谈话方式,跟领导沟通交流,以达到预期的效果	自我评价						
		他人评价						
3	能正确分析问题原因,向领导指出误会产生的缘由,并恰当地为自己进行辩解,消除领导对自己的误会	自我评价						
		他人评价						
4	能通过与领导的交流顺利解决问题,避免以后在相同的问题上产生误会,建立起良好的合作关系	自我评价						
		他人评价						
评价说明								

三、与专家的合作交流技能

(一) 与专家的合作交流技能

幼儿教师与主配班教师、保育员、教辅人员的合作交流是最基本的技能,与园领导的合作交流是教师顺利实现专业成长的必要条件,而在当前提倡教师主动开展教育行动研究的背景下,教师需要树立与专家合作交流的意识,掌握与专家合作交流的技能。

1.积极参与,主动学习,耐心倾听,虚心求教

幼儿教师自身的专业成长离不开专家教师的指导,更离不开有经验的专家教师的帮助。因此,幼儿教师要积极主动地参与到合作交流讨论中来,尊重专家的经验,以开放的心态接受不一致的观点,接受专家

指导。

教育理论专家所提供的专业知识和研究技能对于促进一线幼儿教师的专业发展具有极大的促进作用。幼儿教师必须利用合作获得资源,用专家的经验和理论指导来弥补自身的不足,接受批评性意见,从而改进问题,提高教学效果,增加教学智慧。

2. 积极发现和思考,善于表达

幼儿教师要善于紧贴自己的教学生活提出具体问题,积极分析自己在教育教学实践中的困惑,并尝试提出改进方案。

无论是听评课活动还是教研活动中与专家的合作,无论是与幼教专家还是大学教师的合作,都离不开语言交流。在与专家讨论交流的过程中,幼儿教师必须积极主动地将教育教学实践中的困惑和问题表达出来。在观摩专家讲课的过程中要善于观察分析,逐渐掌握专业技能和智慧。

3. 既要分享交流,又不能一味效仿

专家教师的宝贵教学经验和思想是从教学实践中总结出来的,具有很强的应用和借鉴价值,幼儿教师面对这些成熟完善的经验和思想,不能一味效仿。强调与专家的合作交流并不意味着要放弃自己对教育教学问题的独立思考和独立行动,更不意味着要排除个人的主见和创新,否则这种合作交流便会失去价值,不但起不到促进幼儿教师专业发展的目的,反而会因一味效仿专家而失去探索研究的动力。因此,在实践中既要重视与专家的相互交流,又要保持教师的独立精神。

(二)与专家的合作交流技能训练

[训练主题] 与专家合作交流技能训练。

[训练目标]

(1)能与专家建立良好的合作交流关系。

(2)初步掌握与专家沟通的一般技能。

[训练内容] 我经常会思考一些问题,虽然很多看起来是很普遍的问题,但也值得深思。比如关于幼儿的"好动"问题。我觉得这个问题其实得看从哪个角度来分析,按照我们国家常规的教学制度,幼儿是不可以在课堂上随意走动的,但是我看到一些西方国家的幼儿园中,幼儿在课堂上(他们甚至不叫课堂)可以随心所欲地做自己的事情,即使老师在上面讲,幼儿不听,做自己的事情,老师也不会指责。但我们就不一样,幼儿都必须统一在老师的指挥之下,我觉得这样不好,但我们的规章制度就是这样,否则领导会说你的教学秩序太乱。我看过几个蒙台梭利实验班,他们在活动时幼儿也是比较随意,我觉得这样挺好,对幼儿来说,束缚并不是件好事。我也时常在考虑这个问题,只是目前我还没有什么很好的解决办法,光靠我一个人的力量肯定是不行。

请思考:幼儿教师在实践中碰到类似的困惑应该怎样解决? 在与专家的交流合作中如何将自己的观点表达出来并寻求解答?

[训练要求]

(1)积极主动地向专家表达教育教学实践中的困惑和问题。

(2)根据专家的指导意见,结合自己的看法撰写评论,并尝试应用到实际教学中。

[训练评价] 训练后,总结、评估,填写表5-5。

表5-5 与专家的合作交流技能评价表

评价序号	评价项目	评价方式	评价等级					得分
			5	4	3	2	1	
1	能仔细聆听专家的观点和看法,体会其内涵,并结合自己的实际进行总结	自我评价						
		他人评价						
2	能将所获取的知识联系实际,将知识融到日常教学实践中,提高自己教育教学能力	自我评价						
		他人评价						

（续表）

评价序号	评 价 项 目	评价方式	评价等级					得分
			5	4	3	2	1	
3	能在实践中发现问题,分析问题,并及时主动与专家交流讨论,最终将问题解决	自我评价						
		他人评价						
4	能举一反三,正确分析事物之间存在的内在联系,灵活多样地进行实践	自我评价						
		他人评价						
评价说明								

技能拓展训练：与幼儿教师、家长、幼儿园领导以及专家等人员进行多方接触,全面收集关于幼儿教师合作交流的经验,以案例的形式撰写评论文章,并在班内进行交流。

第六章
幼儿教师教学媒体运用技能与训练

媒体是指从信息源到信息接受者之间传递信息的中介和工具。教学媒体是指在教学过程中承载、传递信息的物质手段和使用工具，是以教学为目的的、用于传递教学信息的媒介物，是教学材料的总称，如教材、玩教具、多媒体设备等。

教学媒体直接参与活动过程，连接教与学的双边活动，所以，教学媒体的选择和运用是教学设计中极为重要的环节。幼儿园教学媒体的选择和运用技能是指教师根据幼儿身心发展的年龄特征，运用具体形象、直观生动的材料进行教育信息的传递，以实现最佳教育效果的行为方式。

幼儿身心发展水平较低，知识经验较少，对抽象复杂的事物和现象难以理解，但对具体直观、生动形象的事物则易于理解和接受。根据幼儿的特点，在幼儿园的各项活动中，必须为他们提供大量的、有效的教学媒体，以激起他们的兴趣，吸引他们的注意，调动他们的观察，帮助他们理解和加深记忆，从而丰富他们的感性知识。

按照教学媒体发展的历史阶段，幼儿园教学媒体包括两大类：常规教学媒体和现代教学媒体。应依据活动目标、活动内容、教学对象和具体条件选择和运用教学媒体。

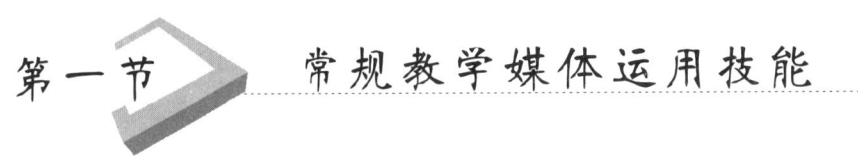

第一节　常规教学媒体运用技能

对投放活动材料的思考

在中班综合活动"新疆的葡萄"教学活动中，李老师准备了充足的豆子、瓶盖、亮片、剪刀、纽扣、各色小布块等活动材料，并利用优美的视频资料精心设计了课件。在活动进行中，孩子们纷纷围在放置五颜六色的操作材料桌子旁边，有的孩子甚至将漂亮的亮片含在嘴上，而放置各色小布块的桌子旁却空无一人。课后，李老师在教学反思中写到：一定是我在活动材料的投放中出了问题……

一、常规教学媒体及其分类

（一）常规教学媒体的概念及其功能

常规教学媒体的概念是相对于现代教学媒体而言的，又称传统教学媒体，是在幼儿园日常活动中普遍使用的各种教学媒体。常见的常规教学媒体主要有实物、模型、图片、幻灯、贴绒等各种教具、学具。

和投影仪、电视、计算机等现代教学媒体相比，常规教学媒体的出现早得多，具有制作简单、操作方便、经济实用、适用范围广和接受性强等明显优势，是幼儿园教育活动中不可替代的教学媒体。

幼儿教师在应用常规教学媒体传递活动信息的过程中，会因教学媒体的介入而与幼儿产生一定的互动，这是一种自然的感情交流。教师借助于这种交流了解幼儿的当下状态，及时调控信息量，调整活动进程，强化幼儿行为，幼儿借助于这种交流表达自己的感受，传达自己的需求，在这种双边互动中，使活动信息顺畅传递。因此，常规教学媒体具有组织教学活动、增进师幼互动、传递师幼感情、激活幼儿探索兴趣、调控教学节奏与进程、提高活动效果等多种功能。

（二）常规教学媒体的分类及其特点

根据常规教学媒体的应用功能，可将其分为道具表演类教学媒体、操作探究类教学媒体、展示表达类教学媒体、训练强化类教学媒体和装饰呈现类教学媒体等五大类。

1. 道具表演类教学媒体

这是在游戏活动中使用的，供教师和幼儿进行角色游戏、表演游戏等创造性游戏的道具和玩具，如头饰（头套或帽子）、面具、服装、指偶、简易舞台等。

这类教学媒体的主要特点是它的参与性、拟人化和融情化。它的使用，能极大地调动幼儿活动的积极性和参与性，能充分满足幼儿的表演欲，对幼儿想象力的培养极为有利。

道具表演类教学媒体中的动物头套

2. 操作探究类教学媒体

这是在领域活动中使用的，供教师演示操作和幼儿探索实践的教具、学具，如各种实物、布艺折纸、模型、标本、积木、拼图、实验材料、观察记录表等。

这类教学媒体的主要特点是它的多通道化、探索性和操作性。它的使用，能使教师充分利用幼儿的好奇心和求知欲，适当呈现教学信息和准确地表达思想观点，并进一步激发幼儿的探究行为，体验成功感。

3. 展示表达类教学媒体

这是在各类活动中普遍使用的教学媒体，是供教师辅助活动过程，表现教学内容的教具，如图片、桌面教具、展板粘贴教具等。

这类教具的主要特点是普及性、辅助性和实用性。它的使用，能将抽象的教学内容转化为形象生动的内容，使幼儿更易于接受、理解和掌握教学内容，从而顺利实现活动目标。

4. 训练强化类教学媒体

这是在体育、艺术及娱乐活动中，为达到锻炼幼儿身心、强化幼儿机能、培养幼儿艺术表现力、愉悦幼儿情感而设计的学具、教具，如滑梯、攀爬墙、平衡木、沙包、打击乐器、娱乐玩具等。

这类教学媒体具有较强的活动性、愉悦性和可重复性。它的使用，能使幼儿的身体得到循序渐进的锻炼，能较好地挖掘和训练幼儿的艺术潜质，更有利于激发幼儿的积极情绪。

操作探究类教学媒体中的大型积木

展示表达类教学媒体中的展板粘贴教具

5. 装饰呈现类教学媒体

这是美化幼儿园环境、装扮活动室、烘托主题活动的教具,如,区角布置、主题墙、园舍装饰、节日装饰等。

这类教学媒体的主要特点是渗透性和拓展性。它虽然未直接参与活动过程,但却可以使教师充分利用现有条件,根据综合主题、季节更替和节日特点不失时机地、潜移默化地感染、影响幼儿。

训练强化类教学媒体中的攀爬平衡架

装饰呈现类教学媒体中的主题墙

二、常规教学媒体选择技能

恰当地选择教学媒体是通过对教学媒体的使用,顺利实现活动目标的首要环节。教师应适时、恰当地为幼儿提供既符合其年龄特征,又适合活动需要的教学媒体,刺激幼儿的各种感官,吸引幼儿的注意,激发幼儿的好奇心,使他们以玩教具为媒介,有序地观察、辨识、理解和掌握其所处的生活环境和人

际关系。

（一）各类常规教学媒体选择的适宜性

1. 道具表演类教学媒体的适宜性

道具表演类教学媒体常用于幼儿园角色游戏和表演游戏等创造性游戏中。

角色游戏是幼儿园中最为常见的游戏，它是通过幼儿创造性地扮演、模仿和想象现实生活中的人物角色，反映生活，满足想象，获得生活常识，发展社会性的重要途径。为了丰富幼儿园的角色游戏，教师应当利用各种条件为不同年龄班的幼儿选择和配置符合幼儿年龄特征，准确展现角色身份和行为方式的道具和玩具材料。

表演游戏是根据幼儿故事的情节和内容，通过扮演故事中人物，表演人物的动作，反映故事情节完成表演。教师应为幼儿提供满足表演游戏的各种材料激发幼儿的表演欲，培养幼儿的想象力。

2. 操作探究类教学媒体的适宜性

操作探究类教学媒体常用于幼儿园建构游戏和智力游戏，多见于科学领域的教学活动。建构游戏是幼儿利用各种结构材料，借助各种建构活动的动作，反映现实生活的一种创造性游戏。适用于建构游戏的教具、玩具有各种大、中、小型积木，由不同几何形状组成的拼板，玩沙、玩泥巴、玩水、玩雪的工具材料等。幼儿教师应充分利用建构游戏中结构材料的特点，根据不同年龄幼儿的身心发展特点和活动需要，为幼儿提供适宜的结构材料，使他们自由地探究事物，表现生活，表达情感。

智力游戏是根据幼儿认知发展的特点，借助于操作探究类教学媒体而进行的一种有一定规则要求的教学游戏，用于对幼儿进行感官训练、记忆力培养、思维训练和言语能力训练。适用于智力游戏的教具、玩具有各种拼、镶、套、插、织材料，如训练幼儿手指灵活度和手眼协调能力的穿珠、造型编制、变形板，训练幼儿记忆力和反应能力的拼图，训练幼儿理解数概念的计算盘，训练幼儿分类能力的操作板等。

通过操作探究活动，可使幼儿巩固对事物的正确认识，训练其解决问题的能力。同时，又能让幼儿学会有规则地进行智力活动的有效方法，从而使他们保持探究兴趣，顺利实现以游戏为主导活动向以学习为主导活动的过渡。

3. 展示表达类教学媒体的适宜性

展示表达类教学媒体常常作为一种辅助工具被普遍用于幼儿园的各种教学活动中，也就是人们常说的直观教具。

幼儿心理发展水平相对较低，对抽象复杂的事物和语言符号理解较为困难。在幼儿园教学活动中，教师为实现活动目标，在不同的活动环节投放相应的展示材料，可以吸引幼儿的注意，调动幼儿的观察，激发幼儿的兴趣，并能使幼儿在瞬间实现由抽象到形象的过渡，从而掌握教学信息。

直观教具是幼儿园教学活动中必备的教具，如用于语言领域中故事教学活动的磁性展板、用于社会领域中行为规范教育活动的图片教具等。

4. 训练强化类教学媒体的适宜性

训练强化类教学媒体常用于体育游戏和娱乐性游戏等教学游戏中，通过幼儿自身的活动，实现锻炼身体，促进身心健康和谐发展。

体育游戏是用游戏的方式发展幼儿的走、跑、跳、攀登、钻爬、投掷等基本动作，偏重于幼儿自身的变化。娱乐性游戏偏重于作用对象的变化，通过幼儿的动手操作，玩具会发生形态、方位、声音等的一系列变化，满足了幼儿的好奇心并使其获得成功体验，如用于健康领域中体育游戏活动的攀爬墙、用于娱乐类游戏中的吹泡泡。

5. 装饰呈现类教学媒体的适宜性

装饰呈现类教学媒体在美化幼儿园环境、装扮活动室、烘托主题活动上有着不可替代的作用。

幼儿园是幼儿一日生活的主要场所，对幼儿来讲十分重要。幼儿教师可以利用自然物、人工产品对幼儿园园舍、活动室、寝室等生活环境进行有目的的装饰，期待对幼儿的身心发展产生潜移默化的影响；也可根据季节变化、主题活动、节日庆典以及幼儿的实际需要，灵活变化装饰内容。如用于装饰活动室的自制晴雨表,用于配合综合主题活动的主题墙等。

（二）常规教学媒体的选择技能

1. 目标指向

选择教学媒体时,首先要考虑教学媒体所能发挥的教育功能,使活动目标顺利实现。

幼儿园活动目标直接指向幼儿的身心发展,而选择不同教学媒体,就是为了有效地促进活动目标的达成。如果选择的教学媒体不能为此服务,便失去了它应有的价值。所以,应当从幼儿身心发展的需要出发,遵循活动目标的指向,科学地选择教学媒体。

案例分析:"物品大揭秘"活动（中班）

活动领域:健康领域

活动目标:

（1）有愉快的情绪体验和强烈的好奇心。

（2）能从不同的角度观察同一物品。

（3）能正确地判断和确定物品,有物体恒常性意识。

活动准备:饮料瓶、垃圾桶、书包、图片等物体。

幼儿自制晴雨表

活动过程:

1. 猜猜它是什么

（1）出示图片（饮料瓶的上面）,请幼儿猜一猜图片上画的是什么,觉得它像什么?

（2）教师提示:这是从一个角度拍到的物品的一个面,你看出它是什么了吗?

（3）教师展示实物（饮料瓶）从上看到的面,引导幼儿观察。

2. 物体大揭秘

（1）师幼共同揭秘:刚才看到的是从上面看到的饮料瓶的一个面,还可以从不同的角度观察,看到的将是饮料瓶的不同形状。

（2）教师展示实物（饮料瓶）的不同面面,引导幼儿从不同的角度观察。

3. 观察幼儿用书

（1）请幼儿看看书上有什么? 都是什么物品?

（2）说一说都是从什么角度看到的。

（3）幼儿操作卡片做练习,教师巡回指导。

活动拓展:生活中的物品。教师出示生活中的各种物品,请幼儿从不同角度观察、解释。

建议与说明:教师可以与家长交流,在日常生活中让孩子从不同的角度观察周围环境,激发其探索愿望,感受物体的恒常性。

（本活动设计由兰州城市学院实验幼儿园李沏玲老师提供）

分析:本活动的目标有三个,分别是情感与态度目标、技能目标和知识目标。为实现目标,活动过程中依次使用了图片、实物、幼儿操作卡片以及生活中具有鲜明形状属性的物品,激发起幼儿的好奇心和积极情感反应,引导幼儿从不同的角度观察同一个物体,使幼儿建立起物体恒常性意识,从而层层深入、自然顺利地实现了活动目标。

2. 内容相符

幼儿园各领域的活动虽具有渗透性,但同时又具有学科边界和领域特点。活动领域不同,适用的教学媒体也有不同;即使是同一个领域,各个活动环节对教学媒体的要求也不一样。

在幼儿园领域活动中,教学媒体的选择应与所要传递的活动信息的性质相符。如果所要传递的是理性的、抽象的信息,应以展示表达类教学媒体和操作探究类教学媒体为主;如果所要传递的是感性、具体的信息,应以展示表达类教学媒体和装饰呈现类教学媒体为主;如果所要传递的是技能方法,应以训练强化

类教学媒体为主;如果所要传递的是情感体验,道具表演类教学媒体当为首选。

案例分析:浮力游戏(大班)

活动领域:科学领域

活动目标:

(1)有浓厚的探索兴趣和行为。

(2)通过感知鸡蛋在水中浮起知道沉浮现象。

(3)能根据实验做记录。

活动准备:

知识准备:知道"沉"和"浮"的意思。

材料准备:每组幼儿烧杯3只,熟鸡蛋3只,汤匙1把,盐、糖、味精各一份,分类箱2个,装满水的塑料盆1只,积木、皮球、矿泉水瓶、易拉罐、铁钉、磁铁、塑料叉子等材料。实验记录表。

活动过程:

1. 沉浮游戏

(1)请幼儿把材料放在水里玩一玩。

(2)在玩的过程中,注意观察哪些材料沉在水里,哪些材料浮在水面,并把结果记录下来。

(3)教师小结。

2. 材料分类

(1)引导幼儿观察材料箱上的提示卡,并根据提示卡将材料分类。

(2)说一说分类的理由。

(3)教师小结。

3. 水中浮鸡蛋游戏

(1)引导幼儿感知在水里加适量的盐,鸡蛋会浮上来。

(2)引导幼儿将糖、盐、味精放入水中搅拌,探索这3种溶质哪个能使鸡蛋浮起来。

(3)做好记录。

(4)教师小结。

4. 沉浮实验

(1)引导幼儿探索在等量的水中加多少汤匙的盐鸡蛋才能浮起来。

(2)详细记录。

(3)教师小结。

活动拓展:播放视频"死海不死"片段。引导幼儿说说为什么人会在死海的海面上漂浮,这种现象和刚才做的实验有何联系。

建议与说明:

(1)教师应强化幼儿在探索中的快乐体验。

(2)重视活动过程的记录及记录分析。

(本活动设计由兰州军区总医院幼儿园杨平平老师提供)

分析:本活动的主导领域为科学领域。根据活动内容,分别采用了操作沉浮实验材料、物品分类、观察记录表等操作探究类教学媒体,并在活动拓展环节用视频资料对实验结果加以验证,引导幼儿充分体验科学探究的乐趣,享受成功的愉悦。注意观察事物的属性,学会简单记录分析实验结果的方法,进而对抽象的知识有所理解,从而自然流畅地实现了活动目标。

3. 对象适宜

幼儿在成长过程中,生活经验不断丰富,认识水平逐渐提高,个性特征初步稳定,他们对不同的活动主题有着不同的理解,即使是同一个活动主题,也会出现对信息掌握的差异。

就幼儿的思维发展水平而言,小班幼儿还延续着直觉行动思维的特点,大班幼儿已经有了抽象思维的萌芽,教师一定要根据幼儿的年龄特征和个别差异选择与其情感特点、认知结构和经验储备相适宜的教学媒体,从而使教学媒体发挥最大效用。

案例分析:"躲猫猫"游戏(小班)

活动领域:艺术领域

活动目标:

(1)愿意跟随音乐,用肢体和道具玩游戏。

(2)体验躲藏和寻找的快乐。

活动准备:小熊、蜜蜂、大象、老鼠、小猪、小猫、小狗、小青蛙等动物手偶,儿童歌谣。

活动过程:

1.引入

(1)教师出示小熊手偶。

(2)小熊和幼儿一一打招呼。

教师:小朋友,小朋友│早上 好│

幼儿:小熊,小熊│早上 好│

2.小动物躲猫猫

(1)教师提醒幼儿:注意哦,小熊要躲猫猫了!

(2)小熊藏起来。

教师:小熊 藏在 哪 里│小熊 藏在 哪 里│大家 快来 找一 找│

(3)幼儿寻找,指出。

幼儿:"小熊藏在老师的手里!"

教师:哈哈!小熊在这里!(拍拍手)

(4)出示小蜜蜂手偶,然后藏在腋窝下。玩法同上。

3.肢体躲猫猫

(1)教师引导:小蜜蜂和小熊都找到了,他们说:"小朋友们,我们现在要休息一会儿,等会儿再和你们玩。"

(2)教师进一步引导:"现在请看老师,我的小手要藏起来了,眼睛闭上,不能偷看哦,1——2——3"

教师:小手 藏在 哪 里│小手 藏在 哪 里│大家 快来 找一 找│

(3)幼儿寻找,指出。

幼儿:"小手藏在老师的——"

教师:哈哈!小手在这里!(拍拍手)

(4)教师引导幼儿依次玩身体各部位的躲猫猫游戏,如小脚、眼睛、耳朵等。

教师:小朋友们想把身体的哪里藏起来?

4.集体躲猫猫

(1)教师引导:还想和小动物玩游戏吗?叫他们出来吧……

教师:小动 物 小动 物│在 哪 里 —│

幼儿:小动 物 小动 物│在 哪 里 —│

(2)请所有幼儿闭上眼睛,一会儿大象要躲在小朋友的身后,当老师说"大家快来找一找"时,快速看看自己身后,如果有就高兴地跳起来说"哈哈,大象找到了!"

教师:大象 藏在 哪 里│大象 藏在 哪 里│大家 快来 找一 找│

幼儿:哈哈,大象找到了!

分别出示大象、老鼠手偶,依次玩游戏。

(3)幼儿人手一个小动物手偶,老师闭上眼睛,请幼儿把它们分别藏在自己身上,由老师来寻找。

5.自己躲猫猫

(1)教师引导:小朋友想不想把自己藏起来,让老师来找?

(2)幼儿戴上小猪、小猫、小狗、小青蛙的头饰,并发出它们的叫声。

(3)教师引导:教室里有蘑菇房子、大松树等,你们想把自己藏在哪里?一定要藏好哦……

当大家说"大家快来找一找"时,扮演小猫的幼儿就"喵喵……"叫,大家就来找了。找到后,老师和小猫就一起去找更多的小动物。

幼儿:小猫 藏 在 哪 里|小猫 藏 在 哪 里|大家 快来 找一 找|

(4)小动物要大声发出叫声,没有被找到的小动物一定要把自己藏好。

活动拓展:亲子活动。

建议与说明:

(1)教师在寻找小动物的过程中表情要表现得很神秘,以增强游戏的趣味性和感染力。

(2)重视活动拓展。

(本活动设计由西北工业大学幼儿园赫晨老师提供)

分析:本活动的对象为小班幼儿。小班幼儿情感外露、不稳定,行动具有很大的情绪性。其学习特点是以活动过程为满足,不关心活动的结果。因此,游戏情景的渲染是活动的关键。为了达到让幼儿在愉快、轻松、自由的游戏中自娱自乐,训练节奏,获得发展的目的,活动选择手偶、头饰、简易布景等道具表演类教学媒体是适宜的。

4. 形式互补

幼儿园领域活动具有较大的渗透性,在一个活动中,为了充分挖掘各领域的教育元素,使各种教育力量发挥作用,就要将与各领域相适应的教学媒体的功能整合起来加以应用,使两种或两种以上的教学媒体在配合使用中各展所长,优势互补。

在幼儿园活动中,除了选择适当的教学媒体来呈现活动内容外,还应根据各领域活动的实际需要选择和组合不同类型的教学媒体并将其加以整合,充分利用不同媒体的特点呈现不同性质的活动内容。这不仅能发挥教学媒体的各自优势,更能实现不同教学媒体的功能互补。

案例分析:"地震自救与预防"活动(大班)

活动领域:健康领域

活动目标:

(1)对地震受害者有同情心。

(2)知道地震预防的一般常识。

(3)熟练掌握逃生的基本方法。

活动准备:

空牛奶盒等纸盒,剪刀、胶水等用品,反映地震场景的图片一套。

活动过程:

1. 地震来了怎么办

(1)请幼儿观察地震场景图片。说说发生了什么事情。

(2)幼儿讨论

① 如果当时你正好在房间里,怎么办?

② 从房间里往外跑,如果建筑物倒了,你怎么办?

③ 你想躲到桌子下面,但周围没有桌子怎么办?

(3)教师小结:明确提出自救方法,如保护头部,躲到桌子下面或安全三角区(墙角),不提倡往外跑等。

2. 逃生演练

在教师的带领下进行逃生演练。

(1)有序撤离。

(2)保护头部。

(3)安全三角区躲避。

3. 预防地震

(1)教师引导:地震这种自然灾害我们不能控制,但可以想办法尽可能减少损失。怎么能预防地震,让损失尽量小些？

（2）幼儿讨论。

（3）教师小结：加固住宅，固定家具，尤其是一天里待的时间最长的房间；备有充足的水和食品；全家商量好逃生路线；进行逃生演练。

4．小小建筑师

（1）用牛奶盒模拟楼房。让幼儿观察、讨论哪种最坚固。

（2）幼儿自行设计坚固的楼房。

活动拓展：

（1）与家长商量家中的逃生路线。

（2）给家长讲讲自救的方法。

建议与说明：逃生演练活动环节很重要，应反复练习，直到幼儿掌握要领。

分析：本活动的主导领域是健康教育，渗透到科学领域和艺术领域。所以，活动主目标是获得地震逃生技能，活动辅目标是地震预防知识。为实现各级活动目标，本活动首先选择展示表达类教学媒体中的图片材料，引起幼儿对地震受害者强烈的同情心；接着选择活动室的桌椅、幼儿园园舍等装饰呈现类教学媒体，为幼儿观察逃生路线、演练逃生方法提供条件；在以上活动环节的基础上，选择空牛奶盒、剪刀、胶水等操作探究类教学媒体，让幼儿观察、讨论并自行设计坚固的防震楼房。在各类教学媒体的配合投放中，顺利实现活动目标。

5．条件最优

教学媒体的选择应尽可能减少人力、物力、财力的浪费，用最小的代价获得最大的收益，做到经济、实用。强调教学媒体在活动过程中的功效，是教学媒体选择的基本要求。

在幼儿园活动中，并不是教学媒体用得越多、越复杂越好，过多、过滥、过复杂，不但费时费力，还会干扰幼儿的注意。应根据教学的实际需要，因陋就简，优先选择简洁、易操作的玩教具。另外，应结合形象的语言完成活动，做到实物直观与语言直观相结合，不可因一味使用实物媒体而忽略了语言的导向作用。应随着幼儿年龄的增长，逐渐减少媒体投放，增加语言调节，以利于教学效率的提高。

案例分析："出气抱枕"游戏（中班）

活动领域：健康领域

活动目标：

（1）缓解、释放消极情绪。

（2）知道可以用出气、诉说等方法缓解和释放消极情绪。

活动准备：抱枕一个。

活动过程：

1．有用的"出气抱枕"

（1）教师引导。当你不开心的时候或生气的时候，一般怎么办？

（2）教师出示"出气抱枕"。告诉幼儿，当你在不开心的时候，可以抱起它，把不高兴的事情说给它听。你很生气的时候，还可以用力拍打它出出气，这样你会感到舒服许多。

（3）鼓励当前正处于不开心的幼儿抱起"出气抱枕"，跟它说说话，或拍打拍打它。

2．给"出气抱枕"找个家

幼儿自己商量一个地方，专门放置这个"出气抱枕"，供大家不开心时找它说话、出气。

3．试着放松自己

（1）播放放松音乐。

（2）幼儿席地而卧，看看天空中的云彩，慢慢闭上眼睛，深呼吸3—5次。

（3）教师引导语：让我们一起来想象吧——

我躺在云彩上，柔软的云彩托着我的身体升上天空，很舒服。

云彩开始飘了，我感到有轻风吹过，很舒服。

云彩还在飘,我听到了美妙的音乐,非常舒服。

云彩还在飘,我看到了美丽的花朵,闻到了花香,非常舒服。

云彩开始往下降,慢慢地落到了地面上……

请小朋友们睁开眼睛,伸伸懒腰,身体又有了力量——

活动拓展:在家中准备一个自己喜欢的抱枕,可以让它做"出气抱枕",当生气时,可以找找它,向它诉说,对它出气。

建议与说明:

(1)建议家长帮助幼儿在家中准备"出气抱枕",在幼儿非常生气的时候,陪伴幼儿适当宣泄不良情绪。

(2)释放活动应控制在10分钟左右,不可让幼儿过度疲劳或兴奋。

(3)教师说指导语时应轻柔、缓慢,整个过程持续10分钟左右。

分析:本活动只选择了一种教具——抱枕,作为教学媒体,此处的抱枕既是训练强化类教学媒体,又兼有道具表演类教学媒体的功能。在幼儿利用抱枕宣泄释放情绪的同时,教师充分利用语言的引导作用,使幼儿知道可以用出气、诉说等方法缓解和释放消极情绪,并在语言的暗示下,进入放松状态,体验紧张与松弛的不同感受,顺利实现活动目标。

(三)常规教学媒体选择技能训练

[训练主题] 常规教学媒体选择技能训练。

[训练目标]

(1)领会不同类型的幼儿园常规教学媒体及其特点。

(2)把握不同类型的幼儿园常规教学媒体的适宜性。

(3)在进行活动设计时能熟练地选择幼儿园常规教学媒体。

[训练内容] 为以下幼儿园教育活动主题选择适宜的常规教学媒体。

(1)大班科学活动:小小科学家——有趣的沉浮实验。

(2)中班健康活动:我们的皮肤。

(3)小班语言活动:诗歌《轻轻地……》。

[训练要求]

(1)根据训练内容,选择设计两个以上完整的活动教案,并说明选择教学媒体的理由。

(2)对不同活动设计中教学媒体的选择加以比较,加深对相关知识的认识。

(3)对活动设计进行课内实操或幼儿园现场实践,并对活动效果做出分析评价,以熟练掌握教学媒体选择技能。

[训练评价] 训练后,总结、评估,填写表6-1。

表6-1 幼儿园常规教学媒体选择技能评价表

日期　　　　　训练人　　　　　评价人

评价序号	评 价 项 目	评价方式	评价等级					得分
			5	4	3	2	1	
1	能充分利用幼儿园常规教学媒体的教育功能,从幼儿身心发展需要出发,遵循活动目标的指向,科学地选择教学媒体,顺利实现活动目标	自我评价						
		他人评价						
2	能根据幼儿园领域活动的特点与性质选择常规教学媒体,选择的幼儿园常规教学媒体与所传递的教育活动信息性质相符合	自我评价						
		他人评价						
3	能根据幼儿的年龄特征和个别差异选择与其情感特点、认知结构和经验储备相适宜的教学媒体,使教学媒体发挥充分效用	自我评价						
		他人评价						

（续表）

评价序号	评 价 项 目	评价方式	评价等级					得分
			5	4	3	2	1	
4	能根据各领域活动的实际需要选择和组合不同类型的教学媒体并将其加以整合,并充分利用不同媒体的特点呈现不同的活动内容,实现两种以上教学媒体的功能互补	自我评价						
		他人评价						
5	能根据实际需要,因陋就简,选择教学媒体经济、实用、简洁、易操作	自我评价						
		他人评价						
6	能充分发挥语言导向作用,实现实物直观与语言直观的结合	自我评价						
		他人评价						
评价说明								

三、常规教学媒体设计制作技能

（一）常规教学媒体设计制作技能

1. 科学性与艺术性

科学性是指教学媒体内容表达的可靠性,艺术性是指教学媒体形式设计的形象性。设计制作幼儿园常规教学媒体应是科学性与艺术性的统一。

（1）常规教学媒体设计制作的内容呈现应准确完整,符合科学原理,有助于幼儿认识事物,掌握正确概念和相关知识。如,科学领域教育是对幼儿进行科学启蒙的教育,以培养幼儿爱科学的情感、激发幼儿学科学的兴趣、提高幼儿的科学探索能力为目的。虽然幼儿所掌握的科学知识属于感性经验基础上的前科学概念,但内容本身应当是科学的,教学媒体应呈现能被幼儿感知证实的、科学可靠的知识。

（2）常规教学媒体设计制作的内容编排应逻辑清晰,层次分明,遵循心理学规律,并能使整个活动过程重点突出。可对教具一物多用、避繁就简,以免因频繁变换教具而使幼儿注意分散。

（3）常规教学媒体设计制作的形式应在满足科学性的前提下,根据幼儿身心发展的年龄特征,做到形象生动、色彩鲜明、幽默夸张,这样才能吸引幼儿对活动内容的关注,激发幼儿的探索兴趣,激起幼儿对美好事物的追求。

（4）常规教学媒体设计制作的样式要求比例适当,大小适中,具有审美价值。形象和色彩

语言教育活动和科学教育活动中兔子形象的对比

要符合艺术规律,能激发幼儿的快乐体验和喜爱的情感。教具与背景要有鲜明的反差。为有效地吸引幼儿的注意,必要时可以制作实物活动教具,以顺利实现教学内容的过渡。

2. 实用性和可玩性

实用性是指教学媒体的设计制作应充分考虑幼儿身心发展的年龄特征,对幼儿有一定的启发性,具有明确的活动辅助功能。可玩性是指教学媒体的设计制作应力求简单,易于操作。

（1）根据活动的实际需要设计制作必要的教学媒体。设计制作的教具、学具要有明确的使用目的,或补充活动内容,或帮助理解,或引导想象。

（2）设计制作教学媒体应力求简单。避免因细节繁琐而造成制作上的困难,能用头饰或头套就不用服装,能用小型玩具就不用大型玩具。

(3) 教学媒体应便于幼儿观察参与或动手操作。玩教具是提供给幼儿的操作材料,那种只能摆看、过于精致的玩教具对达成活动目标的实际价值不大。

(4) 充分利用各种废旧材料制作教学媒体中的玩教具。自制的玩、教具应结实牢固,耐玩耐用,不易损坏,色彩不易脱落。

3. 安全性和卫生性

教学媒体的设计制作应符合安全和卫生的要求。教学媒体中的玩教具是幼儿天天接触的伙伴,它直接影响幼儿的生存与发展,在设计和制作教学媒体时,一定要用安全和卫生的标准加以审视,再好玩、再有教育意义的教学媒体,只要有安全问题就应毫不犹豫地放弃。

幼儿年龄小,缺乏生活经验,对周围事物的安全认识很有限,自我保护意识不足,因此,设计制作的教学媒体应绝对安全,做到鲜艳但无毒、不易破碎、没有尖锐的棱角、便于清洗消毒。如,木、竹类玩教具一般制作粗糙,容易划伤幼儿,不宜设计制作;那些光滑浑圆、过小过硬的材料也是不适合的。

(二) 常规教学媒体设计技能训练

[训练主题]　常规教学媒体设计技能训练。

[训练目标]

(1) 深刻理解幼儿园常规教学媒体设计的要领。

(2) 能熟练地设计和制作幼儿园常规教学媒体。

[训练内容]　为自行确定的幼儿园教育活动方案设计制作相应的常规教学媒体。

[训练要求]

(1) 按活动方案的要求设计和制作相应的教学媒体,并说明理由和依据。

(2) 根据表 6 - 2 对设计和制作的教学媒体做出分析评价,以熟练掌握设计制作要领。

(3) 用所设计制作的教学媒体进行课内实操或幼儿园现场实践,进一步做出修改。

[训练评价]　训练后,总结、评估,填写表 6 - 2。

表 6 - 2　幼儿园常规教学媒体设计制作技能评价表

日期　　　　　　训练人　　　　　　评价人

评价序号	评 价 项 目	评价方式	评价等级					得分
			5	4	3	2	1	
1	教学媒体内容准确完整,科学可靠,能被幼儿感知证实,符合科学原理,有助于幼儿认识事物,掌握正确概念和知识	自我评价						
		他人评价						
2	教学媒体内容的编排逻辑清晰,层次分明,符合心理学规律,能使整个活动过程重点突出;能避繁就简,一物多用	自我评价						
		他人评价						
3	教学媒体形式能在满足科学性的前提下,根据幼儿身心发展的特点,做到形象生动、色彩鲜明、幽默夸张	自我评价						
		他人评价						
4	教学媒体样式比例适当、大小适中;形象和色彩符合艺术规律,能激发幼儿的快乐体验和喜爱的情感;教具与背景具有反差性	自我评价						
		他人评价						
5	能根据活动的实际需要设计制作必要的教学媒体,具有明确的使用目的	自我评价						
		他人评价						
6	教学媒体设计简单,易制作,易使用,易操作;能充分利用废旧材料制作教学媒体中的玩教具,自制的教具、学具结实牢固	自我评价						
		他人评价						

评价序号	评 价 项 目	评价方式	评价等级					得分
			5	4	3	2	1	
7	教学媒体的设计制作符合安全和卫生要求，无毒，不易破碎，没有尖锐的棱角，便于清洗消毒，无过于光滑浑圆、过小过硬的材料	自我评价						
		他人评价						
评价说明								

四、常规教学媒体投放技能

（一）常规教学媒体的出示技能

常规教学媒体的投放技能包括出示技能和使用技能两个方面。在幼儿园教育活动中，教学媒体的出示往往对活动效果发生至关重要的影响，操作的关键是把握出示教学媒体的恰当时机。在实际教学活动中，教学媒体出现的时间既不能太早，也不能太晚。出示太早，幼儿有可能因媒体的新异性而过早地进入注意状态，在需要正式观察时却注意分散；出示太晚，又不能使幼儿顺利实现无意注意与有意注意的有效转换，进而发生注意分散。

一般而言，小班幼儿连续有意注意的时间大约5分钟左右，中班幼儿连续有意注意的时间大约10分钟，大班幼儿连续有意注意的时间15—20分钟。所以，教师应在恰当的时机出示教学媒体，客观上为幼儿提供便于转移注意的条件，充分发挥媒体的作用。

就注意本身的特点而言，最佳注意效果并不是单纯的无意注意，也不是单纯的有意注意，而是在两种注意不断相互转换中或并用中实现注意稳定状态的持续。这就为教师组织活动提供了一个有效的思路：出示教学媒体→刺激幼儿发生无意注意→转换为有意注意→再出示教学媒体→转换为无意注意→转换为有意注意，在这种循环转换中，使幼儿始终保持注意的稳定状态。这种教学媒体恰当时机的出示，也使得教学媒体自身的功能得到了更为充分的发挥。教师用教学媒体或直观性话语，引起幼儿的无意注意，及时提出活动要求或引发思考，使幼儿从不需意志参与的无意注意自然过渡到有明确活动目的、需要一定意志参与的有意注意，保持5—15分钟后，在幼儿有意注意分散之前，出示新一轮教学媒体，顺利过渡到无意注意，这样循环转换，促成活动过程的完成。

教学媒体出示时间的不同会使幼儿接受信息的心理准备不同，应根据幼儿在不同活动环节的认知需求投放教学媒体。一般，教学媒体先出示时用于活动导入，活动过程中出示时多用于教师示范讲解、环节转换和幼儿的操作实践、观察学习，活动结束时出示多用于活动评价和复习巩固。

（二）常规教学媒体的使用技能

1. 方式得当

教学媒体的使用形式可以是个别的，可以以小组为单位，也可以是集体的方式；投放的技巧可以示范，可以比较，也可以反馈；投放媒体的接受者可以观察，可以操作，也可以模仿。总之，应依据活动目标、活动内容、媒体自身的功能、活动时的环境特点以及不同年龄班幼儿的需要使用相应的投放方式。

2. 数量适当

除了要讲究教学媒体出示的时机外，媒体投放的数量也是一个需要考虑的问题。教学媒体出示的数量与活动设计时的媒体选择有关，应以方便教师出示和幼儿接受为宜。一般而言，用于教师做演示的材料一份即可，如图片、标本、模型等，供幼儿观察、操作和实验的材料，或供幼儿表演的材料则需要人手一份或至少每小组一份。

值得注意的是，无论采用何种教学媒体使用方式，都应注意适度性，不可过频过滥、过度渲染。

3. 操作熟练

在活动中,教师操作教学媒体的熟练、流畅程度,会影响幼儿的感知过程和理解思考。教师在备课的时候,应对媒体的结构、属性、操作要领熟记于心,必要时可做提前练习,以保证活动中能够流畅、自然、清晰、准确地使用,避免出现因教具使用不妥而使教学活动环节中断、停顿和失误。

4. 位置适宜

教学媒体投放的位置可前可后、可高可低、可挂可摆、可拿可放,但都要将教学媒体放置在幼儿能够清晰、完整地观察到的高度,教师的位置应在教学媒体的后面或侧后面,不能对幼儿有任何遮挡,以保证教学媒体清晰完整地落在每位幼儿的视野中。

应注意在光线充足的条件下使用教学媒体,且应离每位幼儿都近些、大些。因为幼儿的视觉能力是随年龄而逐渐发展的,年龄越小,视力越不好,一般到6—7岁才接近一般成人的正常水平。如,科学活动"认识蚂蚁",可将收集来的蚂蚁以小组为单位分瓶投放,使实物相对较大。又如,折纸活动时,教师的示范用纸一定要大于幼儿的操作用纸,使每位幼儿都能清晰地观察到折叠的每一个步骤,从而正确模仿掌握。

5. 语言相伴

在幼儿园教学活动中,单纯地使用教学媒体而忽视语言的作用,甚至用教学媒体代替语言的作用都是不可取的教学行为。心理学研究表明,幼儿形象记忆的效果好于语词记忆的效果,但他们形象记忆的效果却取决于词的作用水平。这就是说,幼儿在感知、理解和记忆教学媒体材料时,如果能不失时机地用符合幼儿言语发展水平的语言加以引导和强化,会更好地达到教学媒体的使用效果。

(三)常规教学媒体投放技能训练

[训练主题] 常规教学媒体投放技能训练。

[训练目标]

(1)深刻领会幼儿园常规教学媒体的出示和使用要领。

(2)能较熟练地完成幼儿园教学活动中常规教学媒体的投放。

[训练内容] 按个人兴趣,为自行确定的幼儿园教育活动主题设计活动方案,并在实施方案的过程中感受、学习和训练教学媒体的投放技能。

[训练要求]

(1)设计一个幼儿园教育活动方案,着重说明教学媒体投放要领,并解释理由。

(2)对所设计的活动方案进行课内实操或幼儿园现场实践,体会教学媒体的出示和使用技能。

(3)根据表6-3对活动中教学媒体的投放做出分析评价,以掌握投放要领。

[训练评价] 训练后,总结、评估,填写表6-3。

表6-3 幼儿园常规教学媒体投放技能评价表

日期　　　　　　训练人　　　　　　评价人

评价序号	评 价 项 目	评价方式	评价等级					得分
			5	4	3	2	1	
1	能根据幼儿在不同活动环节的认知需求,把握时机出示教学媒体,使幼儿始终保持注意的稳定状态	自我评价						
		他人评价						
2	能依据活动目标、活动内容、媒体自身的功能、活动时的环境特点以及幼儿的需要,采用相应的投放方式	自我评价						
		他人评价						
3	能把握教学媒体出示的数量,不过频过滥,不过度渲染	自我评价						
		他人评价						
4	对教学媒体的结构、属性、操作要领熟记于心,能流畅、自然、清晰、准确地操作教学媒体,没有因不当操作而引起教学活动环节的中断、停顿和失误	自我评价						
		他人评价						

评价序号	评 价 项 目	评价方式	评价等级					得分
			5	4	3	2	1	
5	教学媒体投放的位置适宜,对幼儿感知材料无遮挡;投放教学媒体的光线充足,离幼儿的距离适度	自我评价						
		他人评价						
6	能不失时机地用符合幼儿言语发展水平的语言引导和强化幼儿对教学媒体的感知、理解和操作,达到了教学媒体的使用效果	自我评价						
		他人评价						
评价说明								

第二节 现代教学媒体的设计和运用技能

一套令人纠结的多媒体课件

"美丽的菊花"是一节中班综合活动。王老师精心设计制作了一套多媒体课件。她把能收集到的有关菊花的图片、视频等资料一一放入课件中;为了增强感染力,她特意为课件选配了解说词和欢快的乐曲;整个课件界面风格亮丽明快,自定义的动画效果丰富多样。但是,在实际教学活动中,尽管她能得心应手地操纵课件,却还是没有达到预先设想的活动效果,因为孩子们总是把注意力集中在鲜艳形象的大银幕上,对教师的语言引导却听而不闻。王老师有些困惑了……

一、现代教学媒体及其分类

(一)现代教学媒体的概念及其特性

现代教学媒体是相对于传统教学媒体而言的,是指运用现代电子科学技术传递幼儿园教育教学信息的工具。幼儿园常用的现代教学媒体主要有幻灯、投影、录音、电视、电影、多媒体课件等。

现代教学媒体是常规教学媒体的发展与延伸,它不仅能呈现和传递语言文字和静止的图像,还能呈现和传递活动图像,能准确、直观地呈现事物的运动状态及其规律,有助于提高教学的质量与效率,非常适合幼儿园教学活动。如,幻灯片、实物投影具有呈现和传递视觉形象的功能,录音机、CD具有呈现和传递听觉形象的功能,电影、电视视听媒体具有呈现和传递视听信息的功能,多媒体课件具有呈现和传递多感官信息的功能,与传统教学媒体相比,具有更强的表现力。

现代教学媒体不受时空限制,可以根据要求即时重现或延时重现活动内容,单独完成活动主题下的各级层次目标;教师和幼儿可以在不受时间、地点和进度限制的情况下,根据需要反复使用,具有重复力强的特性。

在幼儿园教学活动中,现代教学媒体不仅具有表现力强和重复力强的技术特性,还在记录、存储、处理和应用教学信息的过程中,显示出强大的教学特性。现代教学媒体提供了事物的变化发展过程等具体的、微观的形象,能够激发幼儿的探索动机,丰富幼儿头脑中的表象,唤起幼儿的再造想象,扩展幼儿的视野,启发幼儿的思维与解决问题的活动。

总之,由于现代教学媒体的介入,拓展了教育信息的来源及渠道,幼儿在活动中对教师的直接依赖降低,使师幼关系发生了职能上的变化。

（二）现代教学媒体的分类及其特点

根据对媒体信息的感觉接受通道的不同，幼儿园常用的现代教学媒体可分为视觉教学媒体、听觉教学媒体、视听教学媒体和交互教学媒体。

1. 视觉教学媒体

视觉教学媒体是幼儿园教学活动中以视觉分析器为接受通道的教学媒体，是目前教学中使用率和普及率最高的现代教学媒体。如，在幼儿园教学活动中经常选择和使用的幻灯、投影等。

视觉教学媒体的结构简单，画面鲜艳真实，价格相对便宜，教师可以根据实际需要掌握操作过程。如幻灯片，它能使教师有效地控制活动节奏，平时的存放和管理也较方便，但它的放映对光线的要求较高，而且不易自制。由于制作技术设备方面的问题，幻灯片的制作常常需要专业人员的帮助，教师很少能自制。教师可利用书写投影仪进行活动过程中的板书、板画等示范性教学，将示范过程放大，有利于幼儿清晰完整地感知和领会，并免去了幻灯片制作过程。利用实物投影仪可以将一些较小的实物放大显示，活动效果好。

2. 听觉教学媒体

听觉教学媒体是幼儿园教学活动中以听觉分析器为接受通道的教学媒体，它是以电声技术为基础发展起来的现代教学媒体。如，幼儿园教学活动中普遍选择和使用的录音带、CD等。

听觉教学媒体具有操作方便、传递速度快、价格低廉的特点。如，录音是幼儿园活动中普遍使用的一种教学媒体，素材收集较为容易，便于复制编辑；录音带可根据需要反复使用，教师和幼儿能自主操纵放音、暂停、重听和现场录音，为活动过程提供了较好的反馈时机。CD盘更因其失真度小、无抖晃和自动化程度高而被幼儿园广泛使用。

3. 视听教学媒体

视听教学媒体是幼儿园教学活动中通过视听两种分析器结合的方式向幼儿传递信息的教学媒体，它是以声、电、光等信号传递教学信息的现代教学媒体。如幼儿园中使用较为普遍的电影、电视、视频等。

视听教学媒体可以真实呈现各种事物或活动，表现力极强。在幼儿园教学活动中，它可以将特定的内容生动形象地表现出来，使幼儿有身临其境之感，极为符合幼儿思维发展特点。如，电影的视听效果能有效地呈现事物及其变化过程，可以将微观的事物宏观化或将宏观的事物微观化，可以再现过去，对幼儿有极大的情绪感染力和行为影响力。

幼儿园中的触屏电视

4. 交互教学媒体

交互教学媒体是幼儿园教学活动中通过计算机及相应的软件向幼儿传递信息的教学媒体,它是利用计算机将图像、声音、文字等信息综合起来以辅助教学活动的现代教学媒体。如,多媒体课件是幼儿教师广泛使用的教学活动辅助工具。教师根据活动要求,把图形、图像、声音、动画、影像等多种媒体素材在一定的时间和空间上加以集成,使它们融为一体并赋予交互特性,便成为多媒体课件。

交互教学媒体具有信息存储量大和自动运行的优势。与传统教学媒体相比,它是一种非常适宜于个别化教育和交互式教学的教学媒体,在计算机的帮助下,交互教学媒体和教师一起进行教学活动,完成活动任务。如目前市场上出现大量的幼儿园 CAI 教学软件,它能模拟幼儿园活动环节,能较好地调动幼儿的活动积极性,深受幼儿喜爱。

二、现代教学媒体的设计与运用技能

随着科学技术的发展,现代科技手段在教学中越来越广泛地被运用到幼儿园教育教学活动之中。它的运用,优化了幼儿园活动设计,提高了活动效率。在遵循教学媒体选择与运用一般原则的前提下,现代教学媒体的设计与运用还具有自身的要求。

(一) 设计得当

教学媒体的设计应当有充实的内容和优美的形式,是内容和形式的有机结合,如果二者相冲突,则应以内容为重,决不能因形式而冲淡了内容,这样才能良好地体现现代教学媒体的优势,达到激发幼儿兴趣、启迪幼儿思考和改善活动环境的目的。

有的教师制作的多媒体课件界面华丽,画面复杂,内容变化多,似乎充分展现了现代媒体的特色,但这种形式上华而不实的设计却可能使幼儿长时间地关注一些无关紧要的内容,影响了幼儿对活动内容的注意和反应;由于操作环节繁多,教师在操作课件的时候动作过多,活动过程的流畅性也大受影响。

多媒体课件的制作应讲求取材合理,用材得当。有的教师随意将一些与活动有些微关联的精美图片或视频资料不加任何剪辑地生硬拼接在课件里,只能牵强附会地表现活动主题,活动效果不好,也不能充分展现教师自身的教学水平,是很不可取的做法。应当充分发挥幼儿的潜能,强化活动效果,提高活动质量为目的。

(二) 媒体互补

心理学研究表明,多感官参与的认知活动是卓有成效的活动。教师应充分运用现代教学媒体的不同特点和优势,采用不同的媒体组合调动幼儿的多种感官活动促进幼儿的探索、学习。对同一个活动内容,可以运用多种媒体从不同的角度,采取不同的形式传递信息,所呈现的信息量要比只用一种媒体来得多,有利于幼儿加深认识。

在设计媒体组合时,既要考虑各种媒体在活动中所能发挥的作用,又要考虑组合后的媒体的整体效果,这样才能真正达到应有的效果。当然,还应兼顾媒体运用的可操作性。

(三) 准备充分

现代教学媒体的选择和运用中,软件的准备是至关重要的。教师应根据活动设计的整体要求做好准备工作。应细心地绘制幻灯片和录制录音带,科学合理地剪辑编排视频资料,精心设计制作多媒体课件,为活动的顺利展开做好充分的准备。

教师还应在硬件的使用上下工夫。应在活动前做好充分的准备,要对活动环节所使用的不同媒体清楚明了,对操作方式达到自动化或半自动化的程度。所以,活动前的准备和练习是必要的,这样才能保证在活动进行中熟练准确、灵活自如地驾驭媒体。

(四) 运用适度

在一个活动中,并非使用的现代教学媒体越多越好,是否运用,怎样运用,什么时候运用,都要根据活动的需要,绝不可用它完全代替其他的活动形式,要为实现活动目标服务,为更好地体现教学重点、难点服务,不能因过于讲究形式而滥用之。

　　人机对话的弊端之一是有可能因为媒体的频繁使用而弱化幼儿与教师之间、幼儿同伴之间的情感传递,幼儿缺乏积极的情感接纳,这对他们的活动极为不利。由于多媒体具有运用简单、易操作的特点,一些教师在教学活动中盲目使用,甚至在任何教学活动中都运用多媒体教学,使得教学活动过于形式化,缺少人际间的直接互动,显得活动过程呆板单调,索然无味,缺乏情意。所以,教师应合理使用现代教学媒体,以优化教学活动效果,不可弃本逐末,丧失原则。

　　案例分析:"大家一起来泡茶"活动(大班)

　　活动领域:科学领域

　　活动目标:

　　(1)能在泡茶、品茶的过程中感受乐趣。

　　(2)初步了解茶叶的种类及其功效。

　　(3)初步学会泡茶方法。

　　活动准备:

　　各类茶叶,杯子,热水(用保温桶或饮水机储水)。多媒体课件。

　　活动过程:

　　1.音乐欣赏:采茶舞曲

　　(1)教师引导。请仔细听,听完后告诉大家你听到了什么内容。

　　(2)教师揭示主题:这是一首采茶音乐,今天我们来学习一种技能,跟茶有关的技能——一起来泡茶。

　　2.茶展览会

　　(1)出示实物。认真观察,说说你看到了什么茶叶。

　　(2)课件演示图片。幼儿跟老师一起认识几种茶叶。

　　(3)播放视频。请幼儿认真观看视频,简单了解制茶过程。

　　3.泡茶

　　(1)教师示范

　　① 做准备:准备好茶叶、杯子、刚烧开的水。

　　② 放茶叶:将大约一平勺的茶叶放在杯子里。

　　③ 倒开水:强调安全,往杯中倒入热水至茶杯的1/3处。

　　(2)幼儿讨论

　　① 说说茶叶的变化。

　　② 说说泡茶的方法。

　　(3)幼儿练习泡茶

　　4.品茶

　　(1)播放泡茶、品茶视频。

　　(2)幼儿品茶。

　　活动拓展:和家人一起泡茶、品茶。

　　建议与说明:

　　(1)注意和强调安全取水,对取水困难的幼儿及时帮助。

　　(2)示范泡茶应慢些,并用语言解释。

　　分析:根据活动目标和内容,本活动首先运用听觉教学媒体作引入,感染幼儿的情绪,启发幼儿思考;在认识茶叶环节中,运用视觉教学媒体和视听教学媒体相结合的方式,利用多种感官活动,达到了解茶叶的目的,为下一环节的活动打好基础;泡茶环节在现场示范和讨论的基础上,让幼儿进一步了解泡茶过程,亲身实践泡茶方法,使活动主题得到了充分的呈现;最后,运用视听教学媒体作为活动结束,实现了有效的活动拓展。所有的教学媒体均集成在多媒体课件中,是现代教学媒体设计运用的较好案例。

三、现代教学媒体设计与运用技能训练

［训练主题］ 幼儿园现代教学媒体的设计和运用技能训练。

［训练目标］

（1）领会不同类型的幼儿园现代教学媒体及其特点。

（2）在进行活动设计时能熟练地选择幼儿园现代教学媒体。

（3）能较为熟练地运用现代教学媒体完成幼儿园教学活动。

［训练内容］

（1）大班科学活动：恐龙的秘密。

（2）中班社会活动：我们身边的垃圾。

（3）小班综合活动：制作夹心面包。

［训练要求］

（1）根据训练内容设计完整的活动教案，并说明选择现代教学媒体的理由。

（2）对所设计的活动方案进行课内实操或幼儿园现场实践，体会现代教学媒体的运用技能。

［训练评价］ 训练后，总结、评估，填写表6-4。

表6-4 幼儿园现代教学媒体选择和运用评价表

日期　　　　　　训练人　　　　　　评价人

评价序号	评 价 项 目	评价方式	评价等级					得分
			5	4	3	2	1	
1	媒体设计的内容充实有效，形式优美，二者有机结合，能良好地体现现代教学媒体的优势	自我评价						
		他人评价						
2	媒体操作过程不影响幼儿对活动内容的注意和反应，活动过程的流畅性好	自我评价						
		他人评价						
3	能充分运用现代教学媒体的不同特点和优势，采用不同的媒体组合调动幼儿的多种感官活动；能发挥各媒体在活动中的作用和组合媒体的整体效果	自我评价						
		他人评价						
4	幻灯片制作精致，录音带录制清晰，视频资料剪辑编排科学合理，多媒体课件设计合理，且媒体运用的可操作性强	自我评价						
		他人评价						
5	对活动环节所使用的不同媒体清楚明了，活动进行中能熟练准确、灵活自如地驾驭媒体，操作方式达到自动化或半自动化的程度	自我评价						
		他人评价						
6	媒体的运用能很好地体现重点、难点；重视媒体使用的情感传递和直接的人际互动	自我评价						
		他人评价						
评价说明								

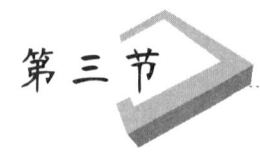

第三节 教学媒体投放中的心理学规律运用技能

小白兔的启示

为了组织好今天的一堂中班科学探索活动"认识兔子",昨天晚上小王老师特意从邻居家借来一只小兔子。活动还没开始,小朋友们已经在争先恐后地观察小兔子了,全然不顾王老师的谜语引入;活动中,小王老师将事先准备好的萝卜、青菜给小兔子吃,它却一点也不配合,孩子们议论纷纷,甚至有幼儿说小兔子是要吃肉的,因为它要有营养。王老师意识到,作为实物教具的小兔子在小朋友面前出现得太早了,而且,不该在临出门时将小兔子喂得饱饱的……

一、教学媒体投放中的心理学规律运用技能

日常生活中,同时作用于人们感觉器官的客观事物很多,人总是有选择地知觉其中对自己有意义的部分,把它作为知觉对象,而没有知觉或模糊知觉到了另一部分事物,使它成为知觉背景。从知觉对象和知觉背景的特点来看,知觉对象一般形象鲜明,轮廓完整,意义明确,有突出感,背景则起衬托作用,变得模糊。而且,知觉对象和知觉背景在一定的条件下可以相互转化。心理学规律告诉我们,从知觉背景中区分出知觉对象主要依赖以下 3 个主要条件:

第一,知觉对象与知觉背景之间的反差性。知觉对象和知觉背景之间的差别越大,越容易从知觉背景中区分出知觉对象;反之,知觉对象与知觉背景之间的差别越小,则不易从知觉背景中分离出知觉对象。

第二,知觉对象的活动性。在固定不变的知觉背景上,活动的物体较为醒目,容易成为知觉对象;在一个知觉过程中,比起活动性较小物体,具有较大活动性的物体更容易成为知觉对象。

第三,知觉对象的规律性。知觉过程中,距离接近、形态相似或排列有规律的事物容易被知觉成一组对象。

(a) 距离上的接近　　　　　　　　　　(b) 形态上的相似

知觉对象的规律性

在投放教学媒体时,教育者应运用知觉选择性规律,充分利用从知觉背景中区分出知觉对象的条件,有效地提高教学活动效果。

(一)教学媒体设计的反差性

在幼儿园教育教学中,设计和制作展示表达类教学媒体或装饰呈现类教学媒体时应注意在颜色、形状、声音以及强度等方面的对比,便于幼儿对教学要点的把握。如,PPT 背景样式的颜色应能对主题内容起对比、衬托作用,不可喧宾夺主。

(二)教学媒体形态的活动性

在选择和使用教学媒体时,既可以采用传统的活动教具,也可以使用多媒体课件等现代教学媒体,以增强知觉对象的活动性特征,为幼儿提供调动和保持注意的客观条件。如,传统的活动教具不失为一种较有效教学媒体,值得在幼儿园的提倡使用。

（三）教学媒体展示的规律性

教具展示的恰当与否,会直接影响到教学活动的质量。过早出示教具,幼儿会因新异性减弱而丧失兴趣,分散注意;教具展示过晚,则会干扰幼儿对新对象的知觉,应有规律地呈现教具。如,在呈现不同组别的知觉对象时,既要考虑距离的接近,又要兼顾形态的相似,便于幼儿清晰地把握不同的知觉对象。

案例分析:"哭脸与笑脸"活动(小班)

活动领域:健康领域

活动目标:

(1)知道笑和哭这两种基本情绪反应是因为高兴和难过。

(2)正确分辨笑和哭的表情。

活动准备:

嘴部和眼部挖去的面具若干副。

多媒体课件一套:界面背景为淡蓝色,右下方插入动画播放按钮。

视频资料:笑和哭的场景。

动画片《猫和老鼠》。

活动过程:

1.看看他们的脸

(1)播放视频

提问:"视频上的小朋友怎么了?""你怎么知道他在哭,他在笑?"

(2)分别出示笑脸图和哭脸图,引导幼儿进一步观察,发现笑和哭的五官变化,尤其是眼部和嘴部。

提问:"人在笑和哭的时候,眼睛有什么不一样?""人在笑和哭的时候,嘴巴有什么不一样?"

(3)教师小结。

2.说说他们怎么了

(1)拿出嘴部和眼部挖去的面具,让幼儿遮住脸,做出笑或哭的表情。引导幼儿通过观察眼部和嘴部的不同变化,判断是笑还是哭。

(2)让幼儿说说人在什么时候会笑,什么时候会哭。

(3)教师小结。

3.大家笑一笑

观看动画片《猫和老鼠》片段。

活动拓展:和老师一起说说自己以前的高兴或不高兴的事。

建议与说明:

(1)教师应引导幼儿观察笑或哭时脸部的细微变化。

(2)重点是让幼儿能正确辨别笑和哭的不同表情。

分析:本活动采用了多种教学媒体。从课件的界面设计来看,采用淡蓝色背景,除了右下方的视频播放按钮外,无其他多余装饰,使得笑和哭的图片突出在背景之上,体现了教学媒体设计的反差性。教师很重视不同内容的投放顺序,从动态感受,到静态观察,再到动态体验,体现了教学媒体出示的规律性。两个视频材料的投放,体现了教学媒体形态的活动性。使用挖去嘴部和眼部的面具进行表情训练,符合小班幼儿动作思维的特点。整个活动简洁有序,生动有趣。

二、教学媒体投放中运用心理学规律的技能训练

[训练主题] 幼儿园教学媒体投放中运用心理学规律的技能训练。

[训练目标]

(1)理解教学媒体投放中的基本心理学规律和相应的操作要点。

(2)能较熟练地运用心理学规律进行活动设计和使用。

〔训练内容〕 以"多彩的珠子"为主题,设计并制作一套大班幼儿逻辑推理能力训练教具。

〔训练要求〕

(1) 根据主题设计一份完整的活动教案,着重说明其中的心理学依据。

(2) 对所设计的活动方案进行课内实操或幼儿园现场实践,体会心理学规律的运用。

〔训练评价〕 训练后,总结、评估,填写表6-5。

表6-5 幼儿园教学媒体投放中运用心理学规律评价表

日期　　　　　　　训练人　　　　　　评价人

评价序号	评价项目	评价方式	评价等级					得分
			5	4	3	2	1	
1	能注意教学媒体在颜色、形状、声音以及强度等方面的对比,教学媒体设计具有反差性,便于幼儿把握活动要点	自我评价						
		他人评价						
2	能重视教学媒体形态的活动性,为幼儿提供调动和保持注意的客观条件	自我评价						
		他人评价						
3	能有规律地呈现教具,在呈现不同组别的信息时,既能考虑距离的接近,又能兼顾形态的相似,使幼儿清晰地把握重点要领	自我评价						
		他人评价						
评价说明								

技能拓展训练:考察一所幼儿园的教学媒体运用情况,撰写分析报告。

第七章
幼儿教师教育研究技能与训练

幼儿教师教育研究技能是幼儿教师运用一定的理论和方法,研究、解决幼儿教育问题的动作方式和智力活动方式的总和。它和保育技能、教学技能一样,是幼儿教师教育技能结构中的重要组成部分。重视幼儿教师教育研究技能,是提高教师素质的重要途径,也是提高教育质量的保证。

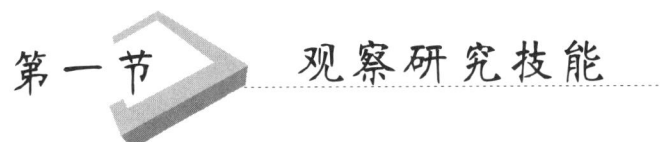

第一节　观察研究技能

一份中班幼儿的观察记录

今天,幼儿园午餐提供的菜食是大白菜肉末炖粉条,很多孩子都非常喜欢吃,还拿着盘子到老师那里要求加菜。可是,铮铮没吃几口就捂着肚子说:"肚子不舒服,想呕。"我过去摸摸他的头、手,没感觉到有发烧的迹象,就说:"给你盛碗热汤先喝,再吃饭好吗?"他说:"好! 我喝汤,不吃菜,吃了菜我会呕的。"我说:"先把汤喝了,看看有没有事。"盛上汤,铮铮津津有味地喝着,很快就把汤喝完了。看到这情景,我想:这孩子会不会是不爱吃菜呢? 等下午家长来接孩子时,我一定得跟他好好沟通一下。

一、实况详录法操作技能

(一) 实况详录法

实况详录法指详细、完整地记录被观察者在自然状态下所发生的行为,然后对所收集的原始资料进行分类,并加以分析的方法。

(二) 实况详录法操作技能

1. 客观地收集观察数据

在实况详录法的实施过程中,观察者的任务就是尽可能对行为进行详细客观地描述,不做主观推断和分析,犹如绘画中的素描。在连续记录过程中,要注意不要将描述与解释、评价混为一谈。一般来说,先忠实地观察记录,客观地描述事实,记录完后,再对描述的事实进行解释和评价,两者必须严格地区分开来。

案例分析:实况详录法观察记录

观察时间:英语活动 10 分钟

观察地点:××幼儿园中班教室

观察对象:凯凯(男,5 岁)

观察者:霍老师

凯凯坐在板凳上双脚踩地,手里揉搓着一小块面团,左手捏着衣领上垂下的饰品绳的末端。他脸上带着笑容,左手晃着绳子,面团来回地晃,眼睛也随着面团的晃动来回看,右手来回地擦桌子。学 tomato 的发音时,老师拿着西红柿的卡片,他做着去抓西红柿放在嘴里的动作。他两只脚交换着搓地,两只手抱在

一起成拳状挡在眼睛上。左手在左侧垂下,右手放在桌上。站起来又坐下,重复两次。停下,摆弄手里的面团。老师说:手背后,脚并齐,看哪个小朋友做得最好。他坐了一会儿,离开板凳,在板凳旁,趴在地上,然后站起来坐在板凳上,转身趴在桌子上摆弄手里的面团。笑嘻嘻地伸手打对面小女孩一下,坐好,手背后,屁股磨来磨去,往后转身,双手捏后面小女孩的脸,小女孩也反过来捏他的脸,两人都笑对着,转过身,下课时间到了。

分析:观察者在观察过程中始终保持着客观的立场,全面细致地观察对象在 10 分钟内的全部活动,不论观察对象如何好动,如何分心,观察者都没有介入幼儿和教师的活动。在记录中,观察者如实描述观察对象的行为,没有任何表现观察者主观态度的文字,没有掺入个人情感,没有做是非对错的价值判断。本观察记录较好地体现了实况详录法的客观性。

2. 完整地记录观察到的现象

实况详录法能提供较为详尽的行为信息和行为发生的背景信息,所实录的资料可较完整地保存所发生的行为或事件,可供反复观察与分析用。实况详录法对于记录的设备条件和操作技术要求较高,录音、录像设备采购成本较高,操作时要精心细心,既要保证设备的正常使用,又要保护设备不被幼儿行动干扰破坏。录音录像成品需要花费较多的时间和精力来加工处理,要把原始的记录资料转换成可供分析研究的记录报告。

案例分析:游戏观察记录

班级:大班

观察者:伏老师

观察时间:2011 年 2 月

观察内容:自主游戏

观察对象:欣欣

观察目的:了解幼儿人际交往的积极性

观察过程:自主游戏时间,孩子们拿出自己的玩具,开心地游戏起来,有的在三三两两地比试玩具,有的在一起"搭伙做饭"。欣欣坐在一群小女孩的边上,手里拿着一辆玩具汽车,他一会儿摆弄两下自己的玩具,一会儿又看看婷婷手里的玩具。婷婷手里拿着一只恐龙。过了一会儿,欣欣伸手去拿婷婷的恐龙,婷婷往旁边一躲,说:"我不和你换。"欣欣无奈地把手缩回来,有些求援似的看着老师。老师说:"婷婷不喜欢你的玩具,到那里试试。"欣欣搬起椅子,坐到男孩边上。几个男孩子在玩机器人玩具。立立拿着机器人,边比划嘴里边发出"达达达"的声音,其他两个孩子在呼应着,好像他们正在玩机器人打仗。欣欣看了一会儿,忍不住也拿玩具比划起来,可是,刚动了两下,汽车轮子就掉了下来,欣欣在地上找轮子,好不容易找到轮子,孩子们的游戏也散了。欣欣只好一个人拿着玩具摆弄,情绪不太高。整个游戏过程,欣欣没有发出过声音。

分析:案例中,观察者如实反映并记录了自主游戏活动中幼儿的全部行为,既有对全体幼儿总体状况的介绍,又重点记录了观察对象在游戏过程中的每个行动;既反映出了观察对象的背景信息,又对观察对象的行为信息做了详尽描述。

(三)实况详录法操作技能训练

[训练主题] 实况详录法操作技能训练。

[训练目标]

(1)掌握实况记录法的概念与基本特性。

(2)能根据观察目的对规定的幼儿活动片段做出实况记录。

(3)对观察所得信息能进行简单的分析并提出相应的教育建议。

[训练内容] 对给出的幼儿园主题活动进行实况观察并做出记录。

(1)大班幼儿在游戏中的合作状况。

(2)中班幼儿午睡行为及教师引导情况。

(3)新入园幼儿的分离焦虑行为表现。

[训练要求]

（1）根据训练内容，选择合适的观察对象。

（2）观察时间以 10—15 分钟为宜。

（3）用纸笔记录时，为不遗漏细节，不错过重点，可用简洁的语言对观察到的幼儿行为进行描述，但要力求客观完整。如果使用了录音录像设备，则要在事后对录音录像反复播放或观看，以确保记录详尽。

[训练评价] 训练后，总结、评估，填写表 7-1。

表 7-1 实况记录法操作技能评价表

评价序号	评 价 项 目	评价方式	评价等级					得分
			5	4	3	2	1	
1	能对观察对象的特定行为进行持续有效的观察	自我评价						
		他人评价						
2	能对观察行为进行描述，找出可观察、可测量、可操作的特征，该特征不会在观察期间受其他变量的影响而改变	自我评价						
		他人评价						
3	能根据幼儿特点及观察需要安排适宜的观察时间	自我评价						
		他人评价						
4	能尽可能完整详尽地观察记录，记录无遗漏无添加，可以借助录音录像设备现场"取证"并做事后记录，或凭文字现场速记并做事后整理	自我评价						
		他人评价						
5	能客观中立地记录观察所得，不做主观描述，不妄加臆测，不做价值判断	自我评价						
		他人评价						
评价说明								

二、时间取样法操作技能

（一）时间取样法

时间取样法是以一定的时间间隔为取样标准来观察记录预先确定的行为是否出现以及出现次数的一种观察方法。它与实况详录法等描述性观察方法的不同之处在于不必详尽地记录、描述被试的行为表现，只需在预先确定的时间段里观察记录确定的行为发生与否，发生的次数，以及持续的时间。总之，时间是观察记录中很重要的指标。由于时间是一维的、线性的，因此采用时间取样法获得的信息具有直接可比性，故具有独特的研究价值。

（二）时间取样法操作技能

1. 确定所观察行为或现象的操作性定义

操作性定义是根据可观察、可测量、可操作的特征来界定变量含义的方法，即从具体的行为、特征、指标上对变量的操作进行描述，将抽象的概念转换成可观测、可检验的项目。从本质上说，下操作性定义就是详细描述研究变量的操作程序和测量指标。例如，幼儿入园分离焦虑的操作性定义可以分为 4 种。第一，攻击型分离焦虑：撕扯、踢打亲人，摔打物品，推搡老师或同伴，自伤自虐（抓头发、敲脑袋、拍/掐脸、咬手指等）。第二，粘人型分离焦虑：对亲人一步不离，紧紧搂抱；亲人离开时会粘住某个老师，要求老师拥抱陪伴，拒绝参与其他活动和接触其他人。第三，哭闹型分离焦虑：亲人离开时哭喊、呼唤、跳脚、打滚，抗拒老师的哄劝、搂抱。第四，压抑型分离焦虑：小声哭泣或默默流泪，不语不动，利用依恋物获取安慰。

2. 确定观察的总时间

要对需要观察的行为规定一个观察时间。如要观察幼儿入园时的分离焦虑,可将观察时间定为早上入园时的5—10分钟,观察这一时间段内幼儿在与亲人告别时的表现。

3. 确定若干观察时段

时间取样观察的要领是要观察记录在某一时间内某一行为是否出现及出现的频次,故需要对观察的总时间划分出若干时段,每个时段的单位时间可以是30—60秒,可以是1—3分钟,也可以是10分钟以上。具体时段的数量、单位时间要根据观察行为的类型、特点以及出现规律而定。如对幼儿入园分离焦虑的观察,可以划分为5—10个观察时段,每个时段的单位时间是1—2分钟,即每隔1—2分钟观察记录一次分离焦虑是否发生、发生时的情境、持续时间、分离焦虑的表现形态等。

4. 设计观察记录表

根据操作性定义,依次将各种行为表现编号。如对幼儿入园分离焦虑的观察记录表7－2中,撕扯亲人为①号行为,摔打物品为②号行为,依此类推。

表7－2 幼儿入园分离焦虑观察记录表

观察时间___年___月___日___时___分——___时___分　　　　　　观察地点_____

观察对象_____　　　　　　　　　　　　　　　　　　　　　　观察者_____

时段 \ 类型表现	抗拒型分离焦虑				粘人型分离焦虑				哭闹型分离焦虑				压抑型分离焦虑			
	①	②	③	…	…	…	…	…	…	…	…	…	…	…	…	…
1																
2																
3																
4																
5																
……																

5. 整理分析观察资料

上述观察记录表能帮助观察者如实收集有关数据,但是观察记录与观察目的是否相符,这些数据是否有遗漏、错误,是否需要补充,数据之间有何关联,数据说明了什么问题,都需要进行整理、研究,才能揭晓答案。

(三)时间取样法操作技能训练

[训练主题] 时间取样法操作技能训练。

[训练目标]

(1)学会选择观察总时间及时间间隔。

(2)能预先确定需要观察的幼儿行为。

(3)能对需要观察的行为给出操作性定义。

(4)初步掌握时间取样法的操作技能。

[训练内容] 观察中班幼儿反社会行为的性别差异。

[训练要求]

(1)将中班幼儿分成男女两组。

(2)对各种反社会行为(拒绝、攻击、排斥、嘲笑、戏弄、冷漠、抢占、恐吓、侮辱)给出操作性定义。

(3)确定观察总时间和时间间隔。

(4)设计《中班幼儿反社会行为的性别差异观察表》。

(5)严密观察,如实记录。

（6）总结分析记录结果。

［训练评价］ 训练后，总结、评估，填写表7-3。

表7-3 时间取样法操作技能评价表

评价序号	评 价 项 目	评价方式	评价等级					得分
			5	4	3	2	1	
1	能确定适宜的观察总时间，时间长短符合所需观察的行为的一般规律，且符合需观察行为的出现频率	自我评价						
		他人评价						
2	能划分出合适的观察时间间隔能确保有充足的时间观察并记录	自我评价						
		他人评价						
3	操作性定义准确，能从具体的行为、特征和指标上对需观察的行为进行描述，便于在观察中识别行为	自我评价						
		他人评价						
4	记录完整详实，无漏察漏录，无主观猜测，无随意多录	自我评价						
		他人评价						
评价说明								

三、事件取样法操作技能

（一）事件取样法

事件取样法是以特定行为或事件的发生为取样标准进行观察的一种方法。与时间取样法不同，事件取样法不受时间间隔和时段规定的限制，在自然情境中一旦所要观察的行为或事件出现，便立即进行观察记录。事件取样法注重的是特定行为或事件的特征和全过程，关心的是行为如何发生、如何变化以及结果如何等问题。在记录方法上，事件取样法既可采用时间取样法的行为分类系统，也可将这种分类系统与实况详录法的描述性记录结合起来使用。

（二）事件取样法操作技能

1. 确定所要观察的行为或事件的类型

通常，事件取样法所观察的行为呈现频率比较高，如幼儿的争执行为、同伴之间的友好行为、对成人的依赖性、儿童的社交行为等。

2. 对选择的行为或事件进行分类，设计行为观察记录表

幼儿的行为或发生的事件具有较大的随意性和偶发性，应在观察之前对所选择的行为进行分类，这样可使观察者有效地甄别各类行为，明确某一行为是否属于观察内容，是观察内容中的哪一种情况，以期既不遗漏有关行为，也不混淆无关行为。观察记录表的观察项目要简明扼要，观察内容可以留出大量空白以便在实际观察中填写。

3. 进入观察现场，守株待兔式地等待所选行为或事件的发生

明确需要观察的事件或行为之后，就可以进入观察现场，以旁观者的身份进行客观地观察和详实记录。观察全程不可忘记观察者的身份，不可介入或干涉被观察者的行为，不可对现场事件做任何点评。

（三）事件取样法操作技能训练

［训练主题］ 事件取样法操作技能训练。

［训练目标］

（1）能确定需要观察的行为或事件。

（2）能对行为或事件进行恰当的分类。

（3）初步掌握制定操作性定义的方法。

（4）会设计观察记录表并在自然情境下等待记录行为或事件。

[训练内容]　大班幼儿亲社会行为的性别差异。

[训练要求]

（1）将大班幼儿分成男女两组。

（2）对各种亲社会行为(帮助、分享、合作、安慰、捐赠、同情、关心、谦让、互助)给出操作性定义。

（3）确定观察总时间和时间间隔。

（4）设计"大班幼儿亲社会行为性别差异观察表"。

（5）严密观察,如实记录。

（6）总结分析记录结果,得出结论。

[训练评价]　训练后,总结、评估,填写表7-4。

表 7 - 4　事件取样法操作技能评价表

评价序号	评 价 项 目	评价方式	评价等级					得分
			5	4	3	2	1	
1	能选择需要观察的行为或事件,该行为或事件是常见的,而非偶发的,是在自然情境下出现的	自我评价						
		他人评价						
2	能对行为或事件进行恰当分类,并能从不同角度、层面对该行为或事件做详细描述	自我评价						
		他人评价						
3	操作性定义精确。能从具体的行为、特征和指标上对行为或事件做出描述,便于在观察中识别行为或事件	自我评价						
		他人评价						
4	观察记录的行为准确全面,符合观察目的	自我评价						
		他人评价						
5	记录完整详实,无漏察漏录,也无主观猜测或随意多录	自我评价						
		他人评价						
评价说明								

四、等级评定法操作技能

(一) 等级评定法

等级评定法是对观察对象进行观察后,用等级评定表对所观察的行为事件的特征加以评定的一种方法。等级评定法不必对每次观察的具体事实进行描述或记录,而是在观察之后,按评定表规定的项目,凭借总体印象,对观察对象的行为特征给予数量化的评定,即用数量化的形式来判断行为事件在程度上的差异。

等级评定法适用范围广泛,操作简单,比较经济,是幼儿教育研究中经常使用的一种方法。例如,对幼儿动作发展水平的评定,对教师工作业绩的评定等。

(二) 等级评定法操作技能

1. 在多次观察的基础上做出评定

观察者与被观察者有较长时间的直接接触,以排除观察的偶然性和片面性,增强观察的客观性和可靠性。一般来说,接触时间越长,观察次数越多,越能全面认识观察对象,评定的结果越准确。

2. 整体评定与分析评定相结合

整体评定是对一个问题进行全面的而非局部的评定,它关注的是整体质量,以总体印象为基础。分析评定是将一个问题分成若干个部分分别评定,它关注的是局部的、个别的特征或成分。

3. 多人评定

为确保评定结果的公平合理、公正准确,应当由两个以上条件相当的评定者进行评分。如果两个评定者给出的评分有差异,可通过第三者重新评定或两者商量讨论达成一致。多个评定者的评分差异,可采用平均分来平衡,也可去掉一个最高分,去掉一个最低分,求出平均分。

4. 避免不当评分

等级评定法本质上属于主观性评价,它关注的是事物质的方面,常会出现观察者的主观偏见。例如,由于观察者对等级评定标准的理解不一致,容易造成评定等级的误差。所以,观察者应防止评分过高或过低,或都给予平均分的倾向,尽量避免对评定者造成主观偏见的影响因素。

案例分析:中班幼儿发展情况评价表

评价日期:＿＿＿年＿＿＿月＿＿＿日

序号	评 价 指 标	评价主体	评 价 等 级		
			好	较 好	需努力
1	能运用感官,初步感知春天的主要的自然现象	教师评价			
		家长评价			
2	知道要爱护花草树木,不乱摘、乱踏	教师评价			
		家长评价			
3	能在轮廓线内进行大片涂色	教师评价			
		家长评价			
4	掌握粘贴的步骤	教师评价			
		家长评价			
5	会纵跳摸高,跳时保持身体平衡	教师评价			
		家长评价			
6	能听信号向指定方向模仿飞的动作	教师评价			
		家长评价			
7	有倾听的意识	教师评价			
		家长评价			
8	能使用礼貌用语	教师评价			
		家长评价			
9	午睡时会自己脱裤子、脱鞋子	教师评价			
		家长评价			
10	能自己如厕小便,小便后会自己拉好裤子	教师评价			
		家长评价			

分析:该评定表较好地体现了等级评定法的操作要求。表中 10 项内容并非是对幼儿某次行为水平的评定,而是通过对幼儿多次行为观察之后的综合评定。10 项评定内容分为感知、艺术、健康与体育、社会、生活自理能力五个领域,各领域的分析评定,可以综合反映幼儿的整体发展水平。

(三)等级评定法操作技能训练

[训练主题] 等级评定法操作技能训练。

[训练目标]

(1) 掌握对需要评定的行为水平进行操作性定义的技能。

(2) 能客观准确地描述被观察对象的发展水平。

(3) 学会对两个以上的评定者所做出的评定进行综合分析。

[训练内容] 父母养育与隔代养育的幼儿在园生活自理能力水平差异评定。

[训练要求]

(1) 组成评定小组,在多次观察的基础上设定评定内容与评定等级。

(2) 选取父母抚养、隔代抚养的幼儿各若干名,要求每个年龄班都有观察对象且人数相等或相近。

(3) 整体评定与分析评定相结合。

(4) 总结分析评定结果,设计"父母抚养与隔代抚养幼儿在园生活自理能力水平对比表"。

[训练评价] 训练后,总结、评估,填写表7-5。

表7-5 等级评定法操作技能评价表

评价序号	评 价 项 目	评价方式	评价等级					得分
			5	4	3	2	1	
1	能在多次观察的基础上进行等级评定	自我评价						
		他人评价						
2	能将整体评定与分析评定结合起来使用,能全面客观地反映被评定者的真实情况	自我评价						
		他人评价						
3	由两个以上条件相当的评定者进行评分	自我评价						
		他人评价						
4	没有出现评分过高或过低,或都给予平均分的现象	自我评价						
		他人评价						
评价说明								

五、观察报告撰写技能

(一) 观察报告撰写

观察报告是教育观察研究的成果表现形式,一般包括研究背景、研究步骤、研究结果和讨论3个主要部分。此外,像其他学术类文章一样,观察报告还包括简介部分(标题、署名、摘要与关键词)和参考文献。如果需要,还可以把获得的重要数据以附录的形式列出。

(二) 观察报告撰写技能

1. 确定研究背景并做简要描述

研究背景也称"问题的提出",用以说明研究问题的背景。主要包括研究缘由及重要性、研究所要达到的目的、研究假设、研究问题以及关键术语的界定等内容。

研究缘由及重要性是说明由什么现象、什么问题引发了开展研究的需要,以及本项研究会对理论与实践具有怎样的意义。

研究目的是说明研究将解决哪些问题,完成什么任务,达成怎样的目标,通常表现为研究者阐明自己感兴趣并且认为很重要的某个领域的某个方面。

研究假设是在研究之前就研究对象存在的各种变量之间关系做出的预测,是关于研究可能结果的一种预期。如"在语言活动中教师延长提问的等待时间会提高幼儿的语言理解力"。

研究问题是对研究目的的具体化,通常以疑问句的形式表达。如"在语言教学活动中,教师延长提问的等待时间是否会提高幼儿的语言理解力"。

2. 介绍研究步骤

这部分也称为研究程序或研究方法,用以阐明研究的整个过程。主要内容包括研究所使用的研究方法及具体的收集资料工具、研究对象选取的方法和程序、研究程序的细节以及相关概念的界定等。

介绍研究步骤是为了使别的研究者能够重复研究,以考评本研究,主要包括研究具体要做什么,什么时候做,在什么地点做以及怎样做等内容。

3. 得出研究结果和讨论

研究结果部分主要呈现研究中所收集到的实证资料;讨论部分主要是把研究结果放在更为宽广的范围中,阐述研究结果的意义。研究结果应该是客观的,讨论则包括研究者的个人倾向和价值观。

(三) 观察报告撰写技能训练

〔训练主题〕 观察研究报告撰写技能训练。

〔训练目标〕

(1) 掌握观察研究报告的基本框架与写作要领。

(2) 能够详略得当地介绍研究步骤。

(3) 掌握对观察结果进行分析的基本技能。

(4) 尝试就观察结果展开讨论,学习表明作者的观点与价值取向的简单方法。

〔训练内容〕 父母抚养与隔代抚养幼儿在园生活自理水平观察研究报告。

〔训练要求〕

(1) 在前述观察记录的基础上,进行深度研究。

(2) 按照研究报告的基本格式撰写观察报告。

(3) 对观察结果进行数据分析和文字说明。

(4) 对观察结果展开讨论,分析父母抚养与隔代抚养幼儿在园生活自理水平差异的原因,并提出解决对策。

〔训练评价〕 训练后,总结、评估,填写表 7-6。

表 7-6 观察报告撰写技能评价表

评价序号	评 价 项 目	评价方式	评价等级					得分
			5	4	3	2	1	
1	能如实整理观察记录,并从中找出值得深入分析研究的切入点	自我评价						
		他人评价						
2	观察报告的基本格式规范,研究背景、目的、方法、过程与步骤等内容齐备且合理	自我评价						
		他人评价						
3	能用科学统计方法对观察结果进行初步的数据分析,并做出客观的描述说明	自我评价						
		他人评价						
4	能对观察结果展开讨论,分析成因,并提出相应对策	自我评价						
		他人评价						
评价说明								

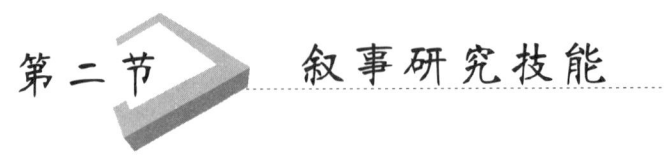

肥皂的消灭者和水花的制造者

连续几天卫生间的地面、墙上总是湿的,而且肥皂总是用得特别快,还有碎块掉到水池里,没几天肥皂就没有了。到底是怎么回事? 一天,我悄悄走到卫生间,看见小艺两手放在水龙头上,水龙头里的水一下子冒出来,溅到了墙上、地面上,然后两手握着肥皂使劲儿地搓呀,挤呀,不一会儿水池里就多了几块碎肥皂块。我走过去,她并没发觉。我轻轻地叫了一声:"小艺,你在干什么呀?"她马上回过头,把手伸出来对我说:"我洗手呢。"说完便去擦毛巾了。我问她:"告诉老师,你为什么在卫生间里玩水,玩肥皂? 你一定有什么新发现,对不对?"原本神情紧张的她听我这么一说似乎轻松了不少,她很自豪地对我说:"我发现用手堵住水龙头,水花溅出来像喷泉一样,特别好看,要是再加点肥皂泡泡就一定更漂亮了。"听了她的解释,我笑着问她:"那你进行新发现的时候有没有注意到,我们卫生间的地面上、墙上都溅上了水珠,而且,肥皂也被你挤碎了,掉在水池里多浪费啊。"她抬起头看看我,又低下头抠着衣角,嘴巴张了张。于是,我对她说:"没有关系,大声说,老师不批评你。"她这才说:"我也发现水都跑到外面了,可是我真不是故意的。"

事后,我针对这件事情进行了分析:也许是一个偶然原因让小艺发现用手堵住水龙头溅出来的水花像喷泉一样漂亮,她可能觉得光靠水龙头溅出的水花还不够美,于是就想到了用肥皂泡装饰水花。她这种探索的精神还是应当给予鼓励和赞赏的。但由于年龄小,她在尝试的过程中根本无暇顾及水花四溅所造成的后果。看来,此时老师必须给予必要的引导。

一、教育叙事研究技能

(一) 教育叙事研究

1. 教育叙事研究的概念

教育叙事研究是教师(即研究者)以叙事或讲故事的方式对教育事件进行描述、分析、论证和反思的研究方法,其目的是从发生在自己身边的有研究意义和研究价值的教育事件中发掘隐含其中的教育思想、教育理论和教育信念,从而解释、发现或揭示教育的本质与规律。

2. 教育叙事研究的特点

(1) 教育叙事研究的内容是已经发生或正在发生的教育事件。

(2) 教育叙事研究中的叙事者是事件的经历者、目睹者或聆听者,所叙述的事件是教育教学实践中的真实事件。

(3) 教育叙事研究关注教育事件中的具体人物,不仅关注叙述者本人,而且关注相关事件的具体人物。

(4) 教育叙事研究的内容具有一定的情节性,这是叙事研究区别于其他研究形式的重要特征。

(5) 教育叙事研究的研究者通常是从所叙述的教育事件及其具体情节中归纳和总结出研究结论。

(二) 教育叙事研究技能

1. 从观察中发现研究主题

一些看似微乎其微的小事情往往具有研究的价值和意义,教师只要留心观察教学中所发生的事件,反思自己的教学行为,就能找到值得研究的切入点。

案例分析:当游戏玩不下去时

在"丢沙包"的游戏中,幼儿你来我往地扔着沙包,玩得很兴奋。可仔细一看,却有很多问题:丢沙的幼儿有的拿起沙包无目标地用力一扔,让沙包飞出场地老远;有的幼儿将沙包朝地上重重地摔;有的幼儿看到同伴扔过来的沙包,不知道快速捡起来追击,而是慢悠悠地捡起或是等待躲的幼儿退到另一头;有时候沙包飞出了老远,却没人去捡。而躲沙包的幼儿,有的不辨沙包投来的方向在场地中间乱跑;有的毫无危机感地站在场地中间,局外人似地看沙包在他们眼前"飞行";有的躲到了场地边上,等到沙包扔过来,常常来不及转身。很快,幼儿在游戏开始时的兴奋劲就消失了,最后干脆放弃游戏自己玩了起来。第一次丢沙包游戏就这样以失败告终了。

从幼儿的表现看,他们似乎不太明白游戏的规则,可一问,他们却讲得头头是道。难道是因为游戏难度太大,对幼儿动作的要求高于实际水平,所以兴趣最终被无法达到游戏水平的挫败感所替代?幼儿是怎么想的呢?

为了了解幼儿放弃游戏的原因,我组织了一次讨论。

师:为什么你们不喜欢丢沙包游戏了?

丽:我怕沙包打在身上疼。

师:什么东西打在身上不疼?

茅:纸、布什么的扔在身上就不会疼了。(有幼儿说可以用棉花、气球)

师:嗯,要用轻一点的东西来扔才不疼,是吗?

晓:是呀,他们那么重地丢沙包,沙包一下子就飞过来了,我害怕。

师:哦,不但要轻,还要让沙包"跑"慢一些。

宏:是呀,沙包扔得太快,捡起来很麻烦的。(有幼儿说沙包太小了,看不清楚到底扔出来了没;有幼儿说要用大一些的东西才能看得清;有幼儿补充说大一点点就可以了,像球那么大拿不动)

师:我明白了,要用轻一点的、"跑"得慢一点的、还要比沙包大一点的东西来扔。那你们觉得用什么东西来扔好呢?

我建议幼儿把各自认为合适的材料都找来,然后开展"谁能打中我"的探索活动,试试哪种材料最好用。最后,幼儿一致认为用"滚球"替代"丢沙包"进行游戏更好,他们觉得球的速度好控制,而且容易看到,滚动时即便碰到身上也不疼。于是,我让幼儿用球替代沙包,用滚代替扔,尝试改造版的丢沙包游戏。

分析:本案例中的教师是个有心人,她并没有停留在引入游戏、组织游戏的层面,而是在详细介绍了游戏规则之后,悉心观察游戏过程,对幼儿在游戏中的各种表现一一记录,并且发现游戏过程中幼儿动作行为的问题,游戏娱乐性不高和游戏效果不佳等问题。带着问题,这位教师开始了就如何进行这类游戏的研究探索过程。可喜的是,她的研究探索不是自己关起门来苦思冥想,而是组织幼儿进行讨论,让幼儿在动脑动手中发现和确定自己认为最好的游戏材料。

2. 以故事为主线,以讲述为主导

教师开展教育叙事研究时,要紧紧围绕故事的主题,客观和真实地讲述发生在自己身边的教育事件。教师要从众多教育事件中梳理出清晰的线索,以使故事的主题能够体现一定的教育教学理念。在叙事研究中,教师主要以讲述的形式展示自己或他人的教育事件,在展示真实自我的过程中,使故事更具有感染力,更能引起同行的共鸣。

案例分析:"改版"后的游戏渐入佳境

新的游戏开始了。雨豪准备滚球了,只见他观察了一下林雯的位置,将球用力地朝地滚去,凯丰见球滚过来,稳稳地接住后又滚了回去。球在场地中时快时慢地滚动着,场地中间的幼儿紧张而专注地盯着滚动的球,大范围地跑跳着躲避,时不时发出快乐的惊呼声。

可渐渐地,球再滚来时,中间的幼儿轻轻一闪就躲过了,滚球的幼儿总也打不中目标。雨豪泄气了,他说:"我不来了。"4人一组的游戏因他的放弃又无法继续了。还想继续游戏的另外3名幼儿在教师的引导下加入了欣然一组,没料到他们的参与使这组的游戏气氛一下活跃了起来。因为中间有5个幼儿,球过来时他们会同时跳起或跑开,增加了热闹的气氛,人多了,每个人躲避的空间相对小了,所以常有被击中的幼儿。幼儿愉快地变换着滚和躲的角色,热闹的游戏场面引来不少围观的

幼儿。

由于游戏材料和方法都是幼儿自己提出的,这使他们在游戏中更有主人翁感,玩起来也更加兴致勃勃。客观上,体积较大的球看得清楚,而且球滚动的速度明显慢于扔出的沙包,便于幼儿判断方向及时躲避,"改造版"的游戏显然更接近幼儿的实际水平。但随着幼儿躲闪水平的提高,被击中的概率越来越小,造成了游戏的沉闷和疲沓。无意间的人数增加增强了游戏的热闹气氛,也使目标增多,被击中的概率增大,有效地激发了幼儿的快乐情绪体验和积极参与的愿望。于是,在后面的游戏中,我取消了人数限制,让幼儿自由结伴,规则调整为谁被击中谁滚球。

分析:以上材料的前两段完全是对幼儿游戏过程的故事性描述。细致的笔触,生动的描写,使一群天真烂漫、愉快游戏的幼儿形象跃然纸上。最后一段则是对本次游戏活动的分析,讨论了游戏过程中成败的不同原因,但全然没有生硬的套路和僵化的理论,而是仍用讲述的口吻对改动后的游戏做出平实的分析,自然、真实的现象描述和分析研究,说明性和说服力强。

3. 注意对事件细节的描述

在教育叙事研究中,对教育行为细节的关注和描述不仅能使听者了解故事的来龙去脉,还能使其对故事中隐含的深层含义有更深刻的认识和理解。教育叙述研究不需要太多的理论阐释,也不必有过多的旁证博引,只要求研究者对事件进行反思,从所叙述的事件中发掘出有利于改进和提高教育效果的有益素,或是发现不利于教育的因素,并以此作为自己今后开展有针对性的教育,值得发扬光大或引以为鉴的素材,也可以供他人运用或借鉴。

案例分析:幼儿喜欢被击中

本应是躲球的幼儿,今天抢着向滚球者凑去,希望被击中。滚球者轻而易举地击中了他们。被击中的幼儿开心地大叫:"碰到我了,换我滚球了。"这一现象引起了我的注意。过了一会儿,幼儿自己也发现了问题。滚方的黄讯说:"你们都围在我前面干吗,往后退。"于微说:"我想被你打到。"琳琳说:"我要当滚球的。"黄讯抱着球说:"你们退回去,要不我不滚了!""不滚你就不要参加游戏。"幼儿为此争吵起来。我来到他们中间:"大家都想滚球,你们想想怎样的人才能滚球?""玩得好的。"我又问:"怎样才算玩得好?"经过了一番讨论,幼儿一致认定被打中的幼儿要停止游戏,没有被打中的才算玩得好,可以去滚球。这时,文其提出了异议:"滚球的只要两个,中间人那么多怎么选?"有幼儿说:"那就打到剩下两个人为止吧。"可有人不同意:"那么多人,要打多久啊?"幼儿陷入了沉思。我启发他们想一想玩过的游戏里有什么好办法,幼儿想到了"锤子、剪刀、布"、"手心手背"和"点脚"等方法,我同意他们按自己的想法玩。

幼儿都愿意成为游戏的中心人物,在他们眼里做某事的人越少这件事就越重要,而且他们也愿意轮换角色进行游戏。这使他们玩到后来都想去当属于少数人的滚球者。如果还是按照原来的规则,游戏将无法正常进行。我耐心等幼儿对现存问题有了足够的体会和认识后,在他们最需要帮助时提出了质疑,并通过带有导向性的追问让幼儿想出了新的游戏规则——"玩得好的幼儿才能滚球","没有被打中的才算玩得好,可以去滚球",把游戏引向了正轨。

分析:在这一节材料中,教师不惜笔墨地对幼儿游戏过程中的争执与讨论细节进行了详细的描述,同时也交代了教师在幼儿争执讨论过程中所起到的适时点拨、巧妙引导的匠心独运。在细节描述中,教师并没有停留在说明情况,而是时时流露出对游戏每一个环节的思考和审察,通过反思,点明了使游戏走向了正轨的"窍门":引导幼儿创造出新的游戏规则。这一做法值得广大幼儿教师借鉴。

4. 叙述与分析兼顾

叙事的目的是为了反思和改进教师的教育教学行为。教育叙事是以叙事为主,但是如果没有对"事"的分析和解释,就失去了研究的意义。反思主要是指分析和解释事件中产生各种现象的原因,弄清楚为什么会产生这样的现象,为什么教师会有这样指导、组织和引领行为,为什么幼儿会有这样游戏、操作和探索行为,以及为什么会有这样或者那样的教育结果。

案例分析:玩法因幼儿的"怪招"花样迭出

林杰和苏珊配合默契地滚动着球追击中间的幼儿,滚了一会儿,林杰站起来用双手将球抛出,大叫:"空中飞球。"抛了一会儿又将球往地上一摔让球弹跳着去击中间的同伴。变化无常的球让场内幼儿兴奋极了,欢快地或蹲或跳或侧身,灵活地用各种方法躲球。这时,苏珊受到了启发,左顾右盼一番后,拿起放在旁边的一顶太阳帽像玩飞盘一样扔了出去。见此,我立刻从器械室搬来了一些体育器械,放在场地四周。晓涛组的幼儿首先发现了,他到篮子里挑了一个布飞盘;晓杰组的幼儿选了跳绳,手持绳的一头抖动着去够中间的同伴;刘易组拿了两个大绒球一会儿同时投出,一会儿轮流扔出,躲的幼儿动作也随之丰富起来,时而起跳,时而闪身,时而蹲下,时而侧跑。游戏就要结束了,幼儿却兴致盎然,意犹未尽。

随着幼儿对游戏的熟悉,最初的新奇感就会消失,他们会转入多样性的探索阶段,这时,幼儿很可能表现出一些看起来违反规则的做法,但其中往往蕴涵着复杂游戏行为的萌芽,是教师推进游戏的最好时机。我没有贸然反对林杰,用一分钟的观察与等待换来了推动游戏进入新高潮的契机。

反思:如何让游戏与幼儿共同发展?

不管教师在游戏前对游戏的预设有多全面,都不可能完全预测幼儿的动态发展,这就要求教师在活动中多关注幼儿的兴趣、经验和表现,引导幼儿不断地调整。只有动态地推进游戏,幼儿才会越来越喜欢游戏,才会真正促进幼儿的发展。

(1)当幼儿不喜欢游戏时,教师要"顺"。顺,即顺应幼儿的合理行为。当我发现幼儿不喜欢游戏时,没有按自己的想法调整游戏或是强迫幼儿继续游戏,而是了解幼儿放弃游戏的真实原因,顺应他们的想法,并将调整游戏的权利交给他们。当幼儿用自己找到的新材料和新方法以滚球代替丢沙包时,我预设的游戏才真正转化为更适合幼儿的游戏。顺,给了幼儿更大的自由度。

(2)当幼儿有想法时,教师要"启"。启,即通过启发和引导,使幼儿获得更清晰的认识。在寻找适宜材料时,我通过启发和归纳,使幼儿零散的观点渐渐清晰——材料要轻一点、"跑"慢一点、比沙包大一点;紧接着的开放式提问"你们觉得用什么东西来扔好呢?"没有直接告诉幼儿答案,却能启发他们聚焦具体的材料;随后"谁能打中我"的探索活动既让幼儿认识了材料,同时又强化了他们对游戏规则的认识。

(3)当游戏偏离正轨时,教师要"导"。导,即将违背游戏价值的行为引导到正确的轨道。当幼儿争着要被球碰到时,游戏偏离了原来的轨道,背离了原有的价值。等到幼儿自己也意识到这一问题时,我通过"怎样才算玩得好"等问题引发幼儿思考与争议,促使幼儿重新讨论寻找更适宜的规则,有效地把游戏导回了有意义的轨道上。

(4)当幼儿有新异行为时,教师要"推"。推,即发现幼儿新异行为中的价值,推动游戏发展。游戏中幼儿突然出现的新异行为,往往是符合他们发展水平的新需要,是新的兴趣倾向。游戏活动中,我接纳了林杰"空中飞球"的举动,并敏锐地捕捉到这一行为中的意义,及时提供支持,激发了其他幼儿的创造行为,成功地推进了游戏的新发展,最终把游戏推到了理想的境界。

游戏是幼儿最好的学习,我庆幸,在快乐的"丢沙包"游戏中,幼儿和游戏得到了共同发展。

分析:本篇教育叙事案例在文章的最后部分,不仅对游戏新玩法的出现做出了分析,更用专门的"反思"对整个游戏活动的开展、调整和改进等环节进行了分析。纵观全文,作者始终没有满足于叙事,而是始终保持着反思与分析的冷静,尤其侧重于幼儿游戏行为、教师引导行为以及在师幼共同努力下最终取得的游戏成功的结果。虽然满篇并不见只言片语的理论阐述,但作者、读者都已对推进幼儿顺利游戏的操作要领心领神会。

(三) 教育叙事研究技能训练

[训练主题] 教育叙事研究技能训练。

[训练目标]

(1)掌握教育叙事法的基本方法与操作要领。

(2)能够如实对幼儿园教育活动做出描述。

(3)能对所叙述的教育故事进行一定的分析,找出教师及幼儿行为与结果的原因及联系。

[训练内容] 以教育叙事法就某一幼儿园教育活动进行研究,并撰写教育叙事报告。

[训练要求]

（1）叙述事例的描述要有细节、有情节，语言文字要有故事感，要使读者读后有所感悟。

（2）归纳出既有个性又有一定参考意义的教育理念或方法。

（3）教育叙事报告中要有必要的反思。

[训练评价]　训练后，总结、评估，填写表7－7。

表7－7　教育叙事研究技能评价表

评价序号	评 价 项 目	评价方式	评价等级					得分
			5	4	3	2	1	
1	教育叙事有明确的主题，该主题来源于幼儿教育实践，是从对幼儿教育活动进行深入观察后发现的	自我评价						
		他人评价						
2	对观察到的教育主题以故事的形式进行描述，人物真实，情节完整，讲述生动	自我评价						
		他人评价						
3	详略得当，不平铺直叙，关键细节描述精准、形象	自我评价						
		他人评价						
4	能兼顾叙述与分析	自我评价						
		他人评价						
评价说明								

二、生活叙事研究技能

（一）生活叙事研究

除了教育教学活动，幼儿园一日生活中存在着大量的生活事件，其中蕴含着大量的教育研究价值。所谓生活叙事研究，就是对教育教学之外教师与幼儿身上所发生的生活事件的叙述，可以包括教师的职业生涯、专业成长、工作感受、生活影响，也可以包括幼儿的身心发展、健康安全、家庭生活、园内生活，还可以包括师幼互动、幼儿同伴关系等等。

（二）生活叙事研究技能

1. 从幼儿教育的主体中发现叙事研究主题

与其他叙事研究的对象不同，生活叙事研究的对象不是教育教学事件，而是生活的主体——人。在幼儿园生活叙事研究中，研究对象主要是幼儿教师和幼儿。

案例分析：我的专业成长之旅

13年前，我第一次踏上讲台，和45个孩子组成了一个家庭，每天的工作使我忙得连聊天的空儿都没有。初为人师的我有太多的不如意，我好希望有人来安慰和鼓励。就在那段日子里，我收获了孩子的心。记得那是一个雨后的下午，有一只小鸟掉在了窗前，我看它飞不起来，就把它拾了进来。以后的一个星期里，我和孩子们总要在看看它、摸摸它、喂喂它。后来它伤好了，我和孩子一起到操场上放飞了它。此后，总有一只小鸟在窗前扑腾，有时还会到我们教室来转悠。一天，外面下起了大雨，一下子有二十几只小鸟飞进了我们教室，叫的叫、拉的拉，教室里乱成一团。我用了半个多小时才把这群捣蛋鬼赶走，但从此以后它们再没来过。到现在我还忘不了那只小鸟，相信我的孩子们也会将它深深地烙在心里。

4年前，我生下了我的孩子。我感觉自己变了，大大咧咧的我不再是孩子们的大姐姐，我升级做妈妈了，我学会了耐心听他们讲话，用心看他们游戏，悉心照顾他们的生活。为了孩子，我会为他们去和家长讨说法，前几天，上届毕业的一个孩子因为一年级的练习考没考好，家长打电话来诉苦，我还和他争论了，我觉得孩子的伤心让我纠结。

今年,我接了小班,我的女儿也读了小班。我时常会拿他们和自己的孩子比,饭吃得多了还是少了,衣服穿得薄了还是厚了,小便有没有尿到身上……我还喜欢有空的时候抱抱他们,我觉得我抱的就是自己的孩子,我还喜欢给他们剪指甲、梳头。

工作上努力使我连续4年获得优秀班级称号,但在教研上我还有很多的欠缺,我还要继续学习……

分析:叙事者将自己的职业生涯做了简单梳理,虽然只选择了几个时间片段,但却在这些片段内将自己的职业生涯中的关键事件、关键理念进行了叙述,可以看出叙事者自身对教师职业的理解在逐步加深,对教育事业的情感在日渐深厚,对自我职业发展有所感悟,对未来成长也有明确方向。尤其是近乎诗性的语言,将叙事者对职业的坚持热爱、勇敢努力及快乐成长的信念诗意地呈现,胜过了结语表决心式的空洞与喊口号式的苍白。

2. 从幼儿生活中选取叙事研究内容

生活叙事研究的内容选择具有较强的广泛性。幼儿生活、班级生活、教师职业生活、教师个人生活都可以成为生活叙事研究的选题。

案例分析:理解童语,化解幼儿的内心冲突

7:40,入园高峰,陆续来园的幼儿在晨检处排起了一条长队,保健老师正笑眯眯地忙碌着。"你这孩子,怎么这么傻? 这样排队要等到什么时候?"奶奶拉着孙子匆匆地走到队伍前面:"插进去,让老师快点帮你检查!"孩子迟疑着往后退,拉着奶奶要排到队伍的后面。"哎呀,你这孩子,怎么这么笨,也不机灵点儿,插进去不就好了吗?"奶奶一副恨铁不成钢的样子,再一次把孩子往队伍里推。孩子急了,"哇"地大哭起来,猛回头对着奶奶拳打脚踢。"这孩子,脾气好暴躁!"一旁的家长议论起来:"老师,你就先帮他检查吧。"队伍中让出一个空,奶奶拉着孩子插了进去。晨检完的孩子,依然是一脸委屈的表情,不停地用拳头捶打奶奶。奶奶躲闪着,还在不停地责备:"傻瓜,以后就是要学得机灵点儿,不要那么傻乎乎的。"

我迎上去,蹲下身帮他擦掉眼泪:"来,开心点儿,和老师一起到班里去吧。"奶奶松开了手:"跟老师一起去吧。"我牵着孩子的手,边走边聊:"让老师猜一猜,你是中(3)班的小朋友,是吗?"孩子点了点头。"今天好多小朋友都在排着队等待晨检,你也想和他们一起排队等,是吗?"孩子再次点了点头。"你知道是奶奶错了,坚持要排队等候,真了不起。"我摸了摸孩子的头,孩子的表情缓和了许多,有了一丝笑意。"可是,要把你的想法告诉奶奶,奶奶才会支持你啊。"我勾起孩子的小手指,"以后心里想什么,就说出来,好不好?"孩子笑了,转身跑进了教室,回头对我说:"老师,再见!"

在孩子的心里有着基本的道德准则——要排队等候,而奶奶却要求他插队,两者矛盾给孩子带来强烈的心理冲突,使他无所适从,继而用捶打奶奶的方式发泄他内心的困惑和不满。环境中缺少幼儿所需要的东西,使他个人的需求不能得到满足(主要是精神的),于是烦躁不安,甚至出现种种过激行为,这是儿童精神胚胎的一种特征。一般,家长总是以自己的愿望去要求孩子,往往忽略了孩子个人的需求。长此以往,使得孩子不能在自己的生活中获得独立,而一个正常的儿童如果不能达到这种功能的独立,就会发生心理歧变,出现乱发脾气等种种令成人困惑的举动。这样的情况,就需要教师和家长一起,用成人的智慧给孩子巧妙的帮助,使孩子发现自己的力量,获得成长。

分析:幼儿入园是幼儿园一日生活中非常短小的片段。但案例中的教师没有因其时间短暂、事务简单而忽略其中事关幼儿心理需求与道德冲突的关键节点。一个"插队"的小插曲,让教师发现了化解孩子内心冲突的必要,贴心理解的话语,让幼儿既得到了道德支援,也找到了化解心理纠葛的途径。颇有深意的叙事研究内容源自于貌似平常的生活小事。

(三) 生活叙事研究技能训练

[训练主题] 生活叙事研究技能训练。

[训练目标]

(1)初步形成从一日生活中发现蕴含教育意蕴的技能。

(2)掌握对该生活片段进行生动形象、详略得当描述的方法。

(3)能从生活片段中发现具有教育意义的节点并做出恰当分析。

[训练内容] 对教师或幼儿的园内外生活片段进行叙事研究。

[训练要求]

(1) 叙述事例必须是教师或幼儿真实的生活事件。

(2) 叙事要找出生活事件中的典型情节。

(3) 叙事过程中要保持对生活细节的教育性思考。

(4) 叙事后要进行教育价值的分析评价。

[训练评价] 训练后,总结、评估,填写表7-8。

表7-8 生活叙事研究技能评价表

评价序号	评 价 项 目	评价方式	评价等级					得分
			5	4	3	2	1	
1	生活叙事研究的对象明确	自我评价						
		他人评价						
2	生活叙事研究的主题源自幼儿园内外的生活,叙事时侧重于生活事件中的典型情节	自我评价						
		他人评价						
3	能够在叙事记录中找寻出规律,领悟到理念,并反映一定的工作技巧	自我评价						
		他人评价						
评价说明								

第三节 调查研究技能

一项关于幼儿午睡问题的调查研究思路

良好的午睡对幼儿体力、精力的恢复及生长发育有非常重要的作用。然而,笔者在幼儿园实习和工作的过程中发现,幼儿午睡环节存在诸多问题,如入睡困难、不良行为、教师缺乏全面有效的管理策略等。午睡过程中出现的这些问题必然会影响幼儿的睡眠质量。已有不少幼儿教师意识到幼儿午睡中存在的问题:午睡时,虽已经上床,但迟迟不能入睡;爬在床上四处张望、自言自语或呼叫父母;睡下后咬被头、撕枕头、蹬床架。很多教师也从家庭、教师以及幼儿等方面分析了导致这些问题的原因,但缺乏实证研究。那么,幼儿午睡时间是不是越长越好?不同年龄段的幼儿午睡需求量是否一样?午睡时间的安排与幼儿午睡问题的产生是否有关系?带着这些疑问,笔者就幼儿午睡问题展开了调查。

一、访谈调查提纲设计技能

(一) 访谈提纲设计技能

访谈提纲是访谈研究的主要工具,一般包括引导语、访谈题目和结束语3个部分。

1. 设计引导语

引导语要重点说明访谈的目的和为什么选择该访谈对象。访谈目的要简明扼要地说明为什么要做访谈，一般以研究某一教育现象、解决某一教育问题为目的；选择访谈对象的理由要合理，并以能激起访谈对象的兴趣为上策。

2. 设计访谈题目

第一，访谈题目的设计要言简意赅，体现一定的学术性，应通俗易懂，要使读者在读到题目的第一时间里就能明了该题目要探讨的问题。

第二，访谈题目的设计要有层次，以题目统领各分题目，各分题目构成总题目的各个方面；分题目之间是并列关系，从不同角度探讨总题目；分题目与总题目是递进关系，逐步说明总题目。

第三，访谈的题目不易太多太细，访谈题目以6—8个为宜，最多不超过10个题目。

第四，访谈题目要有一定的针对性，问题要具体，不可泛泛而谈。如"了解教师的教育观、儿童观"就失于空泛，无法操作，而"据你的理解，什么是教育？"和"在你眼中儿童是什么？"则要具体得多，被访者可以做出真实自然的、开放性的回答。问题应该是开放性的而不是封闭性的。

第五，访谈题目要避免访谈者的主观倾向，不能出现诱导性的题目。即，不能为了获得某一回答而在所提问题中添加有暗示被访者如何回答的内容。如"你是否认为适度的体罚是必要的？"这一问题既是封闭性问题，也蕴含着诱导性。

3. 设计结束语

结束语要对被访者表示感谢，要说明本次访谈对访谈者的研究有所助益，并根据被访者的需要做出保密承诺。

案例分析：幼儿园美德教育访谈提纲

访谈对象：幼儿园"国学班"

幼儿家长

时间：

访谈记录人：

先生/女士（们）：

非常感谢您抽出宝贵时间接受本次访谈。我是××。为了对幼儿园美德教育的状况进行研究，我们需要向家长了解一些基本情况，主要有以下问题。

（1）您怎么看待幼儿园美德教育？您觉得孩子从中能学到什么？

（2）您感觉到孩子有哪些改变吗？请举例说明。

（3）老师会要求家长配合哪些方面的工作吗？是否让家长们觉得有困难？

（4）在家里会对幼儿进行美德教育吗？都是哪些方面的教育？

（5）家里是否有进行美德教育的环境？是专门布置的吗？

（6）对现在的美德教育有没有觉得不满意的地方？

（7）对幼儿园美德教育还有什么建议？

您的回答对我们的研究非常有帮助，再次感谢您的配合！

分析：本访谈提纲简洁明了，易懂易答。引导语既说明了访谈目的和选择访谈对象的原因，又不失礼貌地进行了感谢与自我介绍，可以迅速拉近访谈者与被访者之间的距离，淡化因陌生而造成的局促感。访谈题目分三个方面：一是对幼儿园美德教育状况、效果问题与建议的了解，二是对家园合作情况的询问，三是对家庭教育的考量。题量适中，访谈时间在15—20分钟之间，不会对被访者造成负担，结束语真诚。

（二）访谈提纲设计技能训练

［训练主题］ 访谈提纲设计技能训练。

［训练目标］

（1）明了访谈提纲的基本结构。

（2）掌握访谈题目设计要求，合理设计访谈题目。

（3）能依据访谈提纲进行实际访谈。

〔训练内容〕 关于"幼儿园布置家庭作业"现象的访谈提纲。

〔训练要求〕

(1) 严格按照访谈提纲的基本格式编写。

(2) 访谈题目数量控制在 10 个以内,访谈时间不超过 30 分钟。

(3) 访谈时尽量以文字做出记录,如实记录被访者说的话,不能加以删改、添加或主观臆测。可在征询被访者同意后使用录音设备。录音后及时整理成文本资料。

〔训练评价〕 训练后,总结、评估,填写表 7-9。

表 7-9 访谈提纲设计技能评价表

评价序号	评 价 项 目	评价方式	评价等级					得分
			5	4	3	2	1	
1	访谈提纲格式规范完整	自我评价						
		他人评价						
2	访谈题目层次分明、逻辑清晰,能从不同层次和不同角度询问有关问题	自我评价						
		他人评价						
3	访谈题目数量适宜,访谈时间控制在 30 分钟以内	自我评价						
		他人评价						
4	访谈题目有一定的针对性,问题具体、实际,易读易答	自我评价						
		他人评价						
5	设计的访谈题目是开放性、客观性的,无封闭性问题和诱导性的题目	自我评价						
		他人评价						
评价说明								

二、不同对象的访谈技能

(一) 与成人访谈的技能

1. 与成人访谈的技能

(1) 约定访谈。通过电话、面谈或信函等形式约定访谈时间、地点。在约定的时间前两小时再电话确认。访谈前,应确知被访者的姓名、职务等信息,以便在访谈时礼貌沟通,适宜提问。提前 5 分钟来到约定地点,做好访谈准备工作。与被访者见面后,首先进行自我介绍,简要介绍访谈目的和选择该被访者的缘由,简单寒暄之后即切入主题进行访谈。

(2) 控制谈话。访谈不是对话,也不是聊天,需要访谈者控制访谈的方向与进程。首先,要保持对话的流畅,避免冷场,如遇被访者不便回答的问题可换个方式或问题提问。其次,要保持对话不偏离主题,通过追问、重复、重申等方式提示被访者围绕主题回答。再次,要对与主题相关的内容保持敏感,注意观察被访者的眼神、表情、身姿与言语,从中把握被访者的真实答案。

(3) 详细笔录。在访谈过程中要对被访者的发言做当场记录,尽量记录原话,如内容较多,时间紧迫,可以简略记录,访谈后详细补充访谈内容。记录过程中,要有所甄别,捕捉有用资料,对与访谈密切相关的内容不可遗漏,对无关话题可不做记录。

(4) 结束访谈。回顾访谈提纲,确定所有关键问题已回答记录完毕后,向被访者表达谢意,说明是否需要回访或后续跟进访问。

案例分析："亲子阅读的条件创设"访谈实录

问:"您大概从什么时候开始亲子阅读的?当时考虑过为什么要和孩子一起读书吗?"

答:"为了当好妈妈,我做了比较充分的准备。在怀同同的时候,我就特意选择一些育儿方面的书籍看,很多资料上都指出,要和孩子多读书,这样可以培养孩子阅读的兴趣,可以发挥孩子的想象力,千万不要图省事把孩子扔给电视,看电视会让孩子越来越笨,缺乏想象力。所以,我就坚定了和孩子从小读书的决心。他爸爸也很赞同我的想法,不管他是否能听懂我们的话,我们经常给他念儿歌,讲简短的故事。所以,同同对书还是很感兴趣的。你在我们家也看到了,同同已经将看书作为自己娱乐的一部分。"

问:"在家你们谁和同同一起读书的时间多一点?"

答:"在他爸爸读研、读博之前,主要是他。同同爸爸是个很细心、很爱读书的人,你看到了他爸爸特意做了儿子读书的日志,将孩子的图书做了完整的统计。我不如他爸爸细心、耐心。他爸爸外出求学后,主要是我和同同读书,他爸爸时常打电话回家嘱咐我好好带儿子读书,只要他爸爸一回到家,就立刻讲故事给儿子听,和儿子一起看书。有时奶奶也读,但是同同更喜欢爸爸、妈妈和他一起看书。而且,我发现即使孩子会自己看书了,他还是更愿意爸爸、妈妈讲给他听。"

问:"你们一般和同同在哪里看书?有固定的阅读时间、地点吗?"

答:"本来我们是想固定在书房。可是同同对于图书有特别的兴趣,随时随地,他想看书了,就拿起看,所以,也就没有固定的阅读时间和地点。不过,我想等孩子上小学了,应该让他固定在书房做作业、看书、学习,有一个固定的场所比较容易定心。"

问:"你们有一间固定的书房,而且我注意了,书橱里放满了书,还特意留出下面的一格给同同。"

答:"对,我和他爸爸都非常爱读书,要追根溯源的话,我们都是书香门第。"妈妈笑着说:"我们两家都有着爱读书的传统。我小时候,爸爸给我的礼物就是书,现在很多都还保存着。同同爸爸小时候省下吃饭的钱买书看。现在我们对同同也是这样,衣服、玩具可以少买点,但书不能少买。留出下面的一层给同同,便于他对图书的取放,也是让他从小养成自己收拾图书、将图书分类的好习惯。"

分析:访谈者用通俗平和的语言提出问题,被访者回答问题条理清晰、主题突出、层次分明。访谈者对所有回答都做了详细的记录,而且基本是将被访者的原话全部记录下来。访谈者善于用对话的方式将问题引向深入,当被访者说明未将阅读地点固定在书房时,访谈者根据自己的观察以陈述句的形式提问,此言引发了被访者对家庭文化背景的介绍以及对培养幼儿良好阅读习惯的规划和准备,使研究者和读者可以更好地理解被访者能为幼儿创设良好阅读条件的深层原因。

2. 与成人访谈的技能训练

[训练主题] 与成人访谈的技能训练。

[训练目标]

(1)掌握基本的访谈程序和与成人访谈的基本技巧。

(2)能做好访谈记录。

[训练内容] 拟定一份成人访谈提纲,并做出实际访谈:关于幼儿园男教师职业发展的访谈。

[训练要求]

(1)制定一份访谈计划。

(2)可从不同领域选择访谈对象,如幼儿教育行政部门、幼儿园管理层、幼儿教师、幼儿家长以及男教师本人及家人等。

(3)设计访谈提纲要紧密围绕"幼儿园男教师职业发展"这一核心展开。

(4)实地开展访谈,如实记录访谈内容。

(5)整理访谈记录并做出简要评析。

[训练评价] 训练后,总结、评估,填写表 7-10。

表 7 – 10　与成人访谈技能评价表

评价序号	评 价 项 目	评价方式	评价等级					得分
			5	4	3	2	1	
1	访谈计划翔实具体,有可操作性。计划内容完整,访谈目的明确,时间地点恰当	自我评价						
		他人评价						
2	能约定访谈,访谈对象与该访谈主题相关,且数量得当	自我评价						
		他人评价						
3	能灵活地控制谈话,能通过追问、重复、重申等方式提示被访者围绕主题回答;能对与主题相关的内容保持敏感,注意观察被访者的眼神、表情、身姿与言语,从中把握被访者的真实答案	自我评价						
		他人评价						
4	能详细笔录,访谈记录条理分明、真实具体,全面反映被访者的相关情况。能在访谈后详细补充访谈内容,对相关内容不遗漏	自我评价						
		他人评价						
5	能适时结束访谈,访谈评析客观公正	自我评价						
		他人评价						
评价说明								

（二）与幼儿访谈的技能

1. 与幼儿访谈的技能

（1）充分准备,全面了解幼儿。必须根据幼儿个性特点与心理状态,做好充分的访谈准备。确定好谈话的目标和中心内容,考虑好访谈进行的步骤与方法,并尽可能地估计到可能产生的结果及应对措施。访谈时,态度要亲和自然,不要让幼儿产生心理疑虑或压力;言语要平实简洁,不能过于学术化或书面化,要确保幼儿能听懂、能理解并能做出适当回答。

（2）掌握好访谈时机。幼儿情绪波动大,体力精力有限,兴趣易转移,这些特点都制约着访谈能否进行以及访谈的质量。因此,访谈者不宜在幼儿情绪不好或游戏兴致正浓时进行访谈,而应在幼儿情绪平和、无明显游戏活动、注意力集中在访谈者身上时访谈。访谈时间不宜过长,避免因疲劳、注意分散而出现言不由衷的情况。

（3）选择访谈地点。最好在自然状态中进行访谈,访谈地点也应随机选择,只要幼儿兴趣、注意力许可,就可以相机进行访谈,可不拘地点、环境。如果像与成人那样在专门场所,关门闭户、正襟危坐地进行访谈,一定会让幼儿倍感压力,访谈效果必定收效甚微。

（4）控制谈话主题。幼儿往往会由一句话、一件事引发联想,使谈话变得漫无边际、无限扩散。访谈者要保持客观中立的态度,勿使自己因受幼儿天真烂漫的可爱形象感染,或被幼儿顽皮言行激惹而使谈话偏离访谈主题,应保持冷静的头脑,平缓情绪,同时对幼儿的无关言行可不予关注,对其有关言行予以强化,把幼儿的思路拉回到访谈中来。

（5）不宜边谈边记。可由专门的记录者做记录,或在不引起幼儿注意的情况下使用录音设备记录。访谈者有义务保护幼儿的隐私安全。

案例分析:中班幼儿访谈实录

问:为什么有的气球会飞到天上去?

答:因为它有气。

问：为什么有的气球不能飞上天？

答：因为里面气太少。

问：什么动物两只脚，早上太阳公公起来的时候，它会叫你起床？

答：鸡，公鸡。

问：什么叫父鸡？

答：母鸡叫母鸡，公鸡就叫父鸡。

问：怎么分辨男女？

答：看头发，长头发的是女孩，短头发的是男孩。

问：如果朝鱼塘里扔块石头，会发生什么现象？

答：水会变成波波。

分析：访谈者能根据幼儿的年龄特征和当前的心理状态提问，访谈时态度亲和自然，让幼儿无心理疑虑或压力；提问语言平实简洁，无学术化或书面化的语言，使幼儿能清楚地理解并能做出适当回答。访谈中，研究者能很好地控制谈话节奏，围绕主题推进谈话。

2. 与幼儿访谈的技能训练

[训练主题] 与幼儿访谈的技能训练。

[训练目标]

(1) 熟悉基本的访谈程序，掌握与幼儿访谈的基本技巧。

(2) 具有整理访谈记录的能力。

[训练内容] 拟定一份针对幼儿的访谈提纲，并做出实际访谈。

[训练要求]

(1) 制定出一份访谈计划。

(2) 设计访谈提纲，访谈题目要紧密围绕一个主题展开。

(3) 在各年龄班随机选择性别、人数相等或相近的幼儿，在适当的时机展开访谈。

(4) 整理访谈记录并做出简要评析。

[训练评价] 训练后，总结、评估，填写表 7-11。

表 7-11 与幼儿访谈技能评价表

评价序号	评 价 项 目	评价方式	评价等级					得分
			5	4	3	2	1	
1	有充分访谈的准备，对幼儿有全面的了解，访谈目的明确，时间地点恰当	自我评价						
		他人评价						
2	能掌握好访谈时机	自我评价						
		他人评价						
3	能恰当控制谈话，围绕主题推进	自我评价						
		他人评价						
4	访谈记录条理分明、真实具体，全面反映被访者的相关情况	自我评价						
		他人评价						
5	访谈评析客观公正	自我评价						
		他人评价						
评价说明								

三、问卷设计、发放和回收技能

（一）问卷设计、发放和回收技能

1. 问卷设计技能

（1）明晰问卷的结构。问卷的基本结构一般包括 4 个部分，即前言、调查内容、编码和结束语。其中，调查内容是问卷的核心部分，是每一份问卷都必不可少的内容。

前言主要说明调查的目的、意义、选择方法以及填答说明等。

调查内容主要是各类问题，这是调查问卷的主体，也是问卷设计的主要内容。问卷可分为开放式、封闭式和混合式 3 大类。开放式问卷只提问题，不给具体答案，要求被调查者根据自己的实际情况自由作答；封闭式问卷既提问题，又给出若干答案，被调查者只需在选中的答案中打"√"即可；混合式问卷又称半封闭式问答题，是在采用封闭式问卷的同时，附上开放式问卷。

编码是将调查问卷中的调查项目以及备选答案给予统一设计的代码。编码既可以在问卷设计的同时设计好，也可以等调查工作完成以后再进行，前者称为预编码，后者称为后编码。在实际调查中，常采用预编码。

结束语一般放在问卷的最后，用来简短地对被调查者的合作表示感谢，也可征询被调查者对问卷设计和问卷调查本身的看法和感受。

（2）熟悉问卷设计的过程。

① 确定所需信息。确定所需信息是问卷设计的前提工作。调查者必须在问卷设计之前就把握所有达到研究目的和验证研究假设所需要的信息，并决定所有用于分析使用这些信息的方法，如频率分布、统计检验等，并按这些分析方法要求的形式收集资料，把握信息。

② 确定问卷的类型。制约问卷选择的因素很多，而且研究课题不同，调查项目不同，主导制约因素也不一样。在确定问卷类型时，必须先综合考虑这些制约因素，如调研费用、时效性要求、被调查对象和调查内容等。

③ 确定问题的内容。确定问题的内容涉及个体差异性问题，要与被调查对象联系起来，分析被调查者群体，有时比盲目分析问题的内容效果要好。

④ 确定问题的类型。问题的类型归结起来分为四种，即自由问答题、两项选择题、多项选择题和顺位式问答题，其中后 3 类均称为封闭式问题。自由问答题也称开放式问答题，只提问题，不给具体答案，要求被调查者根据自身实际情况自由作答。自由问答题主要限于探索性调查，在实际调查问卷中，这种问题不多。两项选择题也称是非题，是多项选择的一个特例，一般只设两个选项，如"是"与"否"，"有"与"没有"等。多项选择题是从多个备选答案中择一或择几，这是各种调查问卷中采用最多的一种问题类型。顺位式问答题又称序列式问答题，是在多项选择的基础上，要求被调查者对询问的问题答案按自己认为的重要程度和喜欢程度顺位排列。

在现实的调查问卷中，往往是几种类型的问题同时存在，单纯采用一种类型的问卷并不多见。

2. 问卷发放技能

问卷的发放方式一般有邮寄和当面发送两种。邮寄简便易行，但对被调查者的影响力最低。故而，建议在信封里附上一封感谢信或者附上相关专家或有影响力人士的推荐信，并且附上寄回问卷用的空白信封和邮票。

当面发送是最有效的问卷发送方式。发送时要说明调查者、调查目的和调查内容，要礼貌地邀请并感谢被调查者填写问卷。问卷当面发送、当场填写、当时回收，被调查者有不明白的问题可以当场提问。这种方式因为有人与人的情感交流，易于取得被调查者的合作。但要注意防止因在集体场合中填写问卷，被调查者出现模仿或从众的心理，影响问卷的真实性。

3. 问卷回收技能

（1）甄别问卷的有效性。有效问卷是指对问题做出了一定比率的回答的问卷。只有有效问卷才能成为进一步统计研究并得出相关结论的依据。

（2）剔除无效问卷。无效问卷或因填写不完整，或因高比例的问题未能明确表明被调查者的观点，对调查研究无所助益，不能用于统计分析，需要剔除，以免影响调查研究的真实性。

（3）统计有效问卷。有效问卷回收率的高低是决定调查是否获得了真实可靠资料的关键因素。一般来说，回收率如果仅30％左右，资料只能作参考；50％以上，可以采纳建议；当回收率达到70％—75％时，方可作为研究结论的依据。因此，问卷的回收率一般不应少于70％。如果有效问卷的回收率低于70％，需要进行补充调查。另外，如有可能，可以做小范围内的跟踪调查或访谈调查，了解未回答问题那部分被试的真实看法，以防止问卷结果分析的片面性。

案例分析：幼儿教师心理素质调查表

敬爱的老师：

为了探寻新形势下幼儿教师专业成长中所必备的心理素质，我们需要了解幼儿教师的心理健康现状等实际材料。请您在百忙之中予以合作。您所提供的情况将对我们开展的"关于幼儿教师专业成长之行动研究"课题的进行起积极的作用。谢谢您的大力支持与合作！

1. 您的学历是_____。

2. 您的任职年限为_____年。

3. 您对心理学、心理健康教育方面的知识与技能的掌握（   ）。

    A. 几乎没有　　　　　B. 有一点　　　　　C. 较多　　　　　D. 能很好地利用

4. 您认为掌握一些心理健康方面的知识（   ）。

    A. 没有必要　　　　　B. 可有可无　　　　　C. 有必要　　　　　D. 很有必要

5. 您认为自己的心理状况（   ）。

    A. 完全健康　　　　　B. 基本健康　　　　　C. 不太健康　　　　　D. 很不健康

6. 您认为"健康"的人应该是（   ）。

    A. 饮食、睡眠好，无疾病　　　　　　　　B. 智力正常

    C. 良好的情绪与个性　　　　　　　　　　D. 适应环境

7. 您认为在幼儿园健康教育活动课程中开设专门的心理辅导课可行吗？（   ）。

    A. 不可行　　　　　B. 可以试试　　　　　C. 不确定　　　　　D. 完全可行

8. 请您列举出曾经阅读过的关于心理健康方面的图书或杂志。

9. 请您列举出曾经订阅过的关于心理健康方面的杂志。

10. 请您列举出曾经听过的关于心理健康方面的学术报告。

谢谢您的合作！

分析：这是一个小型的混合式问卷，包括开放式问卷和由多项选择题组成的封闭式问卷。前言中，说明了调查的目的和意义；调查内容简明，语言表达准确；结束语中对被调查者的合作表示了感谢。

（二）问卷设计、发放和回收技能训练

［训练主题］　问卷设计、发放和回收技能训练。

［训练目标］

（1）掌握调查问卷设计的基本技能。

（2）熟悉问卷发放和回收的程序与礼仪。

（3）掌握筛选有效问卷、剔除无效问卷的技能。

［训练内容］　设计一份幼儿教育调查问卷，并在一定数量的人群中发放并回收：幼儿接触电子游戏调查问卷。

［训练要求］

（1）设计一份结构完整、格式规范的调查问卷。

（2）问题要紧密围绕"幼儿接触电子游戏"这一核心展开。

（3）选择合适的人群发放问卷并在适当的时候收回。

（4）对回收的问卷进行筛选整理，剔除无效问卷，保留有效问卷。

（5）统计有效问卷的比例，确认本轮调查是否有效，是否需要追踪调查或补充调查。

［训练评价］　训练后，总结、评估，填写表7-12。

表7-12　问卷设计、发放和回收技能评价表

评价序号	评价项目	评价方式	评价等级					得分
			5	4	3	2	1	
1	调查问卷能正确反映调查目的，重点突出，问题具体	自我评价						
		他人评价						
2	问卷结构完整，格式规范，题目有吸引力，问题表述平实明确，便于作答	自我评价						
		他人评价						
3	调查对象适宜，人数适中，具有一定的代表性	自我评价						
		他人评价						
4	问卷回收及时，回收率在90%以上	自我评价						
		他人评价						
5	能甄别和保留有效问卷，剔除无效问卷，有效问卷率在70%—80%	自我评价						
		他人评价						
评价说明								

四、调查报告撰写技能

幼儿教育调查报告是就某一科研课题搜集材料，罗列现象，在整理过程中发现问题、提出问题，经过分析、归纳综合，揭示出事物的本质，探索事物内部联系及其规律，找出解决问题的方法和途径的研究成果的表述。

（一）调查报告撰写技能

1. 题目的撰写

应以简练、概括、明确的语句反映所要调查的对象、领域、方向等问题。题目应能概括全篇，引人注目。

2. 导言的撰写

导言又称引言、序言、前言。简明扼要地说明调查的目的、意义、任务、时间、地点、对象、范围等。要注意将调查的目的性、针对性和必要性交代清楚，使读者了解概况，初步掌握报告主旨，引起关注。

3. 正文的撰写

这是调查报告的核心部分。正文中，调查方法要作为重点详细说明，使人相信调查的科学性和真实性，体现调查报告的价值。把调查的大量材料经过分析整理，归纳出若干项目，条分缕细地叙述，做到数据确凿，事例典型，材料可靠，观点明确。数据如能用图表的形式表示，可以增加说服力，一目了然。撰写安排应先后有序、主次分明、详略得当。大致有如下几种写法：

4. 讨论与建议的撰写

依据正文的科学分析，可以对结果做理论上的进一步阐述，深入地讨论一些问题，亮出自己的观点，提出建设性的意见。

5. 结论的撰写

利用逻辑推理归纳出结论，即交代调查研究了什么问题，获得了什么结果，说明了什么问题。

6. 参考资料的撰写

应写明在撰写调查研究报告的过程中，参考、引用了哪些资料，将篇目名称、作者、出版单位、日期等信

息详细罗列,目的在于对所写报告负责,并为读者提供信息,也表示对资料作者的尊重。

（二）调查报告撰写技能训练

〔训练主题〕 调查报告撰写技能训练。

〔训练目标〕

（1）熟悉调查报告的基本结构。

（2）掌握撰写调查报告的基本方法。

〔训练内容〕 利用前文所拟"幼儿接触电子游戏调查问卷"进行调查并撰写调查报告。

〔训练要求〕

（1）在对调查数据充分整理、分析的基础上撰写调查报告。

（2）调查报告的篇幅应不少于 4000 字。

（3）用纸质版递交。

〔训练评价〕 训练后,总结、评估,填写表 7-13。

表 7-13 调查报告撰写技能评价表

评价序号	评 价 项 目	评价方式	5	4	3	2	1	得分
1	题目简练、概括、明确,能概括全篇,引人注目,能反映所要调查的对象、领域、方向等问题	自我评价						
		他人评价						
2	导言简明扼要,能说明调查的目的、意义、任务、时间、地点、对象和范围	自我评价						
		他人评价						
3	正文能详细说明调查方法;文中数据确凿,事例典型,材料可靠,观点明确;撰写安排先后有序,主次分明,详略得当	自我评价						
		他人评价						
4	能依据正文的科学分析对结果做理论上的阐述和深入的讨论,提出的意见具有建设性,并能利用逻辑推理归纳出结论	自我评价						
		他人评价						
5	能详细列出参考资料,格式规范	自我评价						
		他人评价						
评价说明								

技能拓展训练： 从自己感兴趣的研究方向出发,自定研究课题,用一学期的时间完成一项小型研究,并以适当的形式呈现研究成果。

第八章
幼儿教师评价技能与训练

评价是以现代教育教学评价理念为指导,以先进的幼儿教育观为依据,采用科学的评价标准,按照一定的评价程序,对幼儿教师行为和幼儿发展进行价值判断的过程,具有导向功能、激励功能、改进功能和教学功能。通过有效的评价,了解幼儿发展的水平是否达到目标要求,反映幼儿教师的教育教学效果,检验幼儿园管理水平,从而为幼儿教育决策提供有价值的信息。

评价技能是幼儿教师对自身教育教学行为和幼儿发展情况做出价值判断的能力和方法,是幼儿教师的一项基本工作能力。幼儿教师应当掌握教育评价的方法,拥有一定的教育评价技能,以及时、准确、客观、科学地对自身的教学行为和幼儿的发展做出评价,为幼儿园教育目标的确定、幼儿园教育活动方案的设计、幼儿园教育教学方法的调整提供重要依据,并为自身教育教学水平的提高提供有效的帮助。

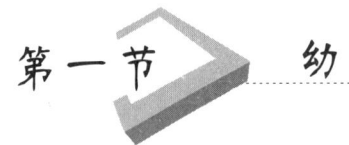

第一节　幼儿发展评价技能

丁丁发展正常吗?

五岁半的丁丁有个小外号,叫"十万个为什么"。因为他满口都是"为什么?"不回答,他缠着你问个不停,回答,有些问题的确无法回答,但是,在他得到满意回答之前是决不会甘休的,他会一直追问,缠着不放。他还有个特点,就是在做诸如"两个添上3个是几个"这样在大人看来非常简单的加法题时,总要数手指头。

爸爸妈妈不禁有些担心,这种情况正常吗? 同龄的孩子是不是也有这些情况? 当他们把这个担心告诉丁丁的带班老师后,带班老师却对丁丁的这些表现给予了充分的肯定。她告诉丁丁的爸爸妈妈,这是从幼儿发展的角度对丁丁做出的评价。听了老师的解释,爸爸妈妈心里的这块石头才落了地。

看来,教师掌握一定的幼儿发展评价技能对顺利展开工作很有必要。

一、幼儿发展评价

（一）幼儿发展评价的涵义

幼儿发展评价就是根据幼儿教育目标和幼儿发展目标,运用教育评价的理论和方法对幼儿发展的各个方面进行价值判断的过程,是测定和诊断幼儿的发展是否达到了某种目标。

评价是为了促进每个幼儿的发展。学前教育评价的这一发展性目标告诉我们,幼儿是教育和发展的主体,全面了解幼儿,准确评价幼儿,进行科学的幼儿发展评价,是卓有成效地开展幼儿园工作的前提。所以,幼儿是教育评价的最主要对象。

（二）幼儿发展评价的原则

幼儿发展评价的原则要求是对评价规律的认识,是指导评价的行为规范。在进行幼儿发展评价工作时,应遵循评价的基本原则。

1. 全方位评价原则

评价幼儿的发展应从多角度、多侧面进行,评价项目应全面,应关注幼儿个体身心的全面发展,不能只片面地强调某个方面;对某个方面的评价也应充分收集信息,做到完整翔实,不能以点盖面。对幼儿发展的全方位评价是科学、准确评价幼儿的基础。

单项评价和综合评价相结合是遵循全方位评价原则的操作思路。单项评价是对幼儿某个发展侧面所做的评价,综合评价是对幼儿身心发展的整体性评价。单项评价是综合评价的基础,综合评价是单项评价的拓展,二者结合,共同实现全方位评价。

2. 发展性评价原则

评价幼儿的发展应当用发展的眼光,测查幼儿发展的过程,发现幼儿发展的趋势,探寻幼儿发展的规律,注重幼儿发展的潜力。应着眼于幼儿的进步和优势,应使用"幼儿能做什么",而不是"不能做什么"或"不知道什么"等评价话语。

静态评价和动态评价相结合是遵循发展性评价原则的操作思路。静态评价是对幼儿现有发展水平的评价,动态评价是对幼儿发展过程及其状态的评价,二者各有利弊。静态评价难以对幼儿的发展做纵向比较,动态评价难以对幼儿的发展做横向比较,均不利于评价目标的实现。应当把静态评价和动态评价结合起来,在评价幼儿发展现状的同时,对幼儿的发展趋势做出评价分析。

3. 多主体评价原则

幼儿教育是幼儿、教师、家长以及社区等多方面合作互动的过程,对幼儿发展的评价应当由各种与幼儿有关的人员参与,只有从不同评价主体获得评价信息,才能得出客观、全面的评价。

幼儿发展评价的主体有家长、教师、保育员、社区人员以及幼儿自己。家庭是幼儿成长的最早环境,来自家长对幼儿的评价是重要的第一手材料;教师和保育员与幼儿接触时间长,掌握情况丰富,应重视他们对幼儿的评价;幼儿是自我评价的主体,对评价有一定的激励作用。评价者应当收集来自各方面人员的信息,分析研究,共同完成评价。

4. 一致性评价原则

应当采用一致的标准,客观公正地对幼儿的发展做出评价,这是幼儿发展评价的最基本的要求。

评价标准一旦确定,就不能任意变动,应当用统一的评价标准执行。例如,测量幼儿的智力水平,必须采用同一个标准化的量表,采用不同版本、标准化程度不同的测验量表都是不恰当的做法。

5. 指导性评价原则

评价幼儿的发展应当为幼儿发展提供指导,为改善教学提供依据。这是幼儿发展评价的落脚点。

重视评价结果的有用性,能对幼儿的发展起启发和鼓励作用,对幼儿园工作起反馈指导作用的评价才是有效的评价。应当通过评价,及时调整课程方案,加强对幼儿的个别化指导,使所有的幼儿受益。同时,应当以一种家长能够理解和接受的话语呈现评价结果,共同分享评价结果。

6. 多方法评价原则

评价幼儿的发展应当从多渠道采集信息,用多种方法进行综合评价,不可简单地对一种方法采集到的信息做片面的评价。应当以教师对幼儿自然状态下的日常观察和倾听为基础,结合使用有效的评价工具,按照科学的评价程序,在广泛收集客观数据的基础上展开评价活动。

(三) 幼儿发展评价的方法

1. 他人评价和自我评价

他人评价是所有与幼儿有关的人对幼儿发展所做的评价,包括家长、教师、保育员、社区人员、同伴等,这些不同的人员每天都会对幼儿发展进行系统的或非系统的、正式的或非正式的评价。他人评价可以使评价者从不同的角度得到更广、更丰富的信息,能较为客观地反映真实情况,但组织过程较复杂。自我评价是幼儿对自己进行的评价。幼儿每天都在有意无意地进行着自我评价,这种评价宜于进行,但可能会带有明显的主观性。

评价者在选择方法时,应当充分认识两种评价各自所具有的优势与不足,根据各年龄班幼儿的特点和评价内容,明智地采取不同程度的他人评价和自我评价,并将二者结合起来加以使用,取其所长,舍其所

短,这样才能有效地提高评价结果的客观性和可靠性。

对于低年龄幼儿,应以他人评价为主,积极鼓励和适度采纳他们的自我评价。随着幼儿年龄的增长,他们的自我意识逐渐发展,自我评价越来越具有借鉴和自我激励价值,评价者应在他人评价的基础上,更多地吸纳幼儿的自我评价信息,注重和发挥自我评价的激励作用。

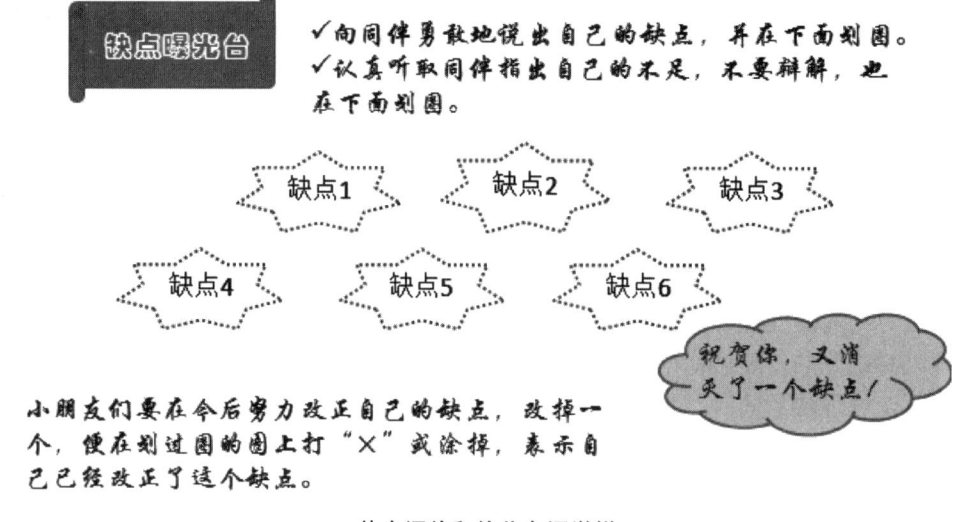

他人评价和幼儿自评举样

2. 定量评价和定性评价

定量评价是对幼儿发展所进行的数量化评价,这是幼儿发展评价中普遍采用的评价方法,如对幼儿身体发育状况的指标性测定,对幼儿的智商测定等。这种评价方式高效准确,说服力强,但重结果轻过程。定性评价是对幼儿发展所进行的语言描述性评价,是对不能直接数量化的项目所采取的非数量化的评价,如教师在学期末为幼儿所作的评语。这种评价方式适合对情感、态度、意志等非智力因素进行评价,讲究对幼儿发展过程的评价,注重师幼交流,能有效弥补定量评价的不足。但是,定性评价的精确性不够,易受主观因素的影响。

评价者在评价中,可采用定性评价以充分了解幼儿的发展过程,并用定量评价准确地解释和验证幼儿的发展,做到定量评价与定性评价的结合。如可建立幼儿成长档案袋,将日常生活中鲜活的评价信息收集其中,既有定性描述,又不缺乏定量数据,二者相互说明,相互验证,共同执行评价任务。尤其应重视定性材料的收集和整理,这不仅可以为幼儿发展评价提供全面、丰富、生动的信息,也可以为教师评价幼儿提供真实、客观的资料。

3. 诊断性评价、形成性评价和终结性评价

(1)诊断性评价。诊断性评价是在制定教育计划或方案之前为确定教育教学起点而对幼儿进行的预测性评价,目的是为了了解幼儿发展的整体现状,从而确定其原有水平,为教学计划或活动方案的制定提供依据。它的主要功能是帮助教师了解幼儿发展的准备状态,将不同发展水平下的幼儿分置在最为适当的教育教学活动序列或组别中,从而帮助自己根据幼儿的具体情况找准最佳教学起点,以设计出好的计划和方案。每学期初,教师根据上学期末有关幼儿发展评价的结果,制定出新学期教育计划,就是诊断性评价在实际工作中的运用。

案例分析:活动中的小组指导

这是一次艺术活动。在折纸活动开展之前,教师对幼儿原有折纸能力发展情况进行了一次摸底评价,根据诊断结果,将幼儿按能力分成3组。在活动中,教师分别对3组幼儿提出了不同的活动要求,并进行了有针对性的指导。鼓励能力强的幼儿对照图示独立折纸;为能力中等的幼儿逐一分解折纸步骤并演示方法,引导他们观察、尝试,着重加强练习指导;为能力较差的幼儿安排个别辅导,还请能力强的幼儿进行一对一的个别指导。短短30分钟的活动,使每位幼儿都有了不同程度的进步。

分析:这是一例具有启发性的活动。它的价值在于,教师在因材施教思想下,不是一刀切地对全班幼儿提出一样的活动要求,而是首先采用诊断性评价的方法,将幼儿分成具有不同需求的组别,为他们分别设计出符合其发展水平的活动方案并加以实施,使每位幼儿在自己的现有水平上都能得到一定的进步。

(2)形成性评价。形成性评价是在教育计划或方案实施的过程中对幼儿的表现进行的评价,是与反馈有关的评价。开展形成性评价的目的,一是在活动情境中不失时机地鼓励幼儿,二是在计划或方案的实施过程中及时获取信息,并以此调整和修改计划或方案。形成性评价是一个动态的评价过程,是教师不断反思问题,调整策略,改善实践的过程,这个动态的实践过程是在原有基础上发生一系列变化,最终促进幼儿发展的过程性评价。

案例分析:一个区角活动方案的调整

在一次区角活动中,教师发现幼儿在活动中的吵闹声很大,将近一半的幼儿无法专注地投入活动,有频频换区的现象。分析发现,出现这种情况的主要原因有两个:一是活动区域的设置不合理,二是幼儿对各活动区材料的玩法不熟悉,没有完全掌握要领。于是,在下一次区角活动之前,教师及时调整了活动区的设置,注意动静分开,对入区人数做了相对控制;在活动中,教师用角色参与的办法加强了对材料玩法的指导,幼儿的区角活动能力得到一定的提高,活而不乱、自主投入的活动区秩序得以建立。

分析:这是一个较为典型的形成性评价案例。一次看似平常的区角活动,却会出现一系列的问题,如果对此不做出及时的分析和处理,就可能对幼儿的发展产生累积性的不利影响。在本次活动中,教师敏感地发现了幼儿活动时的异常反应,积极进行了形成性评价,准确地探寻到问题的症结,及时地调整了既定的活动方案,幼儿的问题得到了合理的解决,区角活动的效果也发生了明显的改善。

(3)终结性评价。终结性评价是在某项教育计划或方案完成一个阶段之后对幼儿发展情况进行的评价,其主要目的是考察一个阶段内幼儿的发展情况。终结性评价也能起到形成性评价的某些作用,即为教育教学提供反馈信息。

案例分析:3份给幼儿的评语

给大班小朋友东东的评语:天真可爱的东东,你的反应总是那么敏捷,常常带给我们惊喜;在游戏中,你兴趣广泛,快乐的声音不时出现在教室的各个角落。知道吗?如果你多听听其他小朋友的想法,没准儿能让你的游戏更有趣!喜欢下棋吗?和爸爸进行比赛吧,看看谁能遵守规则、赢得胜利!你会帮妈妈做一点你能做到的家务吗?擦擦桌子,收拾饭桌,老师知道这些难不倒你,对吗?你知道吗,其实我们身边每个人都有优点,你知道爸爸妈妈有什么厉害的本领吗?你能发现咱们班每个小朋友最厉害的本领是什么吗?做个小调查告诉老师吧,老师也很好奇哦!

给中班小朋友蒙蒙的评语:你有一双灵巧的小手,你画的花儿像是飘着香味儿,你制作的"小动物"好像能和我们说话,真是了不起!老师想和你说句悄悄话:小朋友们都期待你能做他们的小老师呢,教他们画画、折纸的本领吧;老师也想和你做朋友,每天都在一起说说心里话,让我们分享你的成功和快乐,好吗?你要先和爸爸妈妈分享,给他们讲讲你的画,你还可以给他们当小老师,你一定会做得很好!

给小班小朋友成成的评语:你真是个聪明能干的小男子汉,无论什么事你都能自己拿主意,在游戏的时候你也经常能获得胜利,老师真为你感到骄傲!老师推荐你和妈妈一起读一读《龟兔赛跑》的故事,然后你可以发挥你的聪明才智,再续编故事,想象一下,当兔子发现自己输了,接下来又会发生什么事情?

分析:这是出自一位幼儿老师之手的幼儿评语,是对幼儿行为过程透彻观察和对幼儿理解基础上的终结性评价。尽管只有短短百言,却能给幼儿以激励,让家长了解老师眼中自己孩子的优缺点,明确以后家园共育中需要着重注意的方向和可操作的办法。这样因人而异的评语家长乐意接受,幼儿易于理解,是终结性评价的范例。

二、幼儿发展评价技能

幼儿发展评价技能是教师对幼儿发展的各个方面进行测量和评定的能力与方法,是幼儿教师专业技能的重要组成部分。

幼儿发展评价的范围很广,《幼儿园教育指导纲要(试行)》和幼儿教育的实际需要是确定评价指标及其内容的依据。通过对幼儿发展的所有方面进行科学的分析,将教育目标转化为幼儿发展目标,从而确定

幼儿身体发展评价、幼儿认知发展评价、幼儿情感发展评价、幼儿社会性发展评价以及幼儿个性发展评价等5项一级指标;在此基础上,析出二级评价指标和三级评价指标等不同方面和不同层次的内容。

（一）幼儿身体发展评价技能

幼儿身体发展主要反映在生长发育和动作发展两个方面,析出的幼儿身体发展评价的基本内容包括幼儿生长发育状况评价和幼儿动作发展状况评价等两项。所以,幼儿身体发展评价就是对幼儿的生长发育、体质以及动作发展状况的测量和评定,是幼儿发展评价的基本内容。

教师应了解幼儿身体发展的规律,掌握正确的测量方法,通过与发育标准的分析比较,对幼儿的身体发展状况做出正确的评价,这是幼儿教师的一项基本教育技能。

1. 幼儿生长发育状况评价技能

（1）确定幼儿生长发育测量指标。幼儿生长发育状况的测量主要有形态指标和生理功能指标两个基本指标。形态指标是幼儿身体各部分在形态上可以测得的各种变量,最重要、最灵敏的指标是身高和体重,此外还有头围、胸围、坐高等指标;生理功能指标是幼儿身体各系统和器官在生理功能上可测得的各种变量,主要指标是肺活量、脉搏和血压,此外还有握力等指标。

体重能在一定程度上反映幼儿骨骼、肌肉、皮下脂肪和内脏重量及其增长的状况。一般,儿童到两岁以后,体重每年平均增长约2千克。幼儿体重可按如下公式估算:体重(千克)$\approx$年龄$\times 2+8$。

身高是最基本的形态指标,表示全身生长的水平和速度,它的个别差异比体重大。一般,儿童到两岁以后,身高每年平均增长约7厘米。幼儿身高可按如下公式估算:身高(厘米)$\approx$年龄$\times 5+80$。

世界卫生组织推荐的NCHS标准也可作为参照标准。

另外,肺活量是代表幼儿呼吸肌的力量和肺容量及其发育状况的生理指标,脉搏是反映幼儿心血管系统功能的生理指标。

（2）进行幼儿生长发育实际测量。使用体重测量仪进行幼儿体重测量,一般以千克为计量单位。使用身高测量计进行幼儿身高测量,一般以厘米为计量单位。使用软尺进行幼儿头围和胸围测量,一般以厘米为计量单位。

（3）对幼儿生长发育做出评价。幼儿身体发展评价方法多样,应根据评价的目的,选择适当的方法。发育等级评定法是最常用的评价方法。这种方法是以平均数为基准值,以标准差为离散距,将幼儿各项身体发展指标的实测数据与发育指标相比照,将其差数除以标准差,获得标准差数,从而评定其等级,见表8-1。幼儿的身高和体重的数值在2个标准差之内可视为正常。

表8-1　五等级评价标准表

评价等级	评价标准	评价等级	评价标准
上　等	$\bar{x}+2S$以上	中下等	$\bar{x}-S$到$\bar{x}-2S$
中上等	$\bar{x}+S$到$\bar{x}+2S$	下　等	$\bar{x}-2S$以下
中　等	$\bar{x}+S$到$\bar{x}-S$		

2. 幼儿体质状况评价技能

（1）利用观察法,在气候变化、季节更替和生活环境改变时,通过对幼儿生病率和疾病易感性的自然观察,对幼儿体质状况做出一般性的评价;或利用调查问卷,向幼儿家长了解幼儿的身体抵抗力状况。

（2）在幼儿体育活动、劳动或长时间活动时,了解其身体耐力情况。

3. 幼儿动作发展评价技能

幼儿动作的发展是其身体发展的一个重要指标。动作分为由大肌肉控制的躯体动作和由小肌肉控制的双手动作。应依下列步骤评价:

（1）掌握幼儿动作发展的基本规律、年龄特征和不同年龄班幼儿动作发展的一般特点。儿童动作发展的基本规律是从整体动作发展到分化动作,从上部动作发展到下部动作,从躯体动作发展到双手动作,从中心动作发展到边缘动作,从无意动作发展到有意动作。对动作发展规律的掌握是避免评价主观性的前提。

(2)选择有效的评价工具,有目的、有计划地做好评价工作。在幼儿生活活动、体育活动和游戏活动中对其动作协调性、准确性和随意性程度做出判断。

(3)恰当使用评价结果,重视幼儿的个别差异,对动作发展迟缓的幼儿做进一步成因分析与措施干预。

案例分析:威廉姆斯学前儿童动作发展检查表

一、跑

a. 儿童在起跑、停止或急转弯时有困难吗? （　　）

b. 儿童是用全脚掌跑(把身体重心放在整个脚上)吗? （　　）

c. 儿童跑时脚尖冲外(外八字)吗? （　　）

d. 儿童左右摆臂吗? （　　）

二、跳

a. 儿童在跳跃的准备阶段不会弯曲髋关节、膝盖和踝关节(不会下蹲)吗? （　　）

b. 儿童不能进行双脚起跳吗? （　　）

c. 儿童在准备阶段不会先向后摆臂,然后跳跃阶段向前、向上摆臂吗? （　　）

d. 儿童落地时髋部和膝盖都是直的吗? （　　）

e. 儿童落地时失去平衡吗? （　　）

三、左右脚交换跳

a. 儿童在左右脚交换跳过6.1米的距离时,不能保持平稳、连续、有节奏的动作吗? （　　）

b. 儿童是用一只脚跳而用另一只脚走或跑吗? （　　）

c. 儿童是全脚掌跳吗? （　　）

d. 儿童是像鸭子走路一样脚尖朝外跳吗? （　　）

e. 儿童不会用异侧肢体(右臂摆向前,左脚起跳,左臂摆向后,右脚支撑)吗? （　　）

四、单脚跳

a. 儿童单脚跳两、三步时就失去平衡吗? （　　）

b. 儿童单脚跳时断断续续、没有节奏吗? （　　）

c. 儿童跳时紧握拳头,显得十分紧张吗? （　　）

d. 儿童的非支撑脚碰地面了吗? （　　）

五、投掷

a. 儿童的身体主要是前后运动吗? （　　）

b. 儿童的身体主要是沿水平方向运动吗? （　　）

c. 儿童把球抓在手掌中了吗? （　　）

d. 儿童不会移动重心吗? （　　）

e. 儿童投掷时迈的是和投掷臂同侧的脚吗? （　　）

f. 儿童的身体不会随投掷动作向前吗? （　　）

六、接球

a. 儿童是直直地伸出胳膊去接球吗? （　　）

b. 儿童用手臂、手和身体整个把球抱住吗? （　　）

c. 当儿童接球时他的头扭到一边,不敢看球吗? （　　）

d. 儿童让球从伸出去的胳膊上反弹回去吗? （　　）

e. 儿童接球时不会移动重心吗? （　　）

f. 儿童只是看着球的飞行吗? （　　）

幼儿躯体动作发展评价标准

一、跑：4 个问题中有 3 个划"√"，可能此技能发展迟缓
二、跳：5 个问题中有 4 个划"√"，可能此技能发展迟缓
三、左右脚交换跳：4 岁或 5 岁的幼儿，5 个问题都划"√"，可能此技能发展迟缓
四、单脚跳：4 个问题中有 3 个划"√"，可能此技能发展迟缓
五、投掷：4 岁或 5 岁的幼儿，6 个问题中有 5 个划"√"，可能此技能发展迟缓
六、接球：3 岁幼儿在问题 c,d,f 上划"√"，就应注意其这方面动作发展的情况；4 岁幼儿在问题 e,f 上划"√"，可能此技能发展迟缓；5 岁幼儿对任何问题均划"√"，可能此技能发展迟缓

（本检查表选自刘俐敏主编的《幼儿发展评价研究》一书）

（二）幼儿认知发展评价技能

幼儿认知发展主要反映在认知结构的变化和认知能力的发展两个方面,析出的幼儿认知发展评价的基本内容为幼儿认知结构发展评价和幼儿认知能力发展评价等两项,具体包括注意力发展评价、观察力发展评价、记忆力发展评价、想象力发展评价、思维力发展评价以及言语能力发展评价等。

因此,幼儿认知发展评价就是对幼儿的认知结构和认知能力的测量和评定。它是幼儿发展评价的核心内容。教师可以在日常生活中,通过对幼儿表现出的认知的各个方面的观察和测定,评价幼儿的认知能力。

1. 幼儿注意力发展评价技能

注意的目的性、广度、稳定性、分配和转移是反映幼儿注意力发展水平的重要品质。教师可以在幼儿的各种活动中,通过对其注意品质的观察测定,分析评价其注意力发展情况。

（1）以幼儿注意目的性发展的一般特点为参照进行评价。

参照标准：根据目的性和意志程度可将注意分为无意注意和有意注意。幼儿高度发展的无意注意占主导地位,且逐渐稳定。小班幼儿的无意注意占明显优势,强烈的、新异的、活动的刺激物很容易引起他们的注意,但很容易因外界刺激的影响而分散注意,表现出稳定性较差的特点。中班幼儿的无意注意有了一定的发展,他们对感兴趣的活动能保持较长时间的注意,集中程度较高,无意注意范围扩大,稳定性较好。大班幼儿的无意注意已相当稳定,且注意开始指向事物的内在联系和因果关系。相对来讲,幼儿的有意注意开始逐步发展,但不占主导地位,有意注意属于逐渐形成和发展时期。

（2）以幼儿注意广度发展的一般特点为参照进行评价。

参照标准：注意广度是指在同一时间内同时把握住的对象数量的多少。幼儿注意广度比较狭窄,但广度随年龄而逐渐扩大。一般来说,幼儿不能在较短的时间内同时注意较多的对象。

（3）以幼儿注意稳定性发展的一般特点为参照进行评价。

参照标准：注意稳定性是指注意某事物或从事某活动保持时间的长短。幼儿对于生动形象或感兴趣的对象比乏味枯燥或不感兴趣的对象注意的稳定性要好,稳定性随年龄逐渐发展,但总的来讲稳定性较差,尤其是有意注意,具有一定的年龄差异、个性差异和性别差异。从年龄来看,3 岁可连续集中注意 3—5分钟,4 岁为 10 分钟左右,五六岁为 15 分钟左右;如果成人组织得法,五六岁幼儿注意的稳定性可保持 20分钟左右。当然,在游戏活动中时间可更长。从个性来看,喜欢思考、情感深沉、性格内向的幼儿注意稳定性较好。从性别来看,5 岁前,女孩有意注意的稳定性优于男孩;5 岁时尤为明显;五六岁后,男孩有意注意的发展速度明显超过女孩。

（4）以幼儿注意转移能力发展的一般特点为参照进行评价。

参照标准：注意转移能力是指个体有意识地将注意力从一个对象集中在另一个对象上去的能力,是注意灵活性的反映。幼儿不善于主动调动自己的注意,尤其是小班幼儿,他们不善于灵活地转移自己的注意,以至于在常常需要调动注意时出现注意的分散。但是,他们的注意转移能力还是随年龄逐渐发展的。

（5）以幼儿注意分配能力发展的一般特点为参照进行评价。

参照标准：注意分配能力是指在同一时间内把注意集中在两种以上不同的活动或对象上去的能力。

幼儿不善于在同一时间内把握好几个对象,注意分配能力较差,尤其是小班幼儿。但他们的注意分配能力还是随年龄逐渐发展的。

2. 幼儿观察力评价技能

观察力是指个体有目的、有计划、较持久的感知事物的能力。幼儿认知能力发展的直接的、最重要的变化就是逐渐发展为独立的、有相对稳定的目的和方向的知觉,也就是开始形成有目的、自觉意识到的观察。所以,幼儿的观察力属于开始形成并迅速发展时期。观察的目的性、持久性、系统性和概括性是反映幼儿观察力发展水平的重要品质,教师可以在幼儿的各种活动中,通过对其观察品质的观察测定,分析评价其观察力发展情况。

(1)以幼儿观察目的性发展的一般特点为参照进行评价。

参照标准:幼儿观察目的性随年龄有所增强。小班幼儿还不善于有目的、有计划地观察,特别是在不相干因素的影响下,会离开成人提出的目的;中大班幼儿能按成人提出的目的和任务进行观察。一般,幼儿的活动任务越具体,观察的目的越明确,其观察效果越好。

(2)以幼儿观察持久性发展的一般特点为参照进行评价。

参照标准:观察持久性是指观察的持久程度。幼儿观察持久性随年龄有所增强,这与其观察的目的性有关,也受其注意品质的影响,更受其兴趣的支配。

(3)以幼儿观察系统性发展的一般特点为参照进行评价。

参照标准:观察系统性主要反映在幼儿观察方法的运用上,这是幼儿认知发展的又一重要表现。小班幼儿的观察基本是无序的,他们缺乏有效的观察方法;中大班幼儿逐渐学会了有序地观察事物。

(4)以幼儿观察概括性发展的一般特点为参照进行评价。

参照标准:观察概括性意味着发现事物的内在联系。小班幼儿对事物的观察往往是孤立、零碎和表面化的,中大班幼儿则稍有好转。

3. 幼儿记忆力评价技能

记忆态度、策略、潜伏期和精确性是反映幼儿记忆力发展水平的重要品质。教师可以在幼儿的各种活动中,通过对其记忆品质的观察测定,分析评价其记忆力发展情况。

(1)以幼儿记忆态度发展的一般特点为参照进行评价。

参照标准:记忆态度是对幼儿记忆目的与意图的评价。3岁前的儿童没有明确的记忆目的和意图,属于无意记忆。小班初期的幼儿已经开始出现带有目的和意图的记忆,属于有意记忆,但他们的记忆是被动的,记忆目的是由成人定的,且不会主动地找出识记的方法。中班幼儿开始主动地确定记忆目的,但缺少方法。大班幼儿能主动地确定识记目的,并能运用一些简单的记忆方法。无意识记的效果优于有意识记是幼儿记忆发展的明显表现。

(2)以幼儿记忆策略发展的一般特点为参照进行评价。

参照标准:记忆策略是对幼儿能否自觉运用有助于完成记忆任务或提高记忆效果的措施和方法的评价。幼儿的记忆策略随着记忆态度的产生而逐渐产生和发展。3岁前的儿童尚未形成记忆的意识,谈不上运用策略帮助记忆。进入幼儿期,儿童逐渐学会运用复述背诵策略,中班幼儿逐渐开始运用语言中介策略和系统化策略等方法来完成记忆任务。机械识记用得多,意义识记不断发展且效果好于机械识记是幼儿记忆发展的明显表现。

(3)以幼儿记忆潜伏期发展的一般特点为参照进行评价。

参照标准:记忆潜伏期是对幼儿记忆保持时间长短的评价。幼儿记忆潜伏期较短,一方面,他们很容易记住一些新的学习材料,另一方面,对记过的材料忘得很快,表现出"幼儿期健忘"现象。

(4)以幼儿记忆精确性发展的一般特点为参照进行评价。

参照标准:记忆精确性是记忆最重要的品质,也是幼儿记忆发展的标志。幼儿记忆的完整性较差,他们往往只能记住富有吸引力的内容,而将最主要、最本质的内容遗忘;他们的记忆常常是支离破碎、主次不分;他们容易混淆相似的事物,常常由于主观愿望与现实不分而造成对记忆材料的歪曲。

4. 幼儿想象力评价技能

幼儿想象力发展评价是认知发展评价的重要内容。想象的目的性、创造性和现实性是评价幼儿想象力发展水平的主要指标。教师可以在幼儿的各种活动中,通过对其想象的目的性、创造性和现实性进行观察测定,分析评价其想象力发展情况。

(1) 以幼儿想象目的性发展的一般特点为参照进行评价。

参照标准:幼儿以无意想象为主,有意想象处于开始发展时期。小班幼儿想象的产生往往是由外界刺激直接引起,而没有预定的目的。中班幼儿的想象开始有了一定的主题,但主题仍经常由外界刺激引起。幼儿想象的主题不稳定,常常不能为达到目的而坚持行动,总是要受到自己主观状态或外因的影响而改变目的主题;他们是以想象过程为满足的,想象过程常受情绪和兴趣的影响。大班幼儿的有意想象有较明显的表现,他们已能在想象活动之前有预定的目的,且能根据成人的要求进行有目的的想象。

(2) 以幼儿想象创造性发展的一般特点为参照进行评价。

参照标准:幼儿的想象以再造想象为主,创造想象处于开始发展时期。小班幼儿想象的创造性很低,多是对记忆表象的简单加工,基本上是重现生活中的某些经验,缺乏新意性,想象的复制性和模仿性很大;他们的想象常常依赖于成人的语言描述,或根据外界情景而变化,属于再造想象。中班幼儿的想象虽还有很大的再造性质,但开始有了一定的创造性。大班幼儿已能进行创造性讲述活动,甚至可以离开具体事物的支持,单纯利用语言进行想象。

(3) 以幼儿想象现实性发展的一般特点为参照进行评价。

参照标准:幼儿的想象容易与现实相混淆,且具有特殊的夸大性,现实性程度较低。小班幼儿常常不能把想象与现实清楚地分开;大班幼儿能明确地区分想象和现实,知道什么是现实,什么是自己的愿望,也能意识到童话故事中人物、情节是虚构的。总之,由于幼儿的表象数量、质量很有限,又受到分析、加工能力的限制,其想象力水平较低,但较为特殊。

5. 幼儿思维力评价技能

幼儿思维力发展评价是认知发展评价的核心内容。教师可以在幼儿的各种活动中,利用一定的方法测定、分析和评价其思维力发展情况。

(1) 以幼儿思维发展的动态结构为参照进行评价。

参照标准:思维发展的动态结构是评价幼儿思维力发展水平的主要指标。幼儿思维发展的基本特点是具体形象思维,小班幼儿还延续上个阶段直觉行动思维的特点;中班幼儿属于典型的具体形象思维,主要表现在思维动作的内隐性,思维工具的具体形象性,思维方式的自我中心性、不可逆性、绝对化、拟人化、表面性和过渡性特点;大班幼儿出现去自我中心化,他们开始学会从他人以及不同的角度考虑问题,开始获得守恒概念,开始理解事物的相对性,有了抽象逻辑思维的萌芽。

(2) 以幼儿掌握概念的一般特点为参照进行评价。儿童概念掌握水平是评价幼儿思维力发展的主要指标。陈帼眉教授认为,教师可利用分类法、排除法、解释法和守恒法等方法评价幼儿掌握概念的情况。

参照标准:分类法是要求幼儿把自己认为有共同之处的图片放在一起,并说明理由。儿童是以物体的感知特点为依据进行分类,发展到以物体的功用为依据进行分类,再发展到以物体的本质属性为依据进行分类;4 岁以前的幼儿基本不能分类,5 岁幼儿主要按感知特点和具体情景分类,六七岁的幼儿则主要按物体功用分类,并开始注意物体的本质属性。

排除法是要求儿童把自己认为与其他几张不一样的图片找出来,是分类法的一种特殊形式。儿童往往根据情景和情感因素而非类概念去排除不恰当的一张,即根据自己的生活经验和物体对自己的用途来分类。

解释法是要求幼儿对熟悉的词加以解释。小班幼儿一般不能对概念做出解释,表现为不能理解、原词造句和同义反复;中班幼儿的解释仅仅涉及概念的外延,而对内涵未作说明;大班幼儿对概念的解释只是一些可感知的外部特征,非事物的重要特征,更非事物的本质特征,但已开始接近正确定义型。

守恒法主要用于了解儿童数概念的掌握及其稳定性情况。五六岁的幼儿具有 10 以内的数守恒;七八岁的儿童具有液体守恒;长度守恒则更晚些。

（3）以幼儿理解力发展的一般特点为参照进行评价。

参照标准：幼儿属于直接理解水平，是从对个别事物孤立的理解发展到对事物之间关系的理解的，从主要依靠具体形象或行动来理解发展到主要依靠语言的说明来理解，从对事物较简单的、表面的理解发展到对事物较复杂、较深刻的理解，从不理解事物的相对关系发展到逐渐理解事物的辩证关系。

6. 幼儿言语能力评价技能

教师可以在各种活动中对幼儿的语音发展、词汇发展以及语法规则的掌握等3个方面评价其言语能力的发展。

（1）以幼儿语音发展的一般特点为参照进行评价。

参照标准：幼儿的语音辨别能力已经发展起来，发音能力提高很快，尤其是在三四岁；4岁儿童能基本掌握本民族全部语音，韵母发音的正确率高于声母，语音发展基本结束，已经能够掌握本族语言的全部语音，且语音意识开始形成。

（2）以幼儿词汇发展的一般特点为参照进行评价。

参照标准：幼儿词汇的发展还不够完善，但无论在数量上还是在质量上都有了一定的发展。从整个儿童期的词汇发展来看，幼儿的词汇还是贫乏的；词类的运用还偏重于动词和名词，代词、形容词并不普遍；词义的概括性还较低，对词的理解和运用常常发生困难和错误。

（3）以幼儿语法规则掌握的一般特点为参照进行评价。

参照标准：小班幼儿能够掌握基本的语法结构，开始大量运用合乎语法规则的简单句，并开始逐步使用不完整的复合句；中班以后，幼儿使用复合句的数量增加。幼儿最初掌握的陈述句占全部语句的1/3左右；随着年龄的增长，各种形式的句子都有所发展。总之，幼儿对语法关系的意识逐渐产生，已经初步获得语法结构。

（三）幼儿情感发展评价技能

幼儿情感发展评价就是对幼儿情感发展状况的测量和评定，它是关于幼儿发展中主体态度的评价。幼儿情感发展主要反映在情感社会化程度、深刻化程度和自控力的发展3个方面，析出的幼儿情感发展评价的基本内容包括幼儿情感社会化评价、幼儿情感深刻化评价以及幼儿情感自控力评价等3项。教师可以幼儿情感发展的一般特点为参照标准对此3项内容进行评价。

1. 对幼儿情感社会化程度进行评价

情感社会化是指情感的社会化程度。教师可以以幼儿情感社会化发展的一般特点为参照标准进行评价。

参照标准：幼儿情感的社交成分不断增加，情感的社交作用增加；社会性交往的内容随年龄而增加，引起情感反应的社会性动因不断增加；幼儿的表情开始逐渐社会化。

2. 对幼儿情感深刻化程度进行评价

情感深刻化是指情感内容的丰富性和深刻性程度。教师可以以幼儿情感深刻化程度发展的一般特点为参照标准进行评价。

参照标准：从情感指向对象来看，幼儿情感过程的逐渐分化和情感对象的逐渐增加和改变，使其情感的内容逐渐丰富和深刻。

3. 对幼儿情感自控力进行评价

情感自控力主要包括幼儿情感的调节力、稳定性和内隐性的发展。教师可以以幼儿情感自控力发展的一般特点为参照标准进行评价。

参照标准：随着年龄的增长，幼儿情感的调节性逐渐好转，他们从情感易冲动逐渐发展到冲动性减少，从情感易变发展到逐渐稳定，从情感外露发展到逐渐内隐。

（四）幼儿社会性发展评价技能

幼儿社会性发展评价就是对幼儿自我意识、人际关系和社会性行为发展状况的测量和评定，是对幼儿社会化程度的评价。析出的幼儿社会性发展评价的基本内容包括幼儿自我意识发展评价、幼儿人际关系发展评价以及幼儿社会性行为发展评价等3项。教师可以幼儿社会性发展的一般特点为参照标准对此

3项内容进行评价。

1. 幼儿自我意识发展评价技能

教师可以在各种活动中对幼儿自我评价、自我体验和自我调节等三个方面评价其自我意识的发展。

（1）对幼儿的自我评价进行评价。自我评价是幼儿对自己的评价，教师可以以幼儿自我评价发展的一般特点为参照标准进行评价。

参照标准：幼儿初期尚未出现明显的自我评价，他们的自我评价往往依赖于成人的评价，且总是从情绪出发进行评价。幼儿晚期开始摆脱成人的评价，出现对自己的独立的评价；他们的自我评价逐渐开始客观化，但因为认识水平的限制，他们的自我评价表现出笼统性、片面性和表面性的特点。

（2）对幼儿的自我体验进行评价。自我体验是幼儿在自我评价和活动中产生的情感体验，教师可以以幼儿自我体验发展的一般特点为参照标准进行评价。

参照标准：幼儿初期自我体验具有很大的受暗示性特点，成人的暗示对其自我体验作用很大。幼儿晚期自我体验的受暗示性逐渐降低，他们已经出现了自尊心的萌芽，希望引起他人的注意，得到成人的表扬。

（3）对幼儿的自我调节进行评价。自我调节反映出幼儿对自己行为的控制能力，主要表现在独立性、坚持性和自制力的发展等方面，教师可以以幼儿自我调节能力发展的一般特点为参照标准进行评价。

参照标准：幼儿初期"反抗期"的出现，是他们独立性发展的显著标志。随着年龄的增长，幼儿的独立性、坚持性和自制力逐渐增强，他们开始能够不受外界干扰地、有始有终地完成活动，在游戏和学习活动中逐渐表现出专注。

2. 幼儿人际关系评价技能

人际关系是社会性的核心内容，幼儿人际关系评价主要可以从他们的亲子交往和同伴交往两个方面入手。

（1）对幼儿的亲子交往进行评价。亲子关系是幼儿与养育者的情感关系，主要表现在幼儿与养育者的依恋关系和依恋行为上，它直接影响幼儿社会性发展的质量，教师可以以幼儿亲子交往发展的一般特点为参照标准进行评价。

参照标准：幼儿初期的儿童就与其依恋对象建立起了特殊情感的连接，随着亲子交往程度的加深，幼儿的亲子交往逐渐表现出不同的类型。回避型幼儿未能形成对养育者的真正依恋，他们对养育者是否在场不甚在意，这种类型的幼儿较少。反抗型幼儿在养育者出现或离开时均表现出较明显的反抗，不能很快恢复正常活动。安全型幼儿在养育者出现或离开时，活动均会受到一定的影响，但能很快恢复正常，这是一种较好的依恋类型。

（2）对幼儿的同伴交往进行评价。同伴交往对幼儿体验新的人际关系，提高交往能力，发展社会性具有重要的影响，多数是在游戏中实现的，教师可以以幼儿同伴交往发展的一般特点为参照标准进行评价。

参照标准：幼儿初期的同伴交往往往是非社会性的，他们在活动中彼此没有多大的联系，表现为各玩各的游戏。幼儿中期同伴交往的成分开始增多，他们会在游戏中偶尔互借玩具或语言交流，但交往不密切，属于同伴交往的初级阶段。幼儿晚期合作游戏开始发展，同伴交往的主动性逐渐发展起来。研究发现，幼儿存在4种基本的同伴交往类型，即正提名很高负提名很低的受欢迎型，正提名很低负提名很高的被拒绝型，正提名很低负提名也很低的被忽视型和正提名一般负提名一般的一般型。

3. 幼儿社会性行为发展评价技能

社会性行为是人际交往中对他人或某事件表现出的态度、言语和行为反应，是具体的交往行为，人通过社会性行为实现与他人的相互交往。可以从幼儿亲社会行为和反社会行为两个方面入手对其社会性行为发展进行评价。

（1）对幼儿的亲社会行为进行评价。亲社会行为是表现出人与人之间友好关系的行为和倾向，如合作、分享、帮助、谦让行为等，教师可以以幼儿亲社会行为发展的一般特点为参照标准进行评价。

参照标准：幼儿的亲社会行为主要表现在合作行为和分享行为上，幼儿的合作行为可以从他们同伴交往的发展水平上反映出来。幼儿初期合作行为较少，幼儿晚期明显增多。幼儿的分享意识逐渐增强，分享行为逐渐从不会分享发展到学会分享；他们的分享水平会受到分享对象和分享物品等因素的影响。相对来讲,幼儿的安慰行为和公德行为发生较少。

（2）对幼儿的反社会行为进行评价。反社会行为是表现出人与人之间敌意关系的行为和倾向,如吵架、打架、控告行为等,教师可以以幼儿反社会行为发展的一般特点为参照标准进行评价。

参照标准:幼儿的反社会行为主要以工具性反社会行为为主,4 岁幼儿的工具性反社会行为最多,以后逐渐减少,开始出现敌意性反社会行为。幼儿的反社会行为多是指向物,较少指向人,且以身体的动作为主,但随着年龄的增长,言语的攻击逐渐增多。幼儿的反社会行为具有明显的性别差异,男孩的反社会行为多于女孩。

（五）幼儿个性发展评价技能

幼儿个性发展评价就是对幼儿的个性倾向性和个性心理特征发展状况的测量和评定,它是对幼儿发展独特性的评价,具体包括气质特征评价和性格形成评价。

1. 幼儿气质特征评价技能

气质是一个人心理活动在强度、速度、稳定性、灵活性和指向性等方面的稳定的动力特征。以高级神经活动类型为标准,可以将幼儿的气质划分为多血质、胆汁质、粘液质和抑郁质四种基本类型,教师可以通过长期的日常观察,结合气质测验对幼儿的气质类型做出评定。

表 8-2 四种气质类型对照表

气 质 类 型	神经活动类型	代 表 特 征	行 为 表 现
胆汁质	强、不平衡	兴奋性高	反应快、易冲动、难约束
多血质	强、平衡、灵活	灵活性高	活泼、好交际、善变
粘液质	强、平衡、惰性	安静均衡	缓慢、有耐性、稳定
抑郁质	弱	多愁善感	敏感、畏缩、孤僻

2. 幼儿性格形成评价

性格是人对现实的态度和行为方式中表现出来的稳定的心理特征,表现在对他人、对自己、对事和对物的行为方式的特点。教师可以以幼儿性格形成的一般特点为参照标准对其进行评价。

参照标准:幼儿的性格已初现轮廓,开始逐渐具有一定的独特性、整体性和稳定性。他们一般都表现出较为好动的特点,总是不停地变换活动方式。由于知识经验的贫乏,他们往往表现出很强的好奇心,好问是其好奇心强的主要表现;同时,由于易受暗示而表现出好模仿的特点。

三、幼儿发展评价技能训练

［训练主题］ 幼儿发展评价技能训练。

［训练目标］

（1）在领会幼儿发展评价原则的基础上,初步掌握基本的评价方法。

（2）能根据不同的评价内容进行有目的、有计划的幼儿发展评价。

［训练内容］ 对幼儿以下方面的发展进行评价。

（1）幼儿身体发展评价。

（2）幼儿认知发展评价。

（3）幼儿情感发展评价。

（4）幼儿社会性发展评价。

（5）幼儿个性发展评价。

［训练要求］

（1）对幼儿发展的某几个方面做出评价。

（2）至少对两名以上幼儿的发展做出评价。

（3）对两名幼儿的发展状况加以比较。

［训练评价］ 训练后,总结、评估,填写表8-3。

表8-3 幼儿发展评价技能评价表

日期　　　　　训练人　　　　　评价人

评价序号	评 价 项 目	评价方式	评价等级					得分
			5	4	3	2	1	
1	能从多角度、多侧面对幼儿的发展做出评价,评价项目全面,能关注幼儿个体身心的全面发展,收集资料完整详实	自我评价						
		他人评价						
2	能用发展的眼光测查幼儿发展的过程,能发现幼儿发展的趋势和规律,着眼于幼儿的进步和优势,并能使用正面评价话语	自我评价						
		他人评价						
3	能从不同评价主体获得评价信息,从而得出客观、全面的评价	自我评价						
		他人评价						
4	能采用一致的标准,客观公正地评价幼儿的发展	自我评价						
		他人评价						
5	评价结果能为幼儿的发展提供指导,为改善教学提供依据,重视评价结果的有用性,并能以一种家长能够理解和接受的话语呈现评价结果	自我评价						
		他人评价						
6	能用多种方法进行综合性评价,能在幼儿自然状态下观察和倾听,结合使用有效的评价工具,按照科学的评价程序对幼儿发展做出评价	自我评价						
		他人评价						
评价说明								

第二节　幼儿教师教学评价技能

听课笔记,一笔财富

刚刚走上幼教工作岗位的张老师,工作热情很高,很希望能够通过自己的努力,迅速提高自己的教学水平和科研能力。为此,张老师特地去请教经验丰富的李老师,想学到一些好的方法。李老师拿出一个厚厚的听课记录本说:"这就是我的一笔财富!"李老师的听课记录本上详细地记录着教学活动过程、教学的亮点和特色、执教老师的精彩话语以及每一次听课后的反思。张老师看后是受益匪浅,暗下决心,也要为自己积累这样一笔教学和科研的财富。

一、说课技能

(一) 说课

说课既是一种具有创新意义的教学研究活动,又是幼儿教师教育技能训练的主要内容,说课是教师对教案本身的口头分析和说明,要求幼儿教师以教育理论、教学大纲、教材为依据,针对某一课题的自身特点,结合教育对象的实际情况,口头表述该课题教学的具体设想、设计及其理论和实际依据,包括教什么、如何教、为什么这样教等。通过说课,可从一个侧面判断教师的教育视野和知识、经验积淀,考量教师的教育观、儿童观及教师对幼儿年龄特点的把握程度,对教育理论的关注情况,对教学方法的创新以及对自己教学个性的认同感等等。

通过说课,让授课教师说说自己教学的意图和处理教材的方法,让听课教师更加明白应该怎样去教,为什么要这样教,使教研主题更明确,重点更突出,从而提高教研活动的实效。通过说课活动,可以引导教师去思考,思考如何根据幼儿的年龄特点去组织活动,为什么要这样教学,从根本上提高教师备课的质量。幼儿教师通过说课,可以进一步明确幼儿园活动组织的重点、难点,理清教学的思路,克服活动组织中重点不突出、指导不到位等问题,提高活动组织的效率。

另外,听课等教研活动要受到时间和场地的限制,说课则不然,它可以完全不受这些方面的限制,人可多可少,时间也可长可短,非常灵活。

(二)说课技能

1. 说设计意图

设计意图包括教材分析和幼儿现状分析。教材分析是指通过分析所选活动主题的内容特点,指明它在整体或主题网络教学中的地位。教师首先必须说清楚此次活动的内容是什么及为什么要选择这些内容。要说明教材选择是为当时、当地幼儿群体需要而准备的,如果在选材方面涉及地域特色,甚至是幼儿园特色就要更加突出说明,以此来发展园本课程。

幼儿现状分析主要包括幼儿的年龄特点、身心发展状况以及幼儿原有知识和基础技能的掌握情况。在这一环节,教师要将平时对幼儿观察的零散印象逐步条理化、明晰化,有针对性地表述出来,既能更清楚地了解幼儿,又能使教师将幼儿发展水平与教学活动设计的关系紧密联系起来去考虑目标、内容的确定与选择。

案例分析:大班语言活动"小猫生病了"教材分析和幼儿现状分析

每个幼儿都经历过生病,对生病都有切身的感受。但这种感受是因人而异、各不相同的。生病也是幼儿所害怕的事,他们害怕吃药、打针,害怕一个人在家。大班语言活动"小猫生病了"来源于生活,又能服务于幼儿的生活,整个活动始终以幼儿的生活经验为依托,让幼儿获取健康心理,懂得朋友之间要相互关心,互相帮助,幼儿在这样的情境下丰富了经验,发展了思维,提高了语言表达能力,良好品德也得到了培养。

分析:教师通过分析所选活动主题的内容特点,从幼儿的年龄特点和生活实际出发,说明了此次教学活动的内容及为什么要选择这些内容。

2. 说目标定位

目标定位包括活动目标和活动重、难点。活动目标定位是幼儿园活动设计的重要环节,它既是教育活动设计的起点,又是教育活动设计的终点。说活动目标时,要先说主题目标,再说本次活动目标,主要从情感、态度、能力、知识、技能等方面综合地加以表达,并能体现主题的教育要求,最后说确立此目标的依据。同时,这部分还要针对活动谈谈自己对重、难点的确定和解决。

案例分析:大班语言活动"小猫生病了"活动目标和重、难点分析

根据《幼儿园教育指导纲要(试行)》的要求,结合大班语言特点和语言发展水平,从认知、能力、情感3个方面制订了活动目标,分别是:(1)感受到同伴之间相互关心的快乐。(2)仔细观察图片,了解图片的内容。(3)引导幼儿学习词"孤单"、"惦记",乐意参与讲述活动,能大胆、合理地进行想象和讲述。

活动重、难点:本次活动的重点为乐意参与讲述活动,通过移情讲述,让幼儿懂得同伴之间要相互关心,互相帮助。难点为引导幼儿学习词"孤单"、"惦记",并能对图片进行大胆、合理地想象和讲述。

分析:教师通过对教材的分析,从情感、认知和能力3个方面对教学目标进行定位,并根据主题的教育要求,说明确立此目标的依据。同时,分析了教材的重、难点以及确定的原因和突破的方法。

3. 说活动准备

活动准备包括活动前的准备(家长工作、社区协调、环境创设、资料收集、幼儿园活动等)和活动中的准备(有关玩具、教具等材料,包括幼儿用书、教学挂图等)。活动准备是为让幼儿通过与环境、材料的相互作用来获得发展的,因此,活动准备必须与幼儿的能力、兴趣、需要等相适应。

案例分析:大班语言活动"小猫生病了"活动准备分析

为了使教学内容更加丰富,活动准备为:(1)知识能力准备:幼儿已认识过信,了解信的基本格式。(2)物质材料准备:多媒体课件,大信封一个。

分析:本案例的活动准备有两个:一是针对幼儿的知识能力准备,二是针对教师的物质材料,这两种活动准备的共同作用使活动目标得以实现。

4.说教法、学法

说教法主要说明教学方法及教学手段的选择和运用。要根据教材特点、幼儿实际、教师特长以及教学设备情况等,来说明选择某种方法或手段的依据。说学法就是说出要教给幼儿哪些学习方法,培养幼儿哪些能力,并结合活动目标、教材特点、幼儿年龄特点具体说出理论依据,主要说明幼儿要"怎样学"的问题和"为什么这样学"的道理。要讲清教师是如何激发幼儿学习兴趣、引导幼儿主动、积极探索的,还要讲出教师是怎样根据班级特点和幼儿心理特征,运用哪些教育教学规律指导幼儿进行学习的。教法和学法可以分别叙述,也可以将教法和学法合在一起说明,或者将教学方法穿插在教学过程中说。

案例分析:大班语言活动"小猫生病了"教法、学法分析

为了更好地达成活动目标,主要采用观察法、提问法和示范法来组织本次教学活动。同时,引导幼儿采用观察法、讨论法和角色表演法等方法,让幼儿看一看、想一想、说一说、玩一玩,充分调动幼儿的多种感官,掌握学习的重、难点。

分析:教法和学法是顺利实现活动目标的支撑。案例中,教师根据教学目标、教材特点和幼儿实际,设计了针对教师的教学方法和针对幼儿的学习方法,并对方法的具体操作做了说明。

5.说活动过程

说活动过程是说课的重点部分,它反映教师的教学思想、教学个性与风格,只有通过对活动过程设计的阐述,才能看到其活动安排是否合理、科学,是否具有艺术性。说活动过程就是说明整个活动的流程,即各个活动环节的实施过程。活动步骤的安排、方式方法的选择必须以活动目标为核心,而活动目标既有赖于整体的教育活动过程来实现,又以不同的侧重点分散实现于各个活动步骤。因此,教师必须分解活动目标,并分析各层次活动目标与各步骤及方式方法之间的适应性关系。

如果设计的活动要进行延伸,教师也要说出怎样延伸活动、延伸的作用以及延伸的依据。依此可反映出教师对本班幼儿发展水平的掌握程度,对促进幼儿在不同水平上发展的理解认识与做法,以及对因材施教、个别教育原理的运用等。

案例分析:大班语言活动"小猫生病了"活动过程分析

根据大班幼儿学习语言的特点,结合幼儿园教学工作原则和本次活动的目标,设计以下环节。

1.谈话,鼓励幼儿帮助小猫想办法

有一只小猫生病了,只能整天躲在床上。他想,要是好朋友小兔子能来看看它,那该有多好啊。可是,小兔子家很远,怎样才能让他知道自己生病了呢?

活动一开始,提出问题,为下面的讲述作铺垫。

2.利用多媒体课件,理解信的基本内容

这一环节通过一系列设问,如:"小猫信中画的3张画分别是什么意思?你看懂了哪张画?小猫为什么哭了?小猫心里会想些什么?"请幼儿猜猜小猫在信里对小兔说了些什么,让幼儿乐意参与讲述,并大胆地把自己看到、想到的表达出来,提高口语表达能力。本环节是解决活动重点、突破活动难点的关键之处。在此基础上让幼儿读信,使幼儿语言表达的完整性得到提高。

3.通过教师引导,自然过渡到很多小动物都来关心小猫

引导幼儿讲述:"好朋友为小猫做了什么事?他们为什么要这样做?现在小猫脸上的表情又是怎么样的?"让他们感受相互关心的乐趣,并为下一个环节"关心生病的小朋友"埋下伏笔。

4.移情讲述

教师引导:"小猫生病后得到了这么多朋友的关心爱护,相信他一定能早日康复。如果我们身边的小朋友生病了,我们又该怎么做呢?"通过情景表演,创造条件让幼儿参与活动,在前面活动经验的基础上,使幼儿的思维得到充分的发展。

在设计活动过程时,打破语言活动的常规模式,教师通过读信的方式让幼儿用较连贯的语言把三幅图所要表达的意思表达出来。同时,通过开放式提问,既让幼儿复习巩固了信的基本格式,也让幼儿将自己生病时的感受借小猫之口表达出来,发展幼儿的口语表达能力。

分析:案例中,教师设计了循序渐进的活动流程,对每个活动环节的实施过程做了详细的说明,重点说明了主要环节的互动过程,并从理论层面对"为什么这样教"做了相应的分析说明。

6. 展示自己参与设计的辅助课件或教具

如果有教师自己设计、制作的课件或教具,也可在说课时加以展示。展示课件或教具时,要简述设计、制作的思路和过程。

总之,说课不同于一般的发言稿和课堂教学,要求幼儿教师较系统地介绍自己的教学设计及其理论依据。它既不是宣讲教案,也不是浓缩课堂,核心在于说理,在于说清为什么要这样教,重点在活动重点和活动难点的突破上。在说课过程中,幼儿教师应做到精神饱满,语言表达简练干脆、连贯紧凑,自然而有效地使用媒体。

(三) 说课技能训练

[训练主题] 幼儿教师说课技能训练。

[训练目标]

(1) 了解说课的目的、内容、方法和要求。

(2) 学会设计幼儿园活动说课稿。

(3) 掌握说课的主要内容和基本环节。

[训练内容]

(1) 设计一个完整的幼儿园教学活动计划(领域、年龄班任选)。

(2) 根据所设计的活动计划撰写一份说课稿。

(3) 集体或分组进行现场说课。

[训练要求]

(1) 根据教学活动计划设计相应的说课稿。

(2) 说课时要具体说出教材分析、教学目标、教学准备、教学方法和教学过程。

(3) 说课时间 10 分钟左右。

[训练评价] 训练后,总结、评估,填写表 8-4。

表 8-4 幼儿教师说课技能评价表

日期　　　　　　训练人　　　　　　评价人

评价序号	评 价 项 目	评价方式	评价等级					得分
			5	4	3	2	1	
1	能清楚地说明设计意图,教材分析到位,幼儿现状分析全面	自我评价						
		他人评价						
2	能清楚地说明目标定位。能说明主题目标和本次活动目标,能从情感、态度、能力、知识、技能等方面综合地加以表达,能体现主题的教育要求,说出确立此目标的依据;能说明自己对重、难点的确定和解决	自我评价						
		他人评价						
3	能说清楚活动准备,包括活动前的准备和活动中的准备,以及玩教具的选择	自我评价						
		他人评价						
4	能说清楚教法、学法。能根据教材特点、幼儿实际、教师特长以及教学设备情况说明选择某种方法或手段的依据;能说出幼儿的学法	自我评价						
		他人评价						

（续表）

评价序号	评 价 项 目	评价方式	评价等级					得分
			5	4	3	2	1	
5	能说清楚教学过程的基本环节,讲清"为什么这样教"的理论依据,说明重点与难点的处理	自我评价						
		他人评价						
6	说课过程精神饱满,语言表达简练干脆、连贯紧凑,表述有条理,有说服力,能自然而有效地使用媒体	自我评价						
		他人评价						
评价说明								

二、听课技能

（一）听课

听课是一种对教学活动进行仔细观察的活动,对于了解和认识教学活动有着极其重要的作用。教学活动中许多司空见惯的问题经由听课者自觉的观察,就可洞见到很多值得探索、深思的地方。

听课的目的主要是学习别人的教学特点,发现自己教学中的不足,促进教学创新。因此,听课是提高幼儿教师素质,提升教学质量的重要方式。

（二）听课技能

1. 听课前的准备

听课的时候,应把自己定位为教学活动的参与者和组织者,而不是旁观者。听课前要有充分的准备,对要听的教学内容有所了解,了解教师的意图,知道要听的教学活动目标是什么,重点、难点是什么,这样,在听课的过程中就能做到有的放矢,带着问题去听。只有有"备"而听,并尽可能以幼儿的身份参与到教学活动中,才能获取第一手材料,从而为自己如何组织好教学活动奠定基础。

（1）熟悉教材及教学主题,了解幼儿的年龄特点,弄清新旧知识的内在联系,熟知教学内容的重、难点。

（2）听课时,只有明确了教学目标,才能看出幼儿教师教学的完成情况。

（3）听课前要回忆自己是否教过所要听的教学内容,有什么困惑与问题,带着问题去听课。

（4）针对教学内容和幼儿年龄特点,自己在头脑中大致设计出教学初步方案,为评课提供一个参照体系。

2. 听课观察记录

在现场教学活动中,过去的不可能再"回放",有些细节转瞬即逝。如果忽略某些细节,就会影响对整个教学环节的整体认知。因此,听课时要全身心地投入,仔细观察,认真记录分析。在听课中更多地去发现教者的长处,发现教学的闪光点,以及对自己有启迪的东西。

（1）听。首先,要认真听教学过程,即听执教者是怎样引入主题、组织教学、启发幼儿、小结评价进而教学延伸的。还要听教师是怎样启发思维,组织幼儿讨论问题,进行学法指导,指导幼儿突破重点,解决难点的。其次,要注意听教学语言,即听执教者的语言是否科学准确、言简意赅、生动有趣,是否有激励性和感染力;还要注意听幼儿语言,即通过听幼儿的发言来判断教师的教学目标达成情况和幼儿的发展情况。

（2）看。观察教师的教学态度、提问设计、教学方法、回应方式等,教师的语言是否科学、准确,富有感染性、激励性,是否关注了所有幼儿,对幼儿提出的问题、发生的情况是否做出了有效回应,是否具有应变与调控能力。观察幼儿在活动中是否有参与的兴趣和积极性,是主动参与还是被动、勉强参与;还要看幼儿在活动过程中表现出的情感和态度的变化,如注意力的集中程度、思维活跃与否、与老师的情感交融、创新意识等。观察教师的教学是否围绕目标,层次清晰,环环紧扣,重、难点突出;教师与幼儿之间的互动是否真实,幼儿是否在原有水平上有新的发展和提高。要看教师对幼儿活动过程及情感态度的及时评价、教师对幼儿的引导作用,教师是否能够激励幼儿继续探索学习等。

(3)记。听课记录是重要的教学研讨资料,是教学指导与评价的依据,它能反映课堂教学的原貌,使听课者依据听课记录,通过合理想象与弥补,在头脑中再现教学实况。但听课做记录不是录像,也不可能把一堂课的情况一一实录。一是简要记录教学环节、教学思路、教学设计等教学过程,详细记录教学亮点,因为每一个教学活动都凝聚着授课教师的智慧和心血,听课后进行归类整理,对提高自身教学能力、形成自己独特的教学风格大有帮助。二是捕捉记录教学高潮,这是教师与幼儿配合默契、精神高度集中时教学活动达到的一种热烈氛围,应记下授课教师用什么方法将教学活动引入高潮、如何激发幼儿的学习兴趣等。三是归纳记录教学特色。不同的教师有不同的教学风格,有的注重方法,有的注重情感,有的注重兴趣,有的温柔细致,有的活泼大方,将这些特色融入自己的教学中,定能受益匪浅。四是选择记录教具及教学手段的使用,教具使用是幼儿园教学活动的重要组成部分,是完成教学任务的重要手段,教师若能把授课教师制作精美的教具或多媒体课件记录下来,将是一笔不小的财富。五是记录教学不足。教学是一门遗憾的艺术,再好的课都有不足与值得改进的地方,记下各个环节的不足,对自己的教学会大有补益。六是记录教学感悟。教学感悟是听课、评课、交流的终极目标,记下感悟,对提高自己的教学能力和教研理论水平有重要作用。

(4)想。想教学活动目标是否明确、具体,教学结构是否合理,教学方法是否符合幼儿年龄特点,教学重点是否突出,难点是否被分散,关键点是否被强调,教具使用是否合理,教态是否亲切、自然,教学手段是否先进,幼儿学习的积极性、主动性是否得到充分的调动,幼儿的创新精神和实践能力是否得到培养,教学流程设计是否可以再优化等等。

3. 整理分析材料

(1)整理听课记录。听完课后要及时整理听课记录,将记录到的听课内容按先后程序提纲挈领地整理出来,以便今后的实践参考,给自己的教学积累经验。

(2)做好课后分析。听完课后应及时进行综合分析,总结出规律性的认识,明确对自己有启迪、能学会的方面。在此基础上,针对这节课的实际情况,提出一些建议性的意见与合理化的修改建议,与执教教师进行交流切磋,以达到互助互学的目的。

表 8 – 5 幼儿教师听课记录表

听课时间		听课教师		授课教师	
授课班级		活动名称			
活动目标					
教学内容、过程及评价					
内容、过程		评 价		反 思	

(三)听课技能训练

[训练主题] 听课技能训练。

[训练目标]

(1)学会做听课记录。

(2)学会整理听课笔记,并在此基础上学会进行课后分析。

[训练内容]

(1) 分组进行幼儿园模拟教学或实地观摩一个幼儿园教学活动,认真听课并做好记录。

(2) 在听课记录的基础上写出课后分析。

[训练要求]

(1) 听课前先设计好听课记录表,以便听课时及时记录。

(2) 听课记录要尽量详细。

(3) 听完课后与执教教师进行交流,并在此基础上写出听课分析。

[训练评价] 训练后,总结、评估,填写表8-6。

表 8-6 幼儿教师听课技能评价表

日期　　　　　　训练人　　　　　　评价人

评价序号	评 价 项 目	评价方式	评价等级					得分
			5	4	3	2	1	
1	能在听课前有准备,对要听的教学内容有所了解,知道要听的教学活动目的是什么,重点、难点是什么	自我评价						
		他人评价						
2	能认真听课,简要记录教学过程,如教学环节、教学思路、教学设计等	自我评价						
		他人评价						
3	能详细记录教学亮点以及教师精彩语言,归纳记录教学特色	自我评价						
		他人评价						
4	能选择记录教具及教学手段的使用	自我评价						
		他人评价						
5	能客观记录各个环节的不足	自我评价						
		他人评价						
6	听完课后,能整理听课记录,做好听课分析记录,并记录教学感悟	自我评价						
		他人评价						
评价说明								

三、评课技能

(一) 评课

评课是在听课活动结束之后的评价延伸,是指对照教学目标,对教师和幼儿在教学过程中的活动以及由这些活动所引起的变化进行价值判断。评课是幼儿园的一项重要的常规教研活动,经常开展评课活动,有利于对教学问题准确诊断、正确决策,有利于激励幼儿教师优化教学艺术,促进幼儿教师间相互学习、切磋技艺和交流经验,提高幼儿教师的教育教学水平,使幼儿的发展真正落到实处。幼儿园评课包括同事之间互相学习、共同研讨的评课,幼儿园领导诊断、检查的评课和上级专家鉴定或评判的评课等。

(二) 评课技能

教学是涉及教师与幼儿的双边活动过程,因此,评课中既要评价幼儿的活动,又要评价教师的表现。例如,在听课中观察到有幼儿某方面表现不好,那么在评课时就要透视这现象的背后又有些什么问题,是不是教师的引导、操作材料等出了问题。另外,教学是一种学习活动,本质上是学,而不是教。幼儿园教学的目的在于促进幼儿的全面发展,因此,评课时更要关注幼儿的学习过程。

1.评教学目标

教学目标是教学的出发点和归宿,它的正确制定和达成,是衡量一个教学活动成功与否的主要尺度。所以,评课先要分析教学目标。

(1)评教学目标的制定是否全面、具体、适宜。全面是指教学目标的制定应包含知识、能力、情感三个维度;具体是指知识目标要有量化要求,能力、思想情感目标要有明确要求,即在表述时可操作性明显;适宜是指确定的教学目标能以《幼儿园教育指导纲要(试行)》为指导,符合幼儿的年龄特点和认知规律,关注本年龄段幼儿的兴趣点,且难易适度。

(2)评教学目标是不是明确地体现在每一活动环节中,教学手段是否紧密围绕目标,为实现目标服务。

2.评选材

评析一个教学活动的好与坏,不仅要看教学目标的制定和落实是否准确、科学,还要看幼儿教师对活动内容的选择是否恰当,是否符合幼儿生活经验水平、认知规律以及心理特点;幼儿教师对教材理解是否透彻,在教材处理和教法选择上,是否突出了重点,突破了难点,抓住了关键。

3.评教学过程

教学过程是幼儿教师上课的脉络和主线,它是根据教学内容和幼儿水平两个方面的实际情况而设计的,它反映一系列教学措施怎样编排组合、衔接过渡和操作练习。幼儿教师在活动中的教学过程设计多种多样的,如环节的设计、提问的设计、操作的设计等。因此,评教学过程,一是要看教学过程设计是否符合教学内容实际,是否符合幼儿实际,激发兴趣,满足幼儿学习需要;二是要看教学过程的设计是不是有一定的独创性,能不能给幼儿以新鲜、刺激的感受;三是看教学层次、脉络是否清晰,是否由易到难,由浅入深,层层递进。

4.评教学方法和手段

教学方法是指幼儿教师在教学过程中,为完成教学目的、任务而采取的活动方式的总称。教学方法不是幼儿教师孤立的单一活动方式,它既包括幼儿教师的教学活动方式,也包括幼儿在教师指导下学的方式,是教与学的统一。

(1)评是不是量体裁衣、灵活运用。好的教学方法是相对而言的,评教学方法要看它是否根据教学目标、教学内容、幼儿年龄特征量体裁衣、灵活运用。

(2)评教学方法的多样化。教学方法最忌单调死板,再好的方法天天照搬,也会令幼儿厌烦。教学活动的复杂性决定了教学方法的多样性。所以,评课时,既要看教师是否能够面向实际、恰当地选择教学方法,还要看教师能否在教学方法的多样化上下工夫,使教学活动具有自己的特点。

(3)评教学方法的改革与创新。评析教学方法既要评常规,还要看改革与创新,尤其是评析优质课,要看活动中思维训练的设计创新能力的培养、幼儿主体性的发挥、新的教学理念、独特的教学风格和幼儿教师的人格魅力等。

(4)评现代化教学手段的运用。随着幼教改革的不断深入,现代化教育手段的运用日趋增多,使幼儿园教学过程更加生动、活泼,激发了幼儿的学习兴趣。在评课时,要看教师是否适时、适当、高效地使用了现代化教学手段。

5.评师幼关系

评课时要关注教师能否充分确立幼儿在学习活动中的主体地位,能否努力创设宽松、民主的教学氛围,使幼儿教师与幼儿之间的关系亲切自然。

6.评幼儿教师教学基本功

(1)评教态。评课时,要评幼儿教师是否仪表端庄,举止从容,态度热情,热爱幼儿,师生情感融洽;在教学活动中的教态是否明朗、快活、富有感染力。

(2)评语言。教师的教学语言会影响教学活动的成败。评课时,要看教师的教学语言是否准确清楚,是否说普通话,语言是否精确简练、生动形象,提问是否具有启发性。

（3）评操作。评幼儿教师运用教具及多媒体的操作熟练程度。

7. 评教学特色

每个教师的教学都具有一定的特色，在评课时要关注整个教学活动的亮点体现在哪里。

（三）评课技能训练

[训练主题]　评课技能训练。

[训练目标]

（1）了解评课的内容、方法和要求。

（2）学会对幼儿园教学活动进行评价。

[训练内容]

（1）分组进行幼儿园模拟教学或实地观摩一个幼儿园教学活动，并做好听课记录与分析。

（2）在听课分析的基础上分组进行评课活动。

[训练要求]

（1）训练要与前面的听课训练相结合，即在听课的基础上进行评课训练。

（2）评课尽量从幼儿园教学的各个方面进行评价。

（3）评课时，可与执教教师进行沟通交流，以提高自己的分析能力。

[训练评价]　训练后，总结、评估，填写表8-7。

表8-7　幼儿教师评课技能评价表

日期　　　　　　训练人　　　　　评价人

评价序号	评　价　项　目	评价方式	评价等级					得分
			5	4	3	2	1	
1	能全面、具体、适宜地评价教学活动的目标	自我评价						
		他人评价						
2	能从幼儿生活经验水平、认知规律以及心理特点的角度对教材的选择进行评价	自我评价						
		他人评价						
3	能从是否符合教学内容实际、是否符合幼儿实际等方面对教学过程进行评价	自我评价						
		他人评价						
4	能从符合教学目标内容、多样化、改革创新、现代化教学手段的运用等方面对教学方法和手段进行评价	自我评价						
		他人评价						
5	能从教态、语言、操作等方面对教师教学基本功进行评价	自我评价						
		他人评价						
6	能总结出教师的教学特色，并给予评价	自我评价						
		他人评价						
评价说明								

技能拓展训练：针对自己和同学的课内实操活动或幼儿园试教活动，撰写一套教学评价报告和幼儿发展评价报告。

第九章
幼儿教师专业成长技能与训练

幼儿教师专业成长是幼儿教师作为专业人员,在专业思想、专业知识、专业能力等方面不断发展和完善的过程,是从专业新手到专家型教师的过程。幼儿教师专业成长包括专业理想的建立、专业知识的拓展与深化、专业技能的形成与提高以及专业自我的形成与完善。

第一节　幼儿教师言语表达技能

教师随口说,幼儿很受伤

"你怎么这么笨?怎么弄到裤子里了?就不会早点去厕所吗?"

"你的耳朵哪去了?我都说几遍了,怎么偏不听?再不听话把耳朵揪下来!"

"你怎么这么多事?回到你的座位上去!谁再随便插话,我就把他请到外面去。"

"你怎么这样吃饭?瞧你洒了多少?快捡干净!没见过这么邋遢的……"

"你都上大班了还哭啊?是不是要让老师把你送到小班去?"

"谁再打别的小朋友,我们就不和他玩了!"

幼儿园中,以上这些看似平常的教师用语是不是很成问题?殊不知,教师随口说,幼儿很受伤。

一、口头言语表达技能

(一)口头言语表达

口头言语表达是指用口头语言来表达自己的思想、情感,以达到与人交流的目的的一种言语活动。口头言语表达是人们在日常生活交往中使用最多的交际形式,对于幼儿而言,师幼之间、同伴之间的交流也主要依靠口头言语表达。可以说,口头言语表达是幼儿学会认知、学会交往、学会做事的重要手段和途径。因此,幼儿教师的口头言语表达技能的好坏,直接关系着幼儿的适应与发展。

(二)口头言语表达技能

1. 讲究口头言语的示范性

幼儿教师面对的是模仿力非常强的幼儿,教师有什么样的口头言语习惯,幼儿就会习得什么口头言语。所以,幼儿教师必须使用标准、规范的普通话,避免方言语词和语音;教师的言语应口齿清晰、鲜明、准确;在遣词造句方面符合现代汉语的习惯。

2. 注重口头言语的艺术性

幼儿教师要用生动形象的口头言语为幼儿展示丰富多彩的世界。由于幼儿有意注意时间非常短,教师能否用口头言语吸引幼儿完成教育活动,很大程度上依赖于口头言语的艺术性。

(1)使用趣味性的语言。教师的口头言语要形象生动,富有趣味性。教师的言语有形、有声、有色,有动态感觉,有情感色彩,就能唤起幼儿对具体事物的真切感知,调动他们的各种感官去思维、想象、回忆、行

动,从而引导幼儿认识世界。如,教幼儿叠衣服,可用形象化、拟人化的儿歌:"扣子找扣眼,袖子搂一搂,帽子点点头,衣服弯弯腰。"但也要避免过于"儿童化"和"成人化"。如,不能把扣子叫做"扣扣"、把"袖子"叫做"袖袖";也不能说"把扣子依次扣好,把两只袖子肩缝处分别折向中间"。又如,提醒幼儿游戏结束时说"玩具小鸭走累了,该休息了,谁愿意送它们回家?"要比说"游戏结束了,快把玩具放回原处!"有趣且有效。

(2)使用激励性的语言。激励赏识的口头言语,会让幼儿充分体验被尊重、被爱护,从而培养自尊自信,激发好学好问意识。所以,幼儿教师常用的口头言语必须具有激励性。例如:"试一试,我相信你能行!""加油,马上成功了!""你告诉佳佳不能推小朋友,你做得对。"

(3)使用简洁性的语言。教师在使用语言时应简洁明确,应使用幼儿词汇范围内的语词;对幼儿说话必须保证语言清楚,意思明白;要保证把话说完整,把具体要求、指令和建议表达清楚,并确定幼儿已明白。如,说"你说得真好"比"你侃侃而谈"更适合幼儿。

3. 突出口头言语的教育性

幼儿教师的口头言语主要要用在幼儿园教育教学活动中,用于教育引导幼儿快乐生活,健康成长。因此,应突出教师口头言语的教育性作用。应使用具有德育价值取向的语言。幼儿教师担负着培养幼儿良好品德、行为,发展他们良好个性的重要任务,作为教育手段的口语,它的表达内容和形式都要为这个总任务服务。因此,幼儿教师的言语应带有明显的品德教育特征。

(三)口头言语表达技能训练

[训练主题] 幼儿教师口头言语表达技能训练。

[训练目标] 掌握基本的教师口语表达技能。

[训练内容] 用口头言语向小班幼儿讲解幼儿园一日生活常规要求。

[训练要求]

(1)普通话语音标准、语词适当、语法规范。

(2)语气中体现对幼儿的欢迎和热爱。

(3)声音的响度要适当,要使全体幼儿都能听清。

(4)语速快慢适中,要让幼儿留下回味理解的时间。

(5)在每一条要求之后可以通过举例、讲故事、做示范或小游戏的方式帮助幼儿理解。

[训练评价] 训练后,总结、评估,填写表9-1。

表9-1 幼儿教师口头表达技能评价表

日期　　　　训练人　　　　评价人

评价序号	评 价 项 目	评价方式	5	4	3	2	1	得分
1	普通话发音标准,没有明显的方言语调和方言用语,讲究口头言语的示范性	自我评价						
		他人评价						
2	能使用趣味性和激励性的语言	自我评价						
		他人评价						
3	口头表达自然,表情、眼神与言语内容一致	自我评价						
		他人评价						
4	口齿清晰,语音响亮,语速适中,语音有抑扬顿挫的变化	自我评价						
		他人评价						
5	能使用简洁性的语言,遣词用语符合幼儿的认知与情感水平,能让幼儿爱听并且听懂	自我评价						
		他人评价						
评价说明								

二、体态语表达技能

(一)体态语表达

体态语是指人们在交际过程中,用来传递信息、表达感情、表示态度的非言语的特定身体态势。它可以支持、修饰或否定言语行为,可以部分地代替言语行为发挥独立的表达功能,还可以表达言语行为难以表达的感情和态度。幼儿处于好动、好模仿的时期,他们无时无刻不在观察模仿教师的一举一动;教师利用体态语表达技能组织教育活动,可以节约时间,调节气氛,联系感情,传情达意。所以,幼儿教师要恰如其分、讲究艺术、正确慎重地运用体态语。

幼儿的思维形象具体,富有感情色彩,他们的生活经验、词汇量都很有限,对教师口语的理解能力相对较弱,因此,对幼儿开展教育非常需要教师体态语的辅助。教师整洁优雅的仪表、和蔼可亲的笑容、亲切自然的目光等,对幼儿具有极大的感染力。它会使活动秩序井然,气氛活跃;教师的一举一动,一颦一笑,甚至在某个幼儿座位旁停留时间的长短,都会使幼儿产生一定的情感体验。因此,作为一名幼儿教师,不仅要重视口头言语的研究和运用,也应重视体态语的研究和运用,使两者有机地结合起来。

(二)体态语表达技能

1. 充分利用体态语表达的一般特征

第一,体态语最明显的特征是直观,教师应恰当地使用体态语,以激发幼儿活动的积极性。如,在听幼儿回答问题时,教师身体稍稍前倾,目视幼儿,可使幼儿感到教师在认真听他发言,从而受到很大的鼓励,产生意想不到的教育效果。又如,用手势表达物体的大小、高矮、形状,用身体动作表现人物、动物或事物的特点等,就比用语言描述形象、直观,也更容易吸引幼儿的注意,激发幼儿的兴趣,帮助幼儿理解。也正是这一特点,使我们可以用它来弥补口头语言的不足。

第二,体态语具有丰富性的特点,其表现力甚至不亚于口头语言的表达力。在幼儿面前,老师的微笑可以是赞许同意,也可以是理解宽容,还可以是欣赏期待,更可以是爱护扶助。教师适当地运用体态语,如摸摸头,拍拍肩,拉拉手,可以给幼儿以极大的支持感和信赖感。

第三,体态语具有易感性特点,它提供的是视觉信息,与口头语言提供的听觉信息相比,更容易被幼儿感知、理解,因而对幼儿的影响也更显著。而有身体接触的体态语言,更能够带来丰富的情感体验。教师在活动中形体神态上的任何变化,都会对教育活动的效果产生影响,也会引起幼儿的情绪反应。如,教师在表扬幼儿时摸摸他们的小脸,鼓励幼儿时轻轻拍拍他们的肩背,会比单纯使用语言更能让幼儿体会到被赏识、被激励的情感,也更能激发幼儿向着教师指引的方向前进的动力。

第四,体态语的局限性在于没有十分确定的词语和语句(哑语除外),所传达的信息不可能像口头语言那样精确。它通常只有一个大体意义范围,具有多义性和不确定性。例如,抬臂摆手这一动作,既可以表示再见、别离,也可表示拒绝。某一体态语的具体含义必须依赖和受限于特定的教育情境和教学环境。所以,教师如能将体态语和口头语配合起来运用,就可充分发挥体态语言的作用,降低它的局限性和模糊程度。

2. 恰当使用体态语表达的具体技能

(1)采用大方的姿态形象。姿态是指人的身体呈现出来的样子及其所体现出的气质风度。幼儿教师的姿态是体态语的重要构成部分,也是教师修养礼仪的重要体现。幼儿教师的坐姿、站姿和行姿应大方得体,符合礼仪要求。

(2)运用丰富多彩的手势语。手势语是指教师根据教学内容需要,用手或是手臂的动作传情达意的一种语言,是幼儿园教育教学中运用最普遍、最典型的语言之一。

① 指示手语:指示手语指教学中用于组织、指导幼儿学习的手语,一般用于维持纪律,引起幼儿注意。教师在传递信息时用手语加以辅助,可以帮助幼儿在回忆时借助生动形象的手势语联想有声语言,从而记住学习信息。例如,幼儿年龄小,对许多课堂行为规范尚不了解,如果只凭语言描述,很难在短时期内让幼儿记住,需要教师用一些恰当的、固定的指示手语作为辅助,如教师在提问时总是辅以举手的手势,一段时间后,幼儿便对教师"举手"这一手势语非常了解,当出现这个动作时,就会很自然地做出"举手发言"的

反应。

②情感手语：情感手语是指教学过程中根据教学情境和氛围的需要，用以表达情感的手势语言。情感手语能强化教师表达的思想感情，进一步沟通师幼交流，营造积极、愉快、和谐的课堂氛围。如，当幼儿答对问题后，教师竖起大拇指，他会感到教师对他的赞赏，回答问题的积极性会大大增加。情感手语事前没有设计，应根据教学的实际需要加以运用，具有及时、适度的特点。

③形象手语：形象手语是指教师根据教学目的、内容的需要而运用的形象手语，是幼儿园教学的有效手段。它一般在讲解重点和突破难点时，为实现教学目标服务，符合幼儿年龄特点的形象手语是幼儿园教学的有效手段。例如，在音乐活动中，结合所演唱的有鲜明形象的动物歌曲，通过形象手语形象地模仿出各种动物的姿势，能很好地激发幼儿的情绪。还可用形象手语生动地解决一些抽象问题，如学前班学习反义词时，可用手指天花板说"上"，用手指地说"下"，等等。

（3）结合生动传神的情态语言。情态语言是指人的面部情感、神态所表达出的意念与情感，它是体态语言的重要因素，对外界具有很大的影响。

眼神是最能传达感情、进行交流的体态语言。幼儿教师无声的眼神能发挥特殊的教育功能。例如，注视可以表现对幼儿的关注、关心，也可以是对幼儿的提醒；满含期待的眼神，可以传达教师对幼儿的信任和激励，会让幼儿受到鼓舞，勇敢发言，尝试探索。

微笑是最好的沟通技巧，是具有强烈感染力的体态语言。幼儿教师面带笑容地组织教育活动，幼儿就会感到亲切，容易接受老师的教育，师生关系融洽，教学活动气氛活跃，教学效果好。在教育教学活动中，教师根据活动内容与形式、故事情节与人物特点、幼儿的不同表现与反应，变换不同的面部表情，可加强幼儿对活动内容与要求的理解，增强幼儿对故事情感与思想的理解，促进幼儿对教师指令与要求的配合。

（三）体态语表达技能训练

［训练主题］ 幼儿教师体态语表达技能训练。

［训练目标］

（1）能使用和蔼可亲的面部表情营造氛围。

（2）能使用身体姿态为幼儿做出示范。

（3）能使用示意明确的手势提示幼儿。

（4）能利用眼神对幼儿的各类行为表示赞许、期待、鼓励、阻止、反对、批评等态度。

［训练内容］ 运用体态语提示幼儿注意就餐礼仪。

［训练要求］

（1）在与幼儿的实际接触中训练体态语。

（2）在与家长的实际接触中训练体态语。

［训练评价］ 训练后，总结、评估，填写表9-2。

表9-2 幼儿教师体态语表达技能评价表

日期　　　　　　训练人　　　　　　评价人

评价序号	评价项目	评价方式	评价等级					得分
			5	4	3	2	1	
1	能充分利用体态语表达的一般特征与他人进行言语交流，体态语直观、丰富、富有感染力	自我评价						
		他人评价						
2	有大方的姿态形象，坐姿、站姿、行姿符合教师礼仪	自我评价						
		他人评价						
3	能运用丰富多彩的手势语，指示手语、情感手语和形象手语使用得当	自我评价						
		他人评价						

（续表）

评价序号	评 价 项 目	评价方式	评价等级					得分
			5	4	3	2	1	
4	能使用生动传神的情态语言,眼神表情自然明确	自我评价						
		他人评价						
评价说明								

幼儿教师行为仪表规范技能

都是钻戒惹的祸

水老师结婚了,除了比平时更显温柔美丽,手上还多了一枚钻戒。按说戴钻戒也没什么稀奇,可是水老师偏偏觉得有什么事变得不对劲了:拉孩子们游戏时,他们的眼睛不看自己却盯着自己的手;讲故事出示教具,可爱的卡通道具却得不到孩子们的"青睐",小家伙们的目光总在追寻拿道具的手;示范绘画时,形象逐渐清晰的"小浣熊"也没能得到孩子们的正视,倒是手指划过的弧线牵引着孩子们的视线……

水老师终于明白:都是钻戒惹的祸。钻石璀璨耀眼的光芒,不仅扰乱幼儿的视线,更分散他们的注意力。于是,在孩子们午休时,水老师悄悄地摘下钻戒,藏进包里……

一、幼儿教师行为仪表

(一) 幼儿教师行为规范

幼儿教师行为规范是幼儿教师群体或个人在幼儿园工作生活、组织幼儿教育教学活动及接待与幼儿或幼儿园有关的人员时应遵循的行为规则,是社会对幼儿教师的期待、认知和约束的行为标准。

幼儿教师是特殊的社会群体,是幼儿保育教育工作的承担者、幼儿精神的引领者、幼儿心理的呵护者、幼儿人格成长的示范者和幼儿社会化进程中的伴随者。幼儿教师的一举一动、一言一行都会影响幼儿的观念与行为。因此,针对幼儿教师的行为规范要求更严格,标准更高。

(二) 幼儿教师仪表规范

幼儿园教师仪表形象是指在职业规范的支配下教师所表现出的特有的气质、仪态和风度等。与其他职业相比,幼儿园教师的仪表形象渗透着强烈的职业精神与职业理念。教师需要精心设计仪表形象,以提升仪表形象的教育影响力。

幼儿教师的仪表形象是其教育形象的核心组成部分,对幼儿园教育教学活动的组织发展有着重要的意义。现代幼儿教育事业的发展对幼儿教师仪表形象提出了更高的要求。幼儿教师仪表规范的基本原则是整洁、文雅、端庄、大方,应体现亲和、活泼、清新、自然的职业特点。

二、幼儿教师行为仪表规范技能

(一) 幼儿教师行为规范技能

1. 办公行为

在办公场所应保持安静,集中精力、抓紧时间完成个人工作;讨论问题时应轻言轻语。应遵守上下班

时间,有事(病)请假,带班不离岗,不因私随意换班。举行升旗仪式时,应立正、表情庄重、不说话、行注目礼,切忌身体歪斜、双手插在口袋里、手背后或抱胸、交头接耳、嬉笑逗闹等。学习、开会时准时到会,专心聆听,认真做笔记,真诚交流,手机静音,适时鼓掌,切忌讲闲话、发短信、乱丢纸张、拍桌摔物、随意进出、结束时不还原座椅等。使用物品要轻拿轻放,节约水电,按需用电,及时关水,切忌损坏浪费。

2. 接待行为

接待家长时,应起身迎送,点头示意,微笑问候,然后询问了解情况,提供必要的帮助,向家长真实准确地反映问题。接待来宾时如有预约,应于园门前迎接,主动握手问好,在客人的侧前方引导进入接待室;如无预约,值班人员应询问来访原因及访见对象,礼貌地请来访者登记,帮助来访者联系访见人,并指引寻找或等待的科室。介绍来宾应先主后客,先上级后下级,先女后男,先长后幼;如果双方有很多人,要先从主方职位高者开始。会谈时应注意倾听,尊重来宾意见,谦逊说明本园情况,简略记录会谈事项。送别来宾时伴于客人身侧或侧后方,送至园门外,并表示对其到访的感谢和再次光临的欢迎。

3. 带班教学行为

教师在指示幼儿时,可用语言加手势提示,或牵着手引领指示,不拉扯幼儿的身体和衣服,不随便用手指点。处理班务时应轻声缓步,不影响幼儿的学习与休息。幼儿午睡时不聊天、不打电话。切忌始终手握茶杯、坐着接待幼儿或家长、扔书本等不当行为。在与幼儿的互动中应热情温和、积极应答、仔细观察、不断提示、鼓励欣赏。

4. 园内生活行为

应自觉保持幼儿园环境卫生,不乱扔垃圾,不随便张贴;有序停放车辆。应文明用餐,离开时主动清理桌面,座椅归位,切忌挑选食物、乱扔剩饭剩菜、高声谈论。

(二)幼儿教师仪表规范技能

1. 着装

幼儿教师的衣着打扮应符合职业特点,做到大方得体,便于活动,不同场合穿不同服装,给幼儿以美的熏陶。上班时适宜选择"流行中略带保守"的服装,不宜穿着太时髦或太暴露的服装,如超短裙、超短裤、吊带裙、低胸装等,可穿着轻便的休闲装或娃娃服,下装长度不可太短,配以舒适、轻便的鞋子;上班时间不赤脚或穿拖鞋或趿拉着鞋;带班或幼儿午睡时不穿有响声的高跟鞋。日常着装应以色彩柔和淡素的职业装为佳。

2. 仪容

幼儿教师应精神饱满,健康向上,面带微笑,充满活力。应保持口气和体味清新,仪表整洁。日常生活化妆应自然、大方、淡雅,与肤色衣服相匹配,切忌浓妆艳抹、留长指甲、染彩甲;不使用有刺激性气味的化妆品;染发大众色,工作时间将长发束起,不披头散发;前发不覆额,侧发不遮耳;佩饰少量简单,点缀即可,无夸张造型或色彩。

三、幼儿教师行为仪表规范技能训练

[训练主题] 幼儿教师行为仪表规范技能训练。

[训练目标]

(1)掌握幼儿教师行为仪表规范标准。

(2)熟练运用幼儿教师行为仪表规范标准开展幼儿园日常工作。

[训练内容]

(1)上下班的适当装束、妆扮。

(2)入园接待幼儿及家长的行为规范。

[训练要求]

(1)积极体验幼儿教师行为仪表对开展工作的影响。

(2)实地观察幼儿园中教师的行为仪表,并做出分析、评价和建议。

[训练评价] 训练后,总结、评估,填写表9-3。

表9-3 幼儿教师行为仪表规范技能评价表

日期　　　　　　训练人　　　　　　评价人

评价序号	评 价 项 目	评价方式	评价等级					得分
			5	4	3	2	1	
1	办公行为规范,无不当行为	自我评价						
		他人评价						
2	接待行为规范,在接待幼儿、幼儿家长和其他来宾时无不当行为。会谈时,能简略记录会谈事项	自我评价						
		他人评价						
3	带班教学行为规范,无不当行为	自我评价						
		他人评价						
4	园内生活行为规范,无不当行为	自我评价						
		他人评价						
5	着装打扮符合职业特点,大小得体,便于活动。上班时,不穿时髦或暴露的服装;日常着装大方、典雅	自我评价						
		他人评价						
6	仪容好,精神饱满,健康向上,面带微笑,充满活力。能保持口气和体味清新,仪表整洁	自我评价						
		他人评价						
评价说明								

第三节 幼儿教师文案工作技能

令人头疼的案头

小王老师是一位刚从事幼儿园工作不久的新手,一学期下来,她的案头堆满了大量的资料,有各种保教资料、幼儿发展评价表、教师问卷、工作计划、工作总结、活动教案等,还有学位证、继续教育证、职称申报材料等许多个人资料。这些资料杂乱无章地占去了她书桌的大部分位置,令她不胜其烦。她的电脑桌面更是乱七八糟,要想从中找一个文件,得花很长时间,而且根本就无从找起。看来,她是得花时间好好学学文案工作方法了……

一、保教资料整理归档技能

(一)保教资料整理归档

幼儿园保教资料是反映幼儿园贯彻教育方针、落实《幼儿园工作规程》,对幼儿实施保育与教育的真实记录,是进行幼儿保教、科研和交流总结、探索幼教规律的必要条件和可靠依据,是广大幼儿教育工作者辛勤劳动和智慧的结晶,是幼儿健康成长的见证。幼儿园保教资料整理归档工作是幼儿管理工作中的一项基础工作,它的科学化、制度化和规范化,可以有效地发挥档案的利用价值和作用,更好地为幼儿园各项工

作服务。因此,保教资料整理归档技能是幼儿教师必备的专业技能之一。

(二)保教资料整理归档技能

1. 充分收集保教资料

幼儿园的保教资料主要来自保教第一线,身处第一线的教师要树立收集保教资料的意识,对看似日复一日的平淡常规工作保持高度关注,时刻留心观察,摘要记录,坚持收集在各项工作中产生的材料,如班务计划、活动实录、教学总结、家长会记录等,为充实保教资料做好积累,以确保幼儿园档案材料齐全完整。

2. 及时做好保教资料的整理归类工作

(1)从不同的角度对保教资料进行有目的的归类。根据资料的媒体形式,将保教资料归类为文本资料、声像资料和实物资料;根据资料的主体,将保教资料归类为教师资料和幼儿资料;根据资料的性质,将保教资料归类为教育教学资料和幼儿保健资料;根据资料发生与使用的频率,将保教资料归类为常规工作资料和应急事件资料;根据工作的流程,将保教资料归类为保教计划、保教记录和保教总结;根据资料的来源,将保教资料归类为内部资料和外来资料。

(2)完成对保教资料的整理。对保教资料设定保管期限(永久、长期或短期),再按保管期限将各类资料分别组卷,即将同类的单份资料按照它们在形成和处理过程中的联系,编成各个案卷,或将有关某一问题或某项工作活动密切联系的文件材料组成一个案卷,以反映保教工作及活动的来龙去脉。

(3)做出案卷标示。根据案卷的主题填写封面,按照同类案卷的生成时间编写序号,如果需要,可以用特殊记号加以标注,以方便快捷地查阅、提取。

(4)编写保教资料检索目录。为方便查阅使用,应对所有保教资料进行编目,按照不同的案卷、不同的专题编写目录。

(5)安排专用文档资料柜。文档资料柜材质不限,要求牢固、避光、便于闭锁。如果没有固定的文档资料柜,保教资料的存放可能会因没有专门场所而出现散失损耗。

(6)妥善、安全存放。存放资料的过程中要防水、防潮、防火、防虫、防鼠。

(三)保教资料整理归档技能训练

〔训练主题〕 保教资料整理归档技能训练。

〔训练目标〕

(1)掌握保教资料的分类技能。

(2)掌握保教资料的整理归档技能。

〔训练内容〕 幼儿园保教资料的整理与归档。

〔训练要求〕

(1)在幼儿园进行实地考察,了解保教资料的分类、整理归档工作,并做出分析、评价和建议。

(2)帮助幼儿园做好保教资料的整理归档工作。

〔训练评价〕 训练后,总结、评估,填写表9-4。

表9-4 幼儿教师保教资料整理归档技能评价表

日期　　　　　训练人　　　　　评价人

评价序号	评 价 项 目	评价方式	评价等级					得分
			5	4	3	2	1	
1	能充分收集保教资料,类别多样,形式丰富	自我评价						
		他人评价						
2	能及时做好保教资料的整理归类工作,能按要求对保教资料进行有目的的归类、整理	自我评价						
		他人评价						

(续表)

评价序号	评 价 项 目	评价方式	评价等级					得分
			5	4	3	2	1	
3	保教资料的整理归档规范,有案卷标示,有检索目录	自我评价						
		他人评价						
4	资料归档适当,存放安全,保管妥帖	自我评价						
		他人评价						
评价说明								

二、工作计划、工作总结、个人资料库等文字材料的撰写技能

(一) 工作计划撰写技能

1. 工作计划撰写技能

工作计划是对未来一段时间内的工作可能面临的情况、问题、变化等做出的前瞻性部署和打算,也是幼儿园常用的文体之一。写好工作计划,对班级或全园的工作起到指导、组织、推动和监督作用。

(1) 紧密结合上级或园内总体工作安排。撰写工作计划,首先要吃透上情,要根据上级颁布的工作安排、出台的政策意见、坚持的工作原则来撰写本园或本班的工作计划。

(2) 紧密联系本园或本班的实际情况。根据对本园或本班实际情况的调查研究,坚持从客观实际和现实情况出发,安排本园或本班的下一阶段工作计划,并经反复酝酿讨论,撰写工作计划书。

(3) 工作计划要可落实,具有可操作性。工作计划的目的要明确,任务要清楚,有具有一定的前瞻性。工作计划的措施要可行,计划中应写明应该怎样去做,方法、步骤和措施都有具体要求。

(4) 行文简洁,语言表达凝练。好的工作计划不仅内容上佳,形式也要精美。工作计划如果语言表达不准确、不精练,使人难读难懂,必定难以执行落实。因此,工作计划一定要结构清晰、行文规范、文面整洁、语言简练。

案例分析:幼儿园家长工作计划

一、指导思想

以《幼儿园教育指导纲要(试行)》为工作指针,实施家园合作。重视与家长的合作教育,双方积极主动地相互了解、相互支持、相互配合,共同促进幼儿的身心发展。本着"热情对家长,亲切待宝宝"的宗旨,综合利用各种教育资源,共同为幼儿的发展创造良好的条件,努力提高办园声誉,办出家长满意的幼儿教育。

二、工作目标

1. 针对不同层次的家长进行不同的联系、交往,力争让每位家长都能时刻了解孩子的在园情况。

2. 家园配合,使教学活动顺利开展。

三、工作措施

1. 更新观念,转换角色,营造家园合力的教育环境。

2. 做好个别化家长工作。

3. 发挥家委会的桥梁作用。

4. 继续开展家长开放日活动。

5. 尝试开展家长助教活动。

6. 办好家长园地。

7. 充分利用网络平台。

(本案例由天水市金太阳幼儿园王卉老师提供。)

分析：家长工作是幼儿园日常工作的重要组成部分，家长工作计划是幼儿园工作计划的重要成分。该计划从思想、目标与措施三个方面提出了家长工作构想，思想有高度，目标明确，措施多样，可执行性较强。

2. 工作计划撰写技能训练

[训练主题] 工作计划撰写技能训练。

[训练目标]

(1) 能分析教师特长、幼儿能力水平、家长便利条件等班级情况。

(2) 初步具有设计班级活动计划的技能。

[训练内容] 大班"六一"节活动计划。

[训练要求]

(1) 根据幼儿园"六一"活动总体安排制定班级计划。

(2) 班级计划中要反映出全园"六一"活动的总体要求，要成为全园活动的一个部分。

[训练评价] 训练后，总结、评估，填写表9-5。

表9-5 幼儿教师工作计划撰写技能评价表

日期　　　　　　训练人　　　　　　评价人

评价序号	评 价 项 目	评价方式	评价等级 5	4	3	2	1	得分
1	活动计划目标明确、任务具体	自我评价						
		他人评价						
2	活动计划符合园情，体现全园总体工作安排	自我评价						
		他人评价						
3	活动计划符合班情，适合班级相关人员以及各项条件	自我评价						
		他人评价						
4	活动计划既有一定的确定性、可执行性，又有一定的变通性，可根据需要做出调整	自我评价						
		他人评价						
5	计划执行顺利、效果良好	自我评价						
		他人评价						
评价说明								

(二) 工作总结撰写技能

1. 工作总结撰写技能

(1) 对以往做过的工作进行反思。总结是在一项或一段时间工作结束后进行的，工作虽然结束了，但工作中取得了哪些成绩，存在哪些不足，今后有哪些地方需要改进，都需要进行反思，以便总结经验，吸取教训，为下一项或下一阶段的工作提供借鉴。

(2) 对工作的得失进行辩证分析、客观评价。总结要从正反两方面进行分析，评论得失也要从成绩中找突破，从失败中找教训。对工作的评价既不能一味谦虚，也不能自得自满，而应实事求是，就事论理，既要肯定成绩，又要找出下一步努力的方向。

(3) 工作总结的文字表述叙议结合，有评有论。工作总结除了叙述、说明外，还要议论，通过典型材料的介绍及分析评议，阐明作者的观点，使经验教训条理化、理论化，避免空洞无物或堆砌材料。

2．工作总结撰写技能训练

［训练主题］ 工作总结撰写技能训练。

［训练目标］

（1）有及时反思、客观评价的习惯。

（2）掌握工作总结撰写技能。

［训练内容］

（1）见习工作总结。

（2）实习工作总结。

［训练要求］

（1）根据见习、实习工作计划，反思见习、实习过程中存在的问题及取得的成绩。

（2）对问题及成绩做出正反两方面的分析，给出客观公正的评价。

（3）分析评价要以事实为依据，以幼儿教育理论为指导，要以"例"证"理"，以"理"说"例"。

（4）总结要结构清晰，条理分明，文字表述简明易懂，写作方式叙议结合。

［训练评价］ 训练后，总结、评估，填写表9-6。

表 9-6 幼儿教师工作总结撰写技能评价表

日期　　　　　　训练人　　　　　　评价人

评价序号	评 价 项 目	评价方式	评价等级 5	4	3	2	1	得分
1	能立足已经完成的工作进行主客观、得失成败两方面的反思	自我评价						
		他人评价						
2	能从反思中提出成功经验，总结失败教训，并说明具体改进意见	自我评价						
		他人评价						
3	能根据幼儿教育原理、幼儿园工作规程对工作得失成败及其原因、后果进行客观评价	自我评价						
		他人评价						
4	总结叙议结合，有理有据，逻辑结构清晰，文字简洁	自我评价						
		他人评价						
评价说明								

（三）个人资料库整理技能

1．个人资料库整理技能

个人资料是指有关幼儿教师个人的所有信息资料，包括个人自然信息（如姓名、性别、年龄、籍贯等）、个人学历信息（如求学经历、毕业院校、修业年限、学历/位证书、奖惩记录等）、个人家庭信息（婚姻状况、家庭成员及其概况、社会关系等）、个人工作信息资料（工作经历、单位名称、工作年限、工作业绩、成果展示、职称晋升资料、职务变化资料、奖惩记录、工资待遇等）、个人专业成长资料（如日常学习、培训进修、计划总结、反思创新等）、个人学术信息资料（研究方向、学术专长、参与项目、科研成果等）。个人资料库是指对个人资料建立专门档案，打包保存，以方便查阅与使用。

（1）纸质版个人资料库的建立与整理技能。纸质版个人资料包括文字资料、复印资料、图片资料等。

① 利用档案袋或文件夹作个人资料库的载体，在档案袋或文件夹的封面上填写好教师个人的姓名、编号。

② 将基本信息制成表格，填写完整后装入档案袋或文件夹中。

③ 将所有的有效证书及复印件分类整理后放入档案袋或文件夹中。

④ 按照时间顺序,分学年或学期,分类各类资料放入档案袋或文件夹中。

⑤ 在工作过程中随时收集、整理个人资料,随时分类存放。

⑥ 如果个人信息资料有所变动,要及时增补、删改。

⑦ 如个人资料存量逐渐增大,可分级建立个人资料库,如以文件柜或文件匣为一级库,以档案袋或文件夹为二级库,一级库以姓名或编号命名,二级库以资料类别命名。

(2)电子版个人资料库的建立与整理技能。电子版个人资料库是指利用计算机的信息存储功能,将个人信息资料输入相应的存储位置分级、分类存放。

① 电子版个人资料库的建立。在计算机硬盘的非系统分区盘上,建立分好类的文件夹,贮存各类文件。各类文件夹还可以不断分级,以保存不同小类的资料。例如,可以在硬盘逻辑盘 E 盘中建立一级子目录"园外活动"、"园内工作"、"班级事务"、"教学工作"等文件夹;在"教学工作"文件夹下建立二级子目录,如"活动设计"、"教学反思"、"评价记录"、"参考资料"等文件夹;在"活动设计"文件夹下,还可以建立起三级子目录,如"健康活动设计"、"语言活动设计"、"艺术活动设计"等文件夹,在这些文件夹中可以分别建立各类文档,存入不同时期的活动设计方案、活动影像资料等。

这种分级分类的文件夹形式,不仅可以对各种文件进行有效分类和保存,还可以在日后方便快捷地找到所需的资料。

② 电子版个人资料库的整理。首先,要养成不随意在桌面上存放文件的习惯。桌面上堆积文件,不仅会使开机速度变慢,影响计算机的正常运行,而且在纷繁复杂的图标中很难找到需要的文件。其次,及时更新或修改个人资料,使个人资料库常新、高效、全面真实。再次,根据需要,创建新的分级分类目录。

2. 个人资料库整理技能训练

[训练主题] 个人资料库整理技能训练。

[训练目标]

(1)养成及时收集、妥善保管个人信息资料的习惯。

(2)练习对个人信息资料进行分类、排序的方法。

(3)掌握建立、整理纸质版个人资料库的技能。

(4)掌握建立、整理电子版个人资料库的技能。

[训练内容]

(1)整理纸质版个人资料库。

(2)整理电子版个人资料库。

[训练要求]

(1)尽可能全面地收集个人资料。

(2)对所得资料进行初步分类、存档。

(3)对已建立的个人资料库进行增添、更新和管理。

[训练评价] 训练后,总结、评估,填写表9-7。

表 9-7 幼儿教师个人资料库整理技能评价表

日期　　　　　训练人　　　　　评价人

评价序号	评 价 项 目	评价方式	评价等级					得分
			5	4	3	2	1	
1	能及时收集个人资料,资料全面、准确	自我评价						
		他人评价						
2	资料分级合理、分类恰当	自我评价						
		他人评价						

（续表）

评价序号	评 价 项 目	评价方式	评价等级					得分
			5	4	3	2	1	
3	纸质版个人资料库保管完善,无破损,无遗失	自我评价						
		他人评价						
4	电子版个人资料库目录清晰,文件夹完整	自我评价						
		他人评价						
5	对个人资料库的整理及时、有效,整理后的资料库更加完善,能更全面地反映个人信息情况	自我评价						
		他人评价						
评价说明								

三、幼儿园常用应用文写作技能

（一）幼儿园常用应用文写作技能

1. 请假条的写作技能

请假条是因故（事/病）不能正常出勤或出席必须参加的活动时所使用的一种应用文样式,一般分事假条和病假条两种。病假条一般要求附上医院诊断证明。请假条一般由标题、称谓、正文、署名和日期五部分组成。

（1）标题:"请假条"。第一行居中书写,字号略大于正文。

（2）称谓。即抬头,是请假人对被请假人的称谓。常用"尊敬的××"。第二行顶格书写,后加冒号。

（3）正文。写明请假的原因、请假天数、起止时间等。文后写"敬请批准（为盼）!"字样。如有他事,也可后附说明。第三行缩进两个字符书写。

（4）署名。即落款,是请假人本人的姓名。写在正文后右下方第三行处。

（5）日期。即请假条书写的日期。另起一行写在署名下面。应完整写明年、月、日,必要时加上时、分及地点。

2. 通知的写作技能

通知是一种使用范围较广的文体。凡需要特定机关和人员知道、办理的事宜,都可以用通知。通知可分为批示性通知、指示性通知、一般性通知、会议性通知、任免通知等。

（1）通知的格式。一般说来,通知分标题、正文、署名、时间四部分。标题即通知的名称,应写在第一行正中,如开会通知、劳动通知等,点出通知的性质,有时只写"通知"两字即可。正文是核心,内容一般包括时间、地点、事件、人员和要求,即通知谁、在什么时间、在什么地点、做什么事、应注意什么等;正文后可有要求性词语,如"不得缺席"等。署名是签署通知发出者的名称,如"××幼儿园"。日期是通知发出的时间。

（2）通知的内容。通知的内容必须确切,什么时间,什么人需要办理什么事项,什么期限内要完成什么任务等,必须一一交代清楚,否则可能误事,甚至会造成不可挽回的损失。

（3）通知的文字。通知文字要简洁通俗,无生僻字词,无复杂语句,让人阅读轻松,领会容易。

（4）通知的书写。字迹要工整,如果是手写体,应使用正楷字。如果是打印稿,可使用楷体、宋体、仿宋体与黑体。无论手写体或印刷体,都不适宜使用草书,以免影响阅读者的理解。

3. 启事的写作技能

启事是机关、企事业单位、团体或个人需要向公众说明某事,或希望公众协助办理某事时使用的一种事务文书。启事通常由标题、正文、落款三部分组成。

（1）标题。可用文种、内容作标题,可由内容和"启事"、启事者和内容组成标题,也可由启事者、内容和"启事"组成标题。

（2）正文。启事内容简单的可一段成文,启事内容稍丰富的通常分几个段落成文。

（3）结尾。启事的落款一般包括联系地址、电话、联系人姓名或者签署启事者姓名、时间等。

启事的写作应严格按格式要求,做到内容简明,语言平实质朴,讲求礼貌。

案例分析：××幼儿园招生启事

××幼儿园是××省幼儿教育有限公司下属的幼儿园,是市幼儿教育体制改革试点园,是在"自筹经费、自负盈亏、自主办园、自我发展"的政策指导下,走向市场、依托社会发展的民办幼儿园,是一个保教质量优、口碑好、具有示范性的幼教基地,是首批省一级幼儿园、省先进民办幼儿园、首批示范性幼儿园。

××幼儿园在开拓、创新、高效的领导班子的带领下,坚持以人为本,强化科学管理,采取一系列有利于幼儿成长、提高教师素质、幼儿园整体发展的措施,走可持续发展的道路。特别是在以尊重幼儿、促进幼儿主体性发展这一目标激励下,让每位幼儿健康、愉快、自信、有尊严地成长。幼儿园一向倡导以研促教,积极鼓励和支持教师参与幼儿教育教学研究。

招生对象：3岁—6岁儿童

招生时间：市统一招生时间

报名地点：略

联系电话：略

报名注意事项：1. 携带户口本。

2. 注册时携带幼儿保健手册及预防接种证。

××幼儿园

2012年5月14日

分析：该招生启事用相当篇幅对本园情况作了介绍。这在启事类应用文中也是常见的写作方式,对启事单位、启事事项加以介绍,便于家长了解。启事的后半部分对时间、地点、对象、联系电话等予以注明,方便需要报名的家长联系。但报名时间没有确定,需要家长再通过其他方式查询,给家长带来不便。如果能再注明具体的联系人,就可以使家长知道具体找什么人报名或咨询报名事宜。最后的单位署名、时间落款均符合写作规范。

4. 邀请信的写作技能

邀请信是个人或集体邀请他人出席会议、加入组织或参加活动的一种特殊书信,是使用频率极高的应用文体。邀请信有较为固定的格式,它的内容一般包括称谓、正文、结尾语、署名、日期等。

（1）称谓。邀请谁,便填谁的姓名和职务。如"李天欣园长"。

（2）正文。必须写清楚在什么时间、什么地点、做什么事。

（3）结尾语。结尾语有许多较为固定的短语,如"敬请莅临"、"敬请光临"、"请光临指导"等。

（4）署名。邀请者签上自己的姓名或单位名称。

（5）日期。邀请信发出的时间。

邀请信要写得简单、明确,字迹工整,用词文明礼貌。不论是手写稿还是打印稿,落款处如果是单位,应在单位名称上加盖单位公章,以示正规、正式。

案例分析：邀请信

尊敬的各位家长：

为了拓展我园的多样化课程和幼儿对社会的认知度,我园定于4月份开展"家长走进幼儿园,我为孩子当老师"半日活动。邀请每位幼儿的家长来园半天,为自己孩子所在班上一节课,课的内容与自己从事的职业有关。

如果您是军人,请为孩子讲解军种、级别、军纪、军姿要求等。

如果您是超市工作人员,请为孩子讲解多种蔬菜的名称、产地和营养价值。

如果您是汽车销售者,请为孩子讲解汽车的名称、标志、用途和构造。

如果您是医生,请为孩子讲讲小儿常见病的病因与预防。

如果您是自由职业者,可为孩子讲故事,教唱一首歌。

……

望家长积极参加,尽快到班主任处报名,由班主任根据您的课程内容安排上课时间。

感谢您的参与和支持!

××幼儿园(公章)
2012 年 3 月 20 日

分析:该邀请信内容简洁明确,用词亲和上口,能极大调动被邀请人参与活动的积极性。邀请信格式规范完整,具有一定的示范性。

5. 感谢信的写作技能

感谢信是向帮助、关心和支持过自己的集体或个人表示感谢的专用书信,有感谢和表扬双重意思。感谢信既要表达出真切的谢意,又要起到表扬先进、弘扬正气的作用。它广泛应用于个人与个人、个人与组织、组织与组织之间。感谢信通常由标题、称谓、正文、结语和落款五部分构成。

(1)标题。标题的写法有:单独由文种名称组成——"感谢信";由感谢对象和文种名称共同组成——"致×××的感谢信";由感谢双方和文种名称组成的——"××幼儿园致××小学的感谢信"。

(2)称谓。开头顶格写被感谢的机关、单位、团体的名称或个人的姓名,个人姓名后面应根据被感谢人的身份附上"同志/先生/老师/医生……"等称呼,后加冒号。

(3)正文。正文从称谓下面一行空两格开始写,要求写上感谢的内容和感谢的心情。应分段写出以下几个方面:第一,感谢的事由。第二,对方的事迹。具体叙述对方的事迹,叙述时务必交代清楚人物、事件、时间、地点、原因和结果,重点叙述关键时刻对方给予的关心和支持。第三,揭示意义。指出对方的支持和帮助对整个事情成功的重要性以及体现出的可贵精神,同时表示向对方学习的态度和决心。

(4)结语。是感谢信结束时表示敬意和感谢的话。如"此致敬礼"、"致以最诚挚的敬礼"等。

(5)落款。落款处署上写信的单位名称或个人姓名,并且署上成文日期。前者在上,后者在下。

感谢信的写作应内容真实,评誉恰当,以免给人一种失真的印象;用语要适度,叙事要精练;内容以主要事迹为主,详略得当,篇幅不可太长。

案例分析:幼儿园老师给家长的一封感谢信

亲爱的家长朋友们:

你们好!感谢您把孩子的成长与未来托付给我们,感谢您一直以来对我们工作的理解和支持。我们深知,蒙氏中一班的昨天浸入了您无限的信任,明天也将寄托您殷切的希望。

在这一段时间里,陆续收到家长们热情的来信,让我们倍感温馨和幸福,同时也深受鼓舞。幼儿教师的光荣感和责任感,会使我们继续以努力进取、认真负责的工作态度,更加呵护我们的孩子。同时也愿孩子们在这里自由健康地生活,因为这里是梦幻般的乐园;愿孩子们在这里愉快充实地玩耍,因为这里是他们成长的摇篮。

再次感谢家长对我班教育工作的肯定,让我们携手为孩子们打造一个健康、快乐的童年!

××幼儿园
蒙氏中一班教师:×× ×××
2012 年 5 月 29 日

分析:该感谢信简洁而真诚热情地说明了感谢的对象、感谢的原因,格式完整,表述清晰,没有过多的套话、空话,较为真实、感人、可信。

6. 申请书的写作技能

申请书是个人或集体向组织、机关、企事业单位或社会团体表述愿望、提出请求时使用的一种文书。申请书的使用范围广泛,它同一般书信一样,具有表情达意的工具,是请求对方满足要求的一种公用文书。所以,请求的特性是申请书的一个根本特点。

(1)标题。有两种写法,一是直接写"申请书",另一是在"申请书"前加上内容,如"入党申请书"、"调

换工作岗位申请书"、"扩大招生申请书"、"岗位定级申请书"等,一般采用第二种。

(2)称谓。顶格写明接受申请书的单位、组织或有关领导。

(3)正文。这是申请书的主体,主要是提出要求,说明理由。

(4)结尾。写明惯用语"特此申请"、"恳请领导帮助解决"、"希望领导研究批准"等,也可用"此致"、"敬礼"等礼貌用语。

(5)署名、日期。个人申请要写清申请者姓名,单位申请应写明单位名称并加盖公章,注明日期。

申请书的写作要求申请的事项要清楚、具体,涉及的数据准确无误;理由要充分、合理,实事求是,不能虚夸和杜撰;语言要准确、简洁,态度要诚恳、朴实。

案例分析:幼儿教师晋级申请书

尊敬的各级领导:

本人 1997 年 7 月毕业于××师范学校,自 1997 年 8 月参加工作以来,在××幼儿园工作已 13 年。2002 年被聘为二级教师,现聘期已满并符合一级教师申报条件,特此提出申请。

申请人:××
2010 年 9 月 26 日

分析:晋级申请是幼儿教师常用的应用文体。由于此类申请通常是逐级上报的,所以该教师使用了"各级领导"这一称谓。申请书表明了自己已具备申报资格。落款姓名时间完整。

7. 会议记录的写作技能

会议记录是如实记录会议的基本情况、会议中的报告、讲话、发言、决定、决议、议程以及各方面意见等内容的一种重要应用文。它的作用主要是提供重要依据、通报信息、参考资料和档案凭证。会议记录按性质分,有党委会议记录、群众团体会议记录、行政会议记录等;按内容分,有工作会议记录、座谈会议记录等;按范围分,有大会会议记录、小组会议记录等;按记录方法分,有摘要会议记录、详细会议记录等。

会议记录一般由标题、会议基本情况、会议内容、会议结尾 4 部分组成。

(1)标题。标题即会议的名称。一般写法是单位名称、会议事由(含届、次)加上记录组成,如《××幼儿园园长办公会议记录》。

(2)会议基本情况。这部分要写清开会时间和会议地点,出席人、缺席人和列席人;写明主持人的姓名、职务;写明记录人的姓名,必要时注明其真实职务,以示对内容负责。上述内容,要在会议召开之前写好,不可遗漏。

(3)会议内容。主要包括会议议程、议题、讨论过程、发言内容、会议决议等。这一部分是了解会议意图的主要依据,是会议成果的综合反映,是日后备查的重要部分,要着重记录。

(4)结尾。一般要另起一行,空两格写"散会"字样。在会议记录的右下方,由会议主持人和记录人签名,以示负责。

会议记录的写作要求事先做好准备,先要了解会议的议程,以便在记录过程中注意各有关方面的关系,将一些事宜有机地联系起来,加快记录的速度,记准、记全。会议记录是原始凭证,所以贵在准确、齐全。采用速记和录音的办法,也是保证记录准确、齐全的有效方法。

(二)幼儿园常用应用文写作技能训练

[训练主题] 幼儿园常用应用文写作技能训练。

[训练目标]

(1)了解常用的应用文类型。

(2)能较熟练地掌握各种类型应用文写作的基本技能。

[训练内容]

(1)请假条的写作。

(2)通知的写作。

(3)启事的写作。

(4)邀请信的写作。

（5）感谢信的写作。

（6）申请书的写作。

（7）会议记录的写作。

［训练要求］

（1）认真练习各种类型应用文的写作。

（2）写作符合要求。

（3）用手写稿的形式写作。

［训练评价］ 训练后，总结、评估，填写表9-8。

表9-8 幼儿教师应用文写作技能评价表

日期　　　　　训练人　　　　　评价人

评价序号	评 价 项 目	评价方式	评价等级					得分
			5	4	3	2	1	
1	能理解不同类型应用文的含义、特点和适用范围	自我评价						
		他人评价						
2	熟悉各种常用应用文的结构、内容	自我评价						
		他人评价						
3	能熟练进行各种常用应用文的写作，写作符合规范要求	自我评价						
		他人评价						
评价说明								

第四节 幼儿教师心理调适技能

当初的选择错了吗？

张老师是一位从事幼教工作10年的中年女教师。最近，幼儿园正在进行教研改革，教师的工作量比以前多了近一倍。因此，这段时间张老师总是感觉非常劳累，身心疲惫，甚至产生厌倦情绪，一到幼儿园就提不起精神。她回想起自己当初也是怀着一腔热情进入幼儿园，悉心关注着每一位幼儿。可是时间久了，张老师觉得自己每天都在紧张和忙碌中度过，每天都有无形的压力伴随着自己，与她当初设想的和幼儿同欢同乐的情景相去太远，自己的热情似乎正在被工作倦怠与压力慢慢消磨掉。她陷入了困惑：自己当初的选择错了吗？

一、职业倦怠预防与消除技能

（一）职业倦怠

人的行动由一定动机驱动。当人们对所做的工作没有兴趣或缺乏动机，而又不得不为之时，就会对工作感到厌烦，产生身心疲惫状态，从而导致工作能力和工作绩效的降低，这种状态就是职业倦怠状态。幼儿教师的职业倦怠表现为对幼儿教育工作逐渐失去热情，进而开始厌恶、恐惧幼儿教育工作，甚至表现出

明显的离职倾向。

职业倦怠不仅严重影响幼儿教师本人的身心健康、家庭生活、人际关系,同时也直接影响教师在教育教学中的表现,影响教育质量和幼儿的发展。

（二）职业倦怠预防与消除技能

造成幼儿教师职业倦怠的原因既有社会方面的因素,也有教育系统内部幼儿园管理方面的因素,还有主体方面的因素。要解决幼儿教师职业倦怠问题,首先要从自我预防和消除着手。

1. 正确认识职业倦怠

幼儿教师应正确认识职业倦怠。职业倦怠并不可怕,倦怠是源于自己所遇到的压力,当发现自己有职业倦怠倾向时,要勇于面对现实,寻找压力来源,主动寻求帮助,并采取多种方式加以解决。

2. 做必要的认知改变

幼儿教师要清楚地了解自己的能力,形成客观的自我评价,从而使自我期望与个体能力水平相符合,不因为不适当的自我期望而产生挫败感,导致职业倦怠。

3. 寻求积极的应对方式

幼儿教师对问题要采用积极的应对手段,而不是逃避。积极的应对方式可以使自己坚定职业信念,有效地面对压力,树立信心和勇气,积极寻求解决问题的方法。

4. 进行适当的归因训练

幼儿教师要加强归因训练,正确分析问题,把问题的原因归结为个体可以控制的因素,如个人能力、努力程度等,而不仅仅是怨天尤人。

5. 运用心理暗示的策略

心理暗示对个体的心理和行为有着重要的影响,积极的心理暗示可帮助被暗示者稳定情绪、树立信心,增强战胜困难和挫折的勇气。因此,幼儿教师要经常对自己实施积极的心理暗示,帮助自己树立信心,提高适应和自我调控的能力,培养积极乐观的心理状态。

6. 坚持正确的信念和职业理想

树立对事业的信念和理想是克服职业倦怠的最好方法,是幼儿教师在压力下维持心理健康的重要保证。因此,坚定正确的教育观念和积极的教师信念,培养对幼儿无私的、理智的爱与宽容精神,对防止教师职业倦怠意义重大。

（三）职业倦怠预防与消除技能训练

［训练主题］　幼儿教师职业倦怠预防与消除技能训练。

［训练目标］

（1）了解自己的职业倦怠情况,能准确分析造成自己职业倦怠的主要原因。

（2）会制定消除自己职业倦怠的有效措施。

［训练内容］

（1）通过做教师职业倦怠自测问卷,初步了解自己的职业倦怠情况。

（2）根据自己的职业倦怠程度,分析造成职业倦怠的主要原因。

（3）针对自己职业倦怠的主要原因,制定出改善职业倦怠的有效措施。

附：教师职业倦怠自测问卷

以下这些情况是否经常在你的工作中出现？请根据你的实际情况填写问卷。

分值标准：根本没有这种情况,得1分;很少有这种情况,得2分;有时会有这种情况,得3分;很大程度上有这种情况,得4分;完全符合,得5分。

1. 即便夜里睡得很好,你第二天上班的时候还是会感到疲倦。

2. 你总会为小事感到发愁,而且在过去你很少会这样。

3. 你总是一边工作,一边看时间,心里想着早点下班。

4. 你认为自己是一个完美主义者。

5. 你不认为自己当前做的工作有意义。

6. 你会忘记分配的任务、自己的约会,有时甚至会忘记自己的私人贵重物品。

7. 你认为自己在工作中属于被忽略的角色,你的努力并没有受到重视。

8. 你经常会感到头疼、身体痛或感冒。

9. 你的工作比以前更努力,可取得的成就却比以前少。

10. 你通过做白日梦、看电视或阅读与工作无关的读物等方式来逃避工作压力。

11. 在工作中遇到问题时,你没有可信赖的人值得倾诉。

12. 你更喜欢一个人待着,不愿意和同事多交流。

13. 你在自己的工作中感觉不到挑战和新意。

14. 你对自己的工作和生活毫无控制感。

15. 你经常在下班之后想着工作上的事情。

16. 你对自己的同事没有好感。

17. 在工作方面,你感觉自己像是掉进了一个陷阱。

18. 你没时间去做自己喜欢的事情。

19. 你在自己的工作中看不到有趣的事情。

20. 你经常通过请假或者迟到等方式减少自己的工作时间。

分值与倦怠度评价:25—35 分,倦怠度很低;36—50 分,倦怠度较低;51—70 分,轻度倦怠;71—90 分,倦怠度高;90 分以上,倦怠度过高。

(本问卷摘自金钟明主编的《走出教师职业倦怠的误区》一书。)

〔训练要求〕

(1) 在自我测试时要实事求是,以测出自己的真实情况。

(2) 在制定改善职业倦怠措施时,要从个人实际情况出发,逐步实行。

〔训练评价〕 训练后,总结、评估,填写表 9-9。

表 9-9 幼儿教师职业倦怠预防与消除技能评价表

日期　　　　　　训练人　　　　　评价人

评价序号	评 价 项 目	评价方式	评价等级 5	4	3	2	1	得分
1	能通过做教师职业倦怠自测问卷,初步了解自己的职业倦怠情况,正确认识职业倦怠	自我评价						
		他人评价						
2	能根据自己的职业倦怠程度,分析造成职业倦怠的主要原因	自我评价						
		他人评价						
3	能针对自己职业倦怠的主要原因,寻求积极的应对方式	自我评价						
		他人评价						
4	能运用心理暗示的策略,帮助自己树立信心,提高适应和自我调控的能力	自我评价						
		他人评价						
5	能坚持正确的信念和职业理想,克服职业倦怠	自我评价						
		他人评价						
评价说明								

二、职业压力应对技能

（一）职业压力

幼儿教师职业压力是指在幼儿教育这一特殊的教育职业环境中,威胁性刺激持续作用而引起幼儿教师一系列的生理、心理和行为活动改变的一种紧张状态。适度的职业压力可刺激人奋进,不仅是必要的,而且能够扩展职业生存和发展的空间;而过度的职业压力则会使人产生生理、心理以及行为失调反应,从而影响到个体的身心健康和职业发展。

幼儿教师职业压力过大会导致生理上疾病增多,心理上产生不稳定情绪,冲动、情感失常等消极行为增多,同时也会给幼儿带来直接的负面影响,进而影响幼儿园正常教育教学活动的开展。导致幼儿教师职业压力的因素主要来自社会、幼儿园、家长和幼儿教师个人等方面。

（二）职业压力应对技能

1. 面对现实,正确认识自己

幼儿教师只有对自己有正确深刻的认识,明了自身的个性、兴趣、优缺点、工作能力及所担负的角色,才能树立正确的人生观、价值观。在工作中,幼儿教师要从实际需要出发,客观评价自我,将自己设定的目标与个人的学识能力、精力相吻合,扬长避短,在工作中发挥自己的个性优势,从容面对挫折,缓解工作压力。

2. 勇于改变自我

压力往往是在个人不能成功应对工作需求时的一种威胁感,所以,幼儿教师应与时俱进,及时吸纳新思想、新知识、新信息,懂得不断自我成长、自我更新,积极适应时代发展。应树立积极的认知和乐观的态度以面对压力,辩证地分析利弊,把压力变为工作动力。

3. 乐于合群,建立良好的人际关系

宽松和谐的人际关系是人保持积极健康的心态、全身心投入工作的有力保障。因此,幼儿教师应正确处理好人际关系,一方面要认识、接纳自己,同时又要了解、尊重他人,有效地与他人沟通,以坦诚、友好、信赖、尊重、理解的态度待人接物。

4. 学会自我调节,保持愉悦的心境

幼儿教师要掌握一定的心理卫生知识,加强自我心理保健,同时培养广泛的兴趣,通过各种方式做到劳逸结合,放松自己,怀有一颗童心,学会享受职业的幸福与快乐,学会从工作中获取成功与满足,从而使自己更好地应对压力。

案例分析：怀着一颗童心

李老师在同事、家长、孩子眼中都是一位快乐的老师。在与孩子们的相处中,李老师喜欢和孩子们一起观察,把许多成人忽视的新奇的小事物收进自己的视野里与孩子们分享。户外活动时,和孩子们在花坛里找到了有香味的草;午睡起床时,和孩子们一起兴致勃勃地看飞机在长空划过留下的白烟。慢慢地,李老师感到和孩子们是那样的息息相通,觉得生活充满了无限的乐趣。

分析："怀着一颗童心和孩子一起成长"是李老师在实践中获得的珍贵的教育心得。她和孩子们一起观察和探索,与他们分享快乐并引导他们认识世界,从而激发起幼儿热爱生活的良好品质。一名优秀的幼儿教师不仅应具有扎实的专业理论和专业技能,还应具备开朗、情绪稳定等良好的人格特征,更重要的是还要有一颗快乐的童心。

（三）职业压力应对技能训练

［训练主题］ 幼儿教师职业压力应对技能训练。

［训练目标］

（1）了解自己的职业压力状况,能准确分析造成职业压力的主要原因。

（2）能制定应对职业压力的有效措施。

［训练内容］

（1）结合教师职业倦怠测试与训练,初步了解自己的职业压力状况。

（2）根据自己的职业压力程度,分析造成职业压力的主要原因。

（3）针对造成自己职业压力的主要原因,制定出应对职业压力的有效措施。

〔训练要求〕

（1）应从造成职业压力的主、客观因素出发进行分析。

（2）要从个人实际情况出发制定应对职业压力的措施。

〔训练评价〕 训练后,总结、评估,填写表9－10。

表 9－10 幼儿教师职业压力应对技能评价表

日期 训练人 评价人

评价序号	评 价 项 目	评价方式	评价等级					得分
			5	4	3	2	1	
1	能结合教师职业倦怠测试与训练,初步了解自己的职业压力状况	自我评价						
		他人评价						
2	能根据自己的职业压力程度,分析造成职业压力的主要原因	自我评价						
		他人评价						
3	能针对造成自己职业压力的主要原因,制定出应对职业压力的有效措施	自我评价						
		他人评价						
4	能树立积极的认知和乐观的态度去面对压力,分析利弊,把压力变为工作动力	自我评价						
		他人评价						
5	能享受职业的幸福与快乐,使自己更好地应对职业压力	自我评价						
		他人评价						
评价说明								

三、情绪控制技能

（一）情绪控制

情绪是客观事物是否满足个体需要而产生的心理体验。现代心理学研究证明,愉快、欢乐、适度平稳的情绪能使中枢神经活动处于最佳状态,保证体内各个系统的协调一致,充分发挥机体的潜能。

幼儿教师每天和几十个孩子在一起,喧闹的环境、纷繁的工作内容需要他们倾注更多的心血,消耗更大的体力和精力,而不断提高的教育教学要求,观念不断更新的评估体系,带给幼儿教师种种有形与无形的压力。这一切都可能会使幼儿教师产生不良情绪。

因此,幼儿教师应主动控制自己的不良情绪,自觉实现情绪转变,保持稳定、愉快、适度的情绪状态,为幼儿创设轻松、和谐、无拘无束的氛围,促进幼儿心理的健康发展。

（二）情绪控制技能

1. 对幼儿的爱是教师情绪控制的源泉

幼儿教师必须有一颗热爱幼儿的心。只有热爱幼儿,才能设身处地地理解幼儿,才有了解幼儿各方面情况的愿望,才会热情主动地引导和帮助幼儿,真心诚意地尊重幼儿,从而使教师产生积极的情绪冲动,主动控制自己的不良情绪。因此,持久、稳定和积极的情绪情感,来源于教师对幼儿的真心关爱与呵护。

2. 逐渐形成情绪转变的心理机制

教师职业要求每一位幼儿教师走进教室后,能将一切烦恼暂时抛开,将那些引起情绪波动的记忆暂时忘却,全身心地投入到教育教学活动中,这种情绪转化既是必要的,也是可行的。

（1）利用情绪的情境性特征。不同环境下人的情绪状态及其表达方式不同,环境变化能够促进情绪

状态的显著改善。如果幼儿教师将幼儿园视为特定环境,自觉规范和调节自己的情绪状态,久而久之,就会形成一种情绪转变的心理机制。

(2)利用情绪的可控性特征。幼儿教师应有意识地控制好自己的情绪状态,努力使自己做到只要处在教育情景中、处在师幼交往中,就能主动地控制自己的不良情绪,自觉地实现情绪转变,以快乐、饱满和振奋的情绪去感染幼儿,长此以往,就会逐步形成特定的职业习惯,进而形成一种情绪转变的心理机制。

3. 努力培养自己的快乐情绪

(1)正确认识自我。幼儿教师要承认自己的缺点与不足,更要欣赏自己的优点与能力。在现实生活中,不断激励自我,去突破困境,培养乐观积极的情绪。

(2)要有自信心。有自信的幼儿教师才能在工作岗位上不断取得成绩,得到快乐情绪。自信心并不是先天遗传的,而是需要培养的。要不断学习以充实自己,只有不断地充实自己才会更自信,而自信才会使人感受到快乐。

(3)热爱自己的工作。热爱自己的工作就能在工作中找到生命的价值与意义,才会对工作产生兴趣,在工作中感受工作的快乐,并产生快乐的情绪。一个心中有爱的人,就会对人少抱怨、多感激,产生快乐的情绪。

4. 恰当采用自我调节方法

(1)言语暗示调节法。言语活动具有调节作用,是一种极为有效的刺激物,它通过感官作用于人的大脑,经过大脑的认知加工发出指令,从而起到调节情绪、支配行为的作用。所以,言语暗示对人的心理行为有着奇妙的作用。当烦恼袭来时,嘴上说"烦死了"或"没有办法了"等消极的暗示语,这样不但不利于缓解情绪,而且会加重烦恼。所以,应当使用积极的暗示语。烦恼、焦躁时,拿出纸笔,把原因一条条写下来,或写日记、给好友写信等,使这种消极心境以书面言语的途径得以转换,达到调节、宣泄情绪的作用。另外,当由于烦躁而不能集中注意,导致思维混乱时,可大声朗读,把思考过程说出来,使内部言语转化为外部口头言语,可使自己的注意力集中起来,思路清晰起来。

(2)目标转移调节法。个体一旦陷入忧郁、焦虑等不良情绪而不能自拔时,就要改变一下自己的注意目标,使引起消极情绪的兴奋点暂时抑制,从而及时激发积极愉快的情绪。如,把不愉快的事先放下,去做自己喜欢做的事,以渡过情绪低落期。

(3)环境调节法。客观环境对人的情绪起着重要的影响和制约作用。拥挤、杂乱的环境会使人感到心烦意乱,陌生的环境会使人惊恐不安;相反,整洁、优美、舒适的环境会使人身心放松、情绪明朗、思路清晰。所以,改变不良环境可以起到调节情绪的作用,就像把吵架的人拉开一样,换一种环境,情绪也会相对稳定下来。如当烦躁不安、思路混乱时,可暂停思考,起身整理房间、案头等。

(4)自我宣泄调节法。不良情绪是一种很强的心理能量,如果一味地强行压抑,不但有伤身体,还可能聚集起更大的心理能量。所以,当产生消极情绪时,可以采用哭泣、运动、找人倾诉、记日记等自我宣泄的办法,使消极情绪得到无害化的表达,既不伤人害己,还能较快地恢复平静。

5. 适当使用松弛技术

松弛技术的心理学原理在于,人在紧张、焦虑、恐惧时,由于紧张性刺激引起交感神经的分支支配的肾上腺髓质分泌大量的肾上腺素和去甲肾上腺素,使全身小动脉血管收缩,血压升高,肌肉张力增大,使人感到浑身不适。心理紧张与生理紧张相通,松弛与紧张相对,通过 20 分钟左右的全身放松训练,往往能达到心理放松的效果。

(1)呼吸放松技术。可取坐式或立式,双脚踏平,身体放正,微闭双目,注意集中于腹部,用鼻慢吸气,感觉腹部隆起;气足后稍作屏息,然后用嘴慢呼气,感觉腹部瘪下去。反复进行数次。

(2)冥想放松技术。取一个清净处,坐式或立式,回忆过去发生过的一件愉快的事情,回忆得越生动、具体、形象越好。也可以想象一种舒适惬意的场景。

(3)肌肉放松技术。取卧式,松开紧身衣裤,去掉手表、首饰,使身体尽量不受约束,微闭双目,集中意念,心中默念。放松顺序为:头部→面部→肩部→躯干→上肢→下肢,呼吸要平稳、深沉。

（三）情绪控制技能训练

［训练主题］ 幼儿教师情绪控制技能训练。

［训练目标］

（1）了解情绪对幼教工作以及幼儿成长的影响。

（2）能正确分析造成自身不良情绪的常见原因。

（3）能初步掌握控制情绪的基本方法。

［训练内容］

（1）结合职业倦怠和职业压力训练，分析造成自身不良情绪的主要影响因素。

（2）根据自身实际情况，制定出情绪控制的有效措施，并加以训练。

［训练要求］

（1）在自我情绪分析时要实事求是，多角度分析。

（2）在制定情绪控制措施时，要从个人实际情况出发，逐步实行。

（3）在日常生活、工作中积极体会情绪控制技术。

［训练评价］ 训练后，总结、评估，填写表 9－11。

表 9－11 幼儿教师情绪控制技能评价表

日期　　　　　训练人　　　　　评价人

评价序号	评 价 项 目	评价方式	评价等级					得分
			5	4	3	2	1	
1	能通过分析，了解情绪对幼教工作以及幼儿成长的影响	自我评价						
		他人评价						
2	能通过分析，了解造成幼儿教师不良情绪的常见原因	自我评价						
		他人评价						
3	能利用情绪的情境性和可控性特征，逐步形成情绪转变的心理机制	自我评价						
		他人评价						
4	能通过自我分析正确认识自我	自我评价						
		他人评价						
5	能恰当采用自我调节方法和放松技术进行情绪调适	自我评价						
		他人评价						
评价说明								

技能拓展训练： 用座谈会的形式，结合本章内容，与同伴分享自己在专业成长过程中的各种经历，分析优势与不足。在会后，开展一次幼儿教师文案工作技能展评活动，现场交流成功完成文案工作的技巧与心得。

第十章

融合教育理念下的幼儿教师特殊教育技能与训练

幼儿园的教育是为所有在园幼儿的健康成长服务,要为每一个儿童,包括有特殊需要的儿童提供积极的支持和帮助。幼儿教育中的融合教育就是让有特殊需要的婴幼儿和正常发展的同伴一起接受学前教育。"所有的儿童都能学习"是幼儿教育中融合教育的基本信念。

学前特殊儿童的教育是学前教育的一个有机组成部分,它不仅有助于学前特殊儿童个体的发展,而且对于提高全民族的素质也起着积极的作用,能满足社会对教育的不同需求,使学前教育体系更加完整。

 第一节　幼儿教育中的融合教育

让所有的儿童都能学习

20 世纪 90 年代开始,早期融合教育已经成为一些经济比较发达国家和地区特殊教育界和学前教育界共同关注的研究领域。但是,我国的早期融合教育起步较晚。当前,摆在我们面前的严峻现实是,全国约数十万有特殊需要的婴幼儿被拒于普通托幼机构之外,与此同时,正常的学前儿童也没有机会在与特殊儿童同伴的相处中培养帮助弱者和平等的意识。"所有的儿童都能学习"是早期融合教育的基本信念,幼儿教师应当成为这一信念的维护者与贯彻者。

一、特殊学前儿童概述

特殊儿童有广义和狭义两种解释。广义的特殊儿童是指与正常儿童在各方面有显著差异的各类儿童,表现在智力、感官能力、情绪和行为发展、身体或言语等方面的差异,它既包括发展上低于正常的儿童,也包括发展上高于正常的儿童。狭义的特殊儿童专指残疾儿童,是指生理、心理发展有各种缺陷的儿童。

特殊学前儿童是指在学前期具有特殊教育需要的儿童,也就是指在发展过程中,存在着个体发展特别需要的 0—6 岁儿童。

特殊学前儿童的教育是为各种不同需要的儿童所提供的促进其发展的特别帮助和支持,是指在早期发现、早期诊断的基础上,对特殊学前儿童提供运动、语言、认知、社会交往、生活自理以及各种补偿性教育和功能康复训练,使残障儿童能与普通儿童一样,各方面得到一定的发展,同时满足特殊儿童的特殊教育的需要。

特殊学前儿童从儿童发展的角度区分,主要包括:生理发展障碍儿童,如视力、听力障碍;认知发展障碍儿童,如智力障碍;语言发展障碍儿童,如重音、语言异常、沟通障碍等;情绪与行为问题儿童,如自闭症、多动症等;超常儿童,如神童、天才儿童等。

二、特殊幼儿融合教育

特殊幼儿融合教育是主张每一位幼儿都应在教育主流里,若需特殊教育就必须将其所需的相关服务或支持系统带进幼儿园或教室给幼儿,其理念强调的是平等的受教育权,让普通幼儿与特殊幼儿在同一个学习环境里有认同感及归属感。

把有特殊需要的幼儿放在普通班级中进行融合教育是一份十分繁重的工作,对幼儿教师提出了更高的要求,因为特殊幼儿融合教育能否取得成效的关键是教师。教师要把融合教育的特殊幼儿看成是活生生的、可以发展的人,从而树立平等的观念,以平常心接纳特殊幼儿,为他们营造良好和谐的师幼氛围和生活环境,使特殊幼儿感受集体的温暖。同时,教师更要细心观察幼儿,了解幼儿发展的需要和可能性,运用特殊的教育手段和方法鼓励、帮助他们,使他们在原有的基础上得到一定的发展。

特殊幼儿的融合教育可以采用多种融合模式,以适合不同程度儿童的教育和发展。

1. 抽离式融合

抽离式融合指特殊幼儿大部分时间在普通班与普通幼儿一起生活、游戏或一起进行学习活动,小部分时间去资源教室接受个别补救教学或小组教学。此融合形式适合程度较轻或中等、功能较高或中等的特殊幼儿。

2. 加入式融合

加入式融合指特殊幼儿大部分时间在资源教室生活学习,小部分时间在普通班级活动。此融合形式适合程度偏重、功能偏低或不能适应集体生活的特殊幼儿,一般新入园的特殊幼儿大多采取此形式。

3. 半日康复训练或治疗与半日入园相结合

这种融合模式是特殊幼儿半日在其他专业医疗或康复机构作治疗或康复,半日在幼儿园生活学习。此种融合形式适合正在做治疗和康复的特殊幼儿。

4. 亲子班融合

有些有特殊需要的幼儿,因为年龄太小没有达到正常入园要求而不能正式入园的,可以将他们收入到本园的亲子班中。在亲子班中,通过游戏的方式,让有特殊需要的幼儿与其他正常幼儿在一起,使他们在玩的过程中产生认知和交往行为;同时,通过对父母的培训,教会父母如何对特殊幼儿进行延伸教育,真正为他们提供正常化的交往环境。

三、融合教育的安置对象

让每位有特殊需要的幼儿回归主流,提高其生活品质是所有人共同的希望。为了更好地满足特殊幼儿的需要,使他们在融合教育中得到很好的发展,特殊幼儿应具备以下能力。

(1)基本的生活自理能力。如能独立进食、如厕、穿脱简单衣物等,这样不仅能增加同伴的接纳度,也可以增加与同伴互动的机会。

(2)简单的沟通能力。同伴相处都希望是有互动的,如果特殊幼儿不能对同伴的互动信息给予回应,长久下去同伴便可能对其失去兴趣。

(3)基本的认知能力。特殊幼儿应能理解简单的指令和规则,对日常生活中常见物体的名称、功能有一定的了解,有一定的玩具操作能力,有轮流、等待等基本的游戏技巧。

(4)没有严重的行为问题。

如果特殊幼儿具备上述条件,加上教师、环境、教学策略等外在条件的影响和与同伴间的互动、学习,就可能提高特殊幼儿的能力,其他幼儿也能从中获益,达到教育的双赢。

四、融合教育的主要形式——随班就读

特殊幼儿融合教育的主要形式是随班就读。随班就读是指特殊幼儿在普通机构中和普通幼儿一起接受教育的一种形式。随班就读能为特殊幼儿提供最少限制的社会环境,使他们能和同龄正常幼儿一起学习,一起生活,对促进与正常幼儿一体化,实现教育融合,提高他们的社会适应能力有很大好处。

根据特殊幼儿的个体差异,随班就读可采取多种形式,有完全随班就读、部分随班就读和资源教室随班就读等,目的是促进特殊幼儿在原有基础上更好的发展。

（一）完全随班就读

完全随班就读是指特殊幼儿在一天中除个别训练时间外,其他日常活动都与正常幼儿一起,成为班级的普通一员。他们是班级的在编幼儿,老师在设计每日计划时,要对这些幼儿有专门的施教内容。

完全随班就读幼儿在与普通幼儿游戏交往过程中,自理能力、交往能力、模仿学习能力等都能得到一定的提高,能够逐渐适应集体生活。普通幼儿在接纳特殊幼儿的过程中,也学会了关爱与包容,学会了示范与带头。他们在一起彼此之间没有歧视言行,没有孤立现象,在这样的环境中,特殊幼儿得到最大程度的发展。

（二）部分随班就读

部分随班就读又分生活随班就读和活动随班就读。

生活随班就读是指除集体活动外的其他环节,如游戏、进餐、喝水等环节,特殊幼儿与普通幼儿在一起训练简单的生活自理能力,感受普通班级的环境,为进入完全随班就读做准备。被确诊为严重多动症和中度智力障碍的幼儿,可以采取生活随班就读的方式。中度智力障碍幼儿由于他们的智障程度较高,有时会影响普通幼儿的学习和生活,可以采取生活随班就读的方式。

活动随班就读有两种方式。一是为听障幼儿提供安静的学习场所,为他们学习语言,学习听懂他人说话做准备。这种上课方式,既能保证听障幼儿听懂教师和同伴的提问和回答,又能增加听障幼儿与普通幼儿的交流。二是增加中重度残障幼儿与普通幼儿的接触。安排有组织的活动使普通幼儿与特殊幼儿一起游戏,一起活动,加强交流与互动,促进特殊幼儿的发展。

（三）资源教室随班就读

资源教室随班就读是指特殊幼儿在资源教室接受训练与康复,教师利用康复器械、专门的玩具材料以及个别训练等方式,使幼儿的某种机能得到改善或康复。

为了使资源教室更符合幼儿学习的特点,应注意创设温馨、富有童趣的康复训练环境,增加幼儿训练的兴趣。同时注意环境的半开放性和半隐蔽性,做到既有相对安静、色彩淡雅的精细动作区,使幼儿感到安全温馨,又有像大自然一样的感统运动区,让他们进行大运动训练时有身临其境之感,使身体和心理不断得到干预和矫正,在快乐的游戏中实现康复训练的目的。

 第二节　各类特殊幼儿的基本教育技能

对特殊幼儿教育的思考

在幼儿园里,只要稍加留心,就会发现些幼儿经常有一些不正常的举止和不良的习惯。例如,有的幼儿突然离开座位,掀翻椅子,抢夺别人的东西,高声怪叫,在地上打滚,哭泣不止;午睡时要口含奶嘴、咬被角或要人拍着方能入睡等。对于这些异常现象,幼儿教师不是束手无策,就是大声呵斥,或者干脆不予理睬。因此,幼儿的这些特殊行为和习惯,需要幼儿教师用特殊的教育技能予以帮助和矫正。

一、智力落后幼儿教育技能

（一）智力落后幼儿教育

1. 智力落后的概念

智力落后又称智力残疾、智力障碍、智力迟钝等,是指儿童在发展期内智力状况明显落后于同龄正常儿童的发展水平,并伴有明显的语言与行为的障碍。智力落后幼儿按其智力受限制的程度可以分为轻度、中度、重度、极重度四个等级。能够在普通幼儿园学习与生活的大多为轻度和中度的智力落后幼儿。

2. 智力落后幼儿的心理行为特征

智力落后幼儿身心发展遵循正常幼儿发展的基本规律,轻度智力落后幼儿的身体发育与健全儿童基本一致,但与正常幼儿相比,其心理发展开始得晚,发展速度慢,达到的水平低,而且表现出明显的自身特点,主要体现在身体发育的特点、认知特征以及个性特征3个方面。

(二)智力落后幼儿教育技能

随班就读的智力落后幼儿在生理、心理等方面与普通幼儿是有差异的。这些差异决定了幼儿教师要运用特殊教育的知识和技能,为他们提供特殊需要的教育和服务。首先,早期干预可以有效提高轻度智力落后幼儿的智商,使他们能像正常儿童一样有所发展。其次,针对智力落后幼儿身心发展的需要特点,必须保证训练的系统性。因此,学习活动应按先易后难的顺序安排,确保连续的进步和成功的感受;要以生活为中心,将各种知识、技能、态度、习惯等方面经验加以系统的规划。

1. 实施个别化教学

在教育教学活动中,幼儿教师应努力满足随班就读智力落后幼儿的需要,充分挖掘他们的潜能,弥补他们生理上的不足或认知能力上的缺陷,采用适当的方法,调整活动内容,有针对性地为每一个幼儿制定个别教育计划,随时了解他们的困难和需要,分析产生困难的原因,及时进行个别化指导。

2. 感知-肌能训练

对智力落后幼儿进行感知能力、肌肉活动能力以及二者间协调能力的训练,是通过有目的的、有选择地为智力落后幼儿的各种感觉器官提供丰富的外界刺激和感知觉信息,并通过活动增加其肌肉的活动能力,从而促进大脑皮层的活动能力、控制能力和协调能力的发展。感知-肌能训练可以补偿大脑皮层活动功能的缺陷以及由此引起的诸如感知迟钝、肌肉活动呆拙、反应速度缓慢、乏力等缺陷。

感知-肌能训练的内容主要包括视觉训练、听觉训练、语音训练、触摸觉训练、估量训练、大肌肉群活动训练、小肌肉群活动训练、情感认知训练等8大方面。教师在进行感知训练时,还可以根据需要适当加入嗅觉、味觉、温度觉、痛觉等的训练内容。

开展感知-肌能训练,首先要根据智力落后幼儿的特点确定训练的内容和方法,有针对性地确定阶段性的训练计划,按部就班地开展训练。其次,感知-肌能训练要结合各个活动领域进行科学的渗透。如,音乐活动可以进行听觉、节奏感的训练,美术活动可以进行视觉、小肌肉群的训练,体育活动可以进行大肌肉群的活动训练。

3. 进行缺陷补偿

缺陷补偿是通过各种途径弥补、代偿损伤组织和器官的功能。对智力落后幼儿可进行缺陷补偿。首先,教师要深入细致地了解幼儿身心缺陷的类型、病因及程度等情况,并采取相应的矫正和补偿措施。例如,利用听话、说话、阅读、言语交往等活动矫正智力落后幼儿的言语缺陷;利用图画、音乐、体育、手工等活动矫正其感知觉和动作缺陷等。其次,给智力落后幼儿提供尽可能多的参与实践的机会,使他们在活动中愉悦身心,矫正肌体运动、社会交往等方面的缺陷。

案例分析:智障儿童感知-肌能训练

杨×个别训练记录表

姓名:杨×	智商:55	年龄:6岁2个月
区域名称:运动区		
训练目标:培养平衡能力		
训练内容:手持物体在平行线中间走		
时间:两周		
材料:1. 在地上画两条相距20厘米的平行线,长度为3米。 　　2. 杯子一只。 　　3. 杯内有半杯水		

（续表）

步骤：1. 自然、平稳地朝前走,脚不碰到平行线。 　　　2. 手持空杯,朝前走,脚不碰到平行线。 　　　3. 手持半杯水朝前走,脚不碰到平行线
指导重点：走时要求头抬高,胸挺起,不看杯子和脚
效果：经过训练,儿童能够手持物体在平行线中间走,基本符合要求,但杯中有水时在平行线中间走有些困难,需要练习才能不把水洒出来

分析：此案例是在区域活动中对个案进行的感知-肌能训练。在充分把握幼儿特点的基础上,区域活动为幼儿创设了良好的个别训练的环境,不同的区域活动采用不同的形式,提供不同的材料。在区域活动中,幼儿可以按照自己的兴趣、意愿进行活动,激发内在的潜能,使其处于较为主动的活动状态,提高了教育训练的效果。

（三）智力落后幼儿教育技能训练

[训练主题]　智力落后幼儿早期干预、缺陷补偿教育技能训练。

[训练目标]

（1）领会智力落后幼儿个别化教育与普通幼儿教育的异同点,从中发现教育方法的异同。

（2）理解不同的教育技能对智力落后幼儿补偿缺陷的作用。

（3）能根据智力落后幼儿的实际需要设计融合教育活动教案。

[训练内容]

（1）智力落后幼儿认知教育训练。

（2）智力落后幼儿感知-肌能活动训练。

（3）智力落后幼儿生活自理行为训练（包括衣着、饮食、排便、住宿、外出、卫生保健、安全保护、独立生活技能等）。

（4）智力落后幼儿交往行为训练（交往技巧和交往内容）。

（5）智力落后幼儿语言训练。

[训练要求]

（1）根据训练内容,选择设计两个以上完整的融合教育活动教案。

（2）活动设计应注重对智力落后幼儿的个别化教育。

（3）运用活动设计进行课内实操或幼儿园现场实践,并对活动效果做出分析评价。

[训练评价]　训练后,总结、评估,填写表10-1。

表10-1　智力落后幼儿教育技能评价表

日期　　　　　　训练人　　　　　　评价人

评价序号	评 价 项 目	评价方式	评价等级					得分
			5	4	3	2	1	
1	能充分理解个别教育的含义,从智力落后幼儿身心发展需要出发,遵循活动目标的指向,科学地选择教学方法,顺利实现活动目标	自我评价						
		他人评价						
2	能根据幼儿园各个活动领域的特点与性质,确定缺陷补偿教育的活动目标	自我评价						
		他人评价						
3	能根据智力落后幼儿的实际需要选择相应的教育活动内容	自我评价						
		他人评价						

（续表）

评价序号	评 价 项 目	评价方式	评价等级 5	4	3	2	1	得分
4	能根据各领域活动的实际需要进行融合活动,对智力落后幼儿和普通幼儿均有所帮助	自我评价						
		他人评价						
5	能根据实际需要因陋就简,选择经济、实用、简洁、易操作的活动材料对智力落后幼儿进行各种训练	自我评价						
		他人评价						
评价说明								

二、听觉障碍幼儿缺陷补偿技能

（一）听觉障碍幼儿缺陷补偿

听觉障碍是一种常见的残疾现象。根据 2006 年第二次全国残疾人抽样调查资料推算,每年新诊断出的听力语言障碍儿童有 2 万—4 万人。因此,接受听觉障碍幼儿随班就读的普通幼儿园的教师,应具备一定的医学、康复、心理和教育等方面的知识和技能。

1. 听觉障碍的概念

听觉障碍也称聋、重听、听力损伤,主要是指由于各种原因导致双耳不同程度的永久性听力障碍,听不到或听不清周围环境声及言语声,以致影响其日常生活和社会参与。听觉障碍包括聋和重听两种。持生理学观点的研究者强调听力损失的可测程度,听力受损达到无法听见某一强度或强度更高的声音称为聋,其他听力受损则为重听。持教育学观点的研究者则将儿童的听觉障碍分为学语前耳聋和学语后耳聋。学语前耳聋是指 4 岁前儿童在出生时或言语发展之前就出现的耳聋,学语后耳聋是指 4 岁后儿童自然学会说话和语言之后出现的耳聋。了解听觉障碍儿童的分类,尽早进行补偿教育,发挥他们的视觉的优势,激发他们的参与兴趣,会产生较好的补偿效果。例如,训练学语前耳聋儿童的看话能力,对他们日后通过口形变化去理解他人讲话的内容会有很大的帮助。

对随班就读教育工作和听觉障碍儿童心理发展影响较大的因素是儿童听力残疾发生的时间、听力损失的程度和掌握语言的水平。耳聋发生得越早,程度越重,对儿童习得和保持语言的消极影响越大,随班就读教育工作的难度相对就大。反之,则不利影响相对较小,教育工作的难度也相对较小。

2. 听觉障碍幼儿的心理行为特征

（1）表现在言语、语言发展方面。幼儿正常获得语音的途径受到阻碍,构音运动迟缓,语流不畅,语速过于缓慢,语言的形成和发展既困难又缓慢。

（2）表现在认知与思维发展方面。幼儿的听觉障碍破坏了认知的丰富性和完整性,但视觉、皮肤觉的感觉功能相应得到发展,凭借视觉、皮肤觉、运动觉可以学习发音和说话。由于缺少声音刺激和语言活动的参与,感知能力与言语能力的发展不相适应。由于语言形成和发展的影响,听觉障碍幼儿思维带有明显的形象性,抽象思维发展缓慢。

（3）表现在社会化方面。听觉障碍幼儿与教师、同伴交往较少,容易对别人产生误解、猜疑,易产生自卑、焦虑等情绪,易表现出退缩和自我封闭倾向。听觉障碍幼儿倾向于和同类幼儿交往。

（二）听觉障碍幼儿教育补偿技能

1. 选配合适的助听器

教师应配合家长创造条件及早为听觉障碍幼儿佩戴合适的助听器,帮助他们习惯使用助听器,较好地利用残余听力,通过听觉来感受声音,特别是模仿发音,学习说话。

2. 教育教学活动与发展语言相结合

听觉障碍幼儿最大的问题是与人交流困难,对他们进行语言训练应该渗透到各种教育教学活动之中。

语言训练的内容包含听觉训练、发音训练、语言理解与掌握、语言能力评估等。语言缺陷要靠教师和家长来补偿,所在班级的每位教师都负有责任。教师要结合活动内容,抓住机会随时训练他们的听力,发展他们的语言。例如,在美术活动中让幼儿认识和说出各种颜色、图形的名称,在体育活动说出游戏、动作的名称等。

3. 鼓励家长积极参与

对听觉障碍幼儿的教育,家长的参与和早期干预是十分重要的。教师应鼓励家长尽早建立一个有效的交流环境,使幼儿在语言学习的关键期接受早期干预,以降低其残疾的程度。同时,幼儿园要和家长配合,共同发展听觉障碍幼儿的语言能力。

4. 看话和说话训练结合

看话又称看口、唇读。它是聋儿感知言语的一种方式和技能。聋儿通过观察别人讲话时的口唇动作和面部表情形成连续的视知觉,然后与他头脑中已有词语表象相联系,进而看出说话人的内容。在看话过程中,聋儿还会边看边模仿讲话的动作,视觉器官活动、言语器官活动和思维活动贯穿于整个看话过程。看话的主要条件是看话人本身应具备一定的知识,教师讲话速度不能过快,口形要清晰,这样才能使看话和说话相互促进。

案例分析:听觉障碍幼儿的教育个案

喜欢随着音乐翩翩起舞的琳琳,开朗、活泼。她爱看童话书,爱听大人讲故事。在老师、家长的眼中,她的认知发展比别的小朋友快。您能想象这个人见人爱的小姑娘是个极重度听觉损伤的孩子吗?这里,您将听到一个早期干预非常成功的故事。

琳琳,现在3岁半,在她出生后第二天就在新生儿听力筛查中被确诊为听力损伤程度为90(左耳)和100(右耳)的先天性耳聋患儿。

琳琳的父母对她的关注程度很高。在她4个月时就为她装了耳背式助听器,所以琳琳对声音的感知基本没有落后于正常孩子。

由于当时琳琳太小,没有合适的康复机构接受,家长选择了家庭康复。家长的康复理念非常明确简练:多听、多说。

琳琳出生后家里请了保姆。家长上班时,要求保姆放音乐给琳琳听,陪琳琳完成一定量的基本练习(包括吹小喇叭、咀嚼口腔按摩器等),并尽量多和她说话。为了给琳琳更多的时间,家长调整琳琳的作息时间,每天让琳琳上午和下午各睡一觉,家长中午休息时赶回家,这样可以有一个半到两个小时的时间和琳琳相处,晚上也有四个小时和琳琳在一起。

在琳琳不会说话时,父母主要训练她多听。从会说话开始,家庭训练实行多听、多说、双管齐下的方法。随着琳琳一点点长大,语言发展越来越好。家长对训练方法做了改变,开始注重语言理解和认知、情感、社会交往能力的培养。

琳琳所在幼儿园的老师在幼儿入园前开展了亲子活动和家长讲座,对每个幼儿的具体情况有大致的了解,针对每个幼儿制定了教育计划。班级老师都受过学前教育专业训练和特殊教育技能指导。在上课时,老师让琳琳坐在离自己最近的位置,保证她能听清老师说的每一句话,看清每个口部发音动作和肢体动作。当发现琳琳没有弄懂时,老师会专门对她重复,直到她弄懂为止。活动、游戏时,老师也给予琳琳特别的关照,鼓励她和小朋友交往,让琳琳和同班幼儿同进度学习。每天中午休息时,老师帮琳琳摘下助听器,等她起床后再为她戴好。

每天,老师会专门抽出一些时间为琳琳进行个别辅导。常常拉住琳琳的手和她聊天,倾听她诉说,及时给予她关心和帮助。

从琳琳上幼儿园开始,家庭训练的内容主要是每晚做半小时的基本训练,这些训练大多是结合阅读和各种游戏来进行的。在专业人士的指导下,家庭训练的内容、方法不断更新,并能与幼儿园的教学活动积极配合,琳琳各方面得到了稳定持续的发展。

分析:本案例有许多值得借鉴之处。首先,教育者注重对听障幼儿的早期干预,抓住了语言发展的关键期。其次,所在幼儿园以幼儿发展为本,以促进幼儿全面发展为目的。第三,幼儿园与家庭进行了有效的合作互动,形成了家园共育的合力,充分弥补了幼儿的缺陷,发挥了幼儿的潜能。他们坚信,只要坚持不懈的多方共同教育和干预,幼儿会拥有一个与正常孩子一样快乐幸福的童年和美好的未来。

(三)听觉障碍幼儿教育补偿技能训练

[训练主题] 听觉障碍幼儿补偿教育技能训练。

[训练目标]

(1)领会听觉障碍幼儿个别化教育与普通幼儿教育的异同点,从中发现教育方法的异同。

(2)理解不同教育技能对听觉障碍幼儿缺陷补偿的作用。

(3)能根据听觉障碍幼儿的实际需要设计融合教育活动教案。

[训练内容]

(1)听觉障碍幼儿助听器材的配备与使用训练。

(2)幼儿听力及言语能力的训练。

(3)设计听觉障碍幼儿的融合教育活动教案。

[训练要求]

(1)根据训练内容,选择设计两个以上完整的教育活动教案。

(2)活动设计应注重对听觉障碍幼儿的个别化教育。

(3)运用活动设计进行课内实操或幼儿园现场实践,并对活动效果做出分析评价。

[训练评价] 训练后,总结、评估,填写表 10-2。

表 10-2 听觉障碍幼儿教育补偿技能评价表

日期　　　　　　训练人　　　　　　评价人

评价序号	评 价 项 目	评价方式	评价等级					得分
			5	4	3	2	1	
1	能充分理解个别化教育的含义,从听觉障碍幼儿身心发展需要出发,遵循活动目标的指向,科学地选择教学方法,顺利实现活动目标	自我评价						
		他人评价						
2	能根据幼儿园活动领域的特点与性质,选择恰当的教育手段对听觉障碍幼儿进行训练	自我评价						
		他人评价						
3	能根据听觉障碍幼儿的实际需要选择相应的教育内容	自我评价						
		他人评价						
4	能根据各领域活动的实际需要进行整合活动	自我评价						
		他人评价						
5	能根据实际需要,因陋就简,选择经济、实用、简洁、易操作的训练材料对听觉障碍幼儿进行各种训练	自我评价						
		他人评价						
评价说明								

三、视觉障碍幼儿缺陷补偿技能

(一)视觉障碍幼儿缺陷补偿

1. 视觉障碍的概念

视觉障碍又称视觉缺陷、视力残疾,是指由于各种原因导致双眼视力低下并且不能矫正或视野缩小,

以致影响日常生活和社会参与。视觉障碍主要包括盲与低视力两种。在学前特殊教育结构中主要是低视力幼儿。

2. 视觉障碍幼儿的心理行为特征

视觉障碍幼儿的感知活动主要依靠听觉、触觉、味觉、嗅觉等感觉功能，听觉注意力好，兴趣比较狭窄，机械记忆较强，想象受视觉障碍的影响很大。语言缺乏视觉形象，语言与形象经常脱节，思维时概念的形象往往不清。独立意向较差，有时表现出被动和依赖的状态。动作发展方面，由于视觉障碍而使活动能力受到限制。

（二）视觉障碍幼儿教育补偿技能

1. 感官训练

感官训练在视觉障碍幼儿教育中占有极其重要的地位，它是区别于一般幼儿园教育的显著标志。

视觉障碍幼儿要尽可能多的获取正确信息，就要靠其他感官的代偿来弥补，他们获取信息的渠道是多种感觉通道的综合利用，即通过听、触、嗅、味等健全的感觉器官感受事物的刺激，形成完整的概念。因此，幼儿应通过各种方式训练视觉障碍幼儿的感知能力，进行视觉的缺陷补偿，这不仅有利于他们从小认识各种事物，增长知识，而且能发展他们的感知能力，为进入小学及以后的学习与生活打下良好的基础。

幼儿园的一切活动都有补偿视觉缺陷的任务。教师在选择教学方法的时候，要研究既能讲清知识，又有利于补偿视觉障碍幼儿缺陷的方式、方法，还要充分利用健全感官的功能，注意发挥幼儿多种感官的功能和潜力，最大程度地达到补偿缺陷的目的，增加视觉障碍幼儿的直接经验和表象。

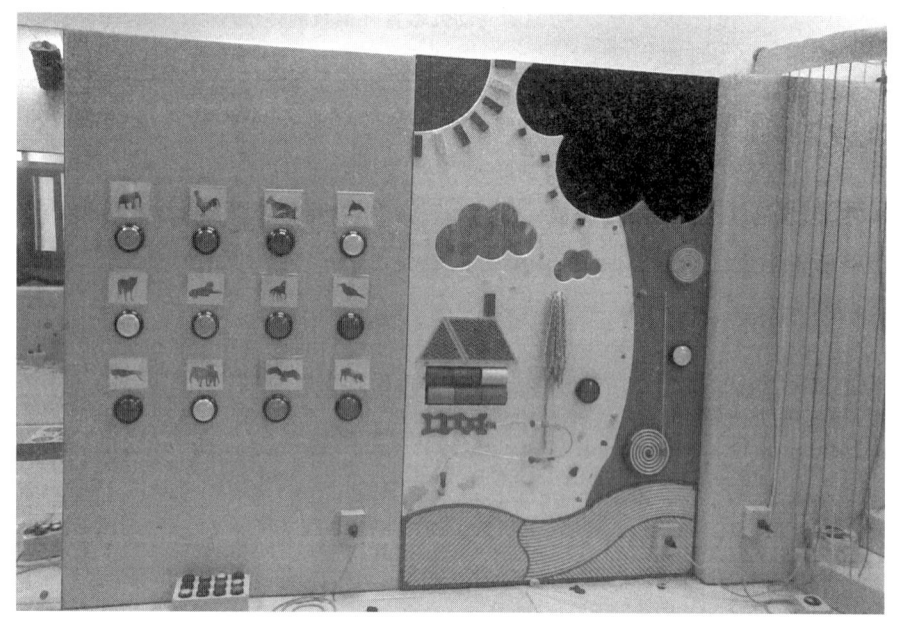

多感官训练室一角

2. 行走姿势训练

行走姿势训练主要帮助视觉障碍幼儿进行正常的活动，使其顺利步入社会。

视觉障碍幼儿到了新的环境，往往会感到手足无措，不敢走动。为此，要先帮助他们熟悉环境。首先，熟悉活动室环境，要让视觉障碍幼儿了解座位、玩具放置的位置，要让他们了解自己与各种物体之间的方向与距离；其次，熟悉园舍环境，让视觉障碍幼儿了解厕所、寝室的位置及内部的主要设施，带领他们熟悉幼儿园整体环境。总之，要帮助视觉障碍幼儿摆脱恐惧心理，大胆迈开步子，不怕跌跤。

另外，还应帮助视觉障碍幼儿养成正确的坐姿、站姿和行姿，减少盲相，这也是幼儿园的一个基本任务。

3. 实施个别化教学

视觉障碍幼儿失明的原因、时间、程度及个体间的差异很大，必须加强个别辅导，因材施教。为此，要求幼儿教师全面观察和研究每位视觉障碍幼儿的长处和弱点,扬长避短,确定不同的训练方案,进行有重点、有步骤的训练。要与家长配合,指导家长对视觉障碍幼儿进行教育与训练,加速视觉障碍幼儿的进步。

4. 重视语言的指导

视觉障碍幼儿理解知识、感知具体形象、进行各种技能训练都离不开教师的讲解。同时,视觉障碍幼儿有倾听讲述和记忆的能力,这些技能必须得到充分的发展。对于教师来说,要在组织材料方面给予幼儿具体的指导,为其提供第一手实践经验。教师应重视视觉障碍幼儿感知活动和能力训练中的语言指导作用。

5. 教学与训练相结合

视觉障碍幼儿最大的缺陷是动手能力差。解决这个问题要从幼儿阶段入手,要为视觉障碍幼儿提供更多的动手训练的机会,逐步扩大他们训练的范围,增加其与社会接触的机会,多与正常幼儿交往,增强社会适应能力。通过对视觉障碍幼儿的教育与训练,丰富他们的生活,提高视觉障碍幼儿的行走及活动能力,增强其体质,开启其智力,培养其多方面的能力。

6. 合理运用现代教育技术对视觉障碍幼儿进行教育与训练

这是发展特殊教育的重要思想。现代教育技术拓宽了教育的领域,丰富了教育训练的内容,提高了教育训练的效果。音响设备可以训练视觉障碍幼儿的听觉,扩大接受知识的信息量;电子助视器、电视机可以训练视觉障碍幼儿的视觉,丰富他们的生活;各种健身器材可以进行动作训练,提高视觉障碍幼儿的活动及定向行走能力。应充分合理的利用现代教育技术,促进视觉障碍幼儿各项技能的发展。

(三) 视觉障碍幼儿教育补偿技能训练

[训练主题] 视觉障碍幼儿补偿教育技能训练。

[训练目标]

(1) 领会视觉障碍幼儿个别化教育与普通幼儿教育的异同点,从中发现教育方法的异同。

(2) 理解不同教育技能对视觉障碍幼儿缺陷补偿的作用。

(3) 能根据视觉障碍幼儿的实际需要设计融合教育活动教案。

[训练内容]

(1) 视觉障碍幼儿的助视器材的配备与使用训练。

(2) 方向辨别与定向行走训练。

(3) 幼儿触动觉、运动技能和生活技能的训练。

[训练要求]

(1) 根据训练内容,选择设计两个以上完整的教育活动教案。

(2) 活动设计应注重对视觉障碍幼儿的个别化教育。

(3) 运用活动设计进行课内实操或幼儿园现场实践,并对活动效果做出分析评价。

[训练评价] 训练后,总结、评估,填写表10-3。

表10-3 视觉障碍幼儿教育补偿技能评价表

日期　　　　训练人　　　　评价人

评价序号	评 价 项 目	评价方式	评价等级					得分
			5	4	3	2	1	
1	能充分理解个别化教育的含义,从视觉障碍幼儿身心发展的需要出发,遵循活动目标的指向,科学地选择教学方法,顺利实现活动目标	自我评价						
		他人评价						
2	能根据幼儿园活动领域的特点与性质,选择正确的教育手段促进视觉障碍幼儿的发展	自我评价						
		他人评价						

（续表）

评价序号	评 价 项 目	评价方式	评价等级					得分
			5	4	3	2	1	
3	能根据视觉障碍幼儿的需要选择相应的教育内容	自我评价						
		他人评价						
4	能根据各领域活动的实际需要进行整合活动	自我评价						
		他人评价						
5	能根据实际需要,因陋就简,选择经济、实用、简洁、易操作的训练材料,对视觉障碍幼儿进行各种的训练	自我评价						
		他人评价						
评价说明								

四、肢体残疾幼儿教育技能

（一）肢体残疾幼儿教育

1. 肢体残疾的概念

肢体残疾是指人体运动系统的结构、功能损伤造成的四肢残缺或者四肢、躯干麻痹（瘫痪）、畸形等,导致人体运动功能不同程度的丧失以及活动或参与的局限。肢体残疾包括上肢或下肢因伤、病或发育异常所致的缺少、畸形或功能障碍,脊柱因伤、病或发育异常所致的畸形或功能障碍,中枢神经系统、周围神经系统因伤、病或发育异常造成躯干或四肢的功能障碍等。

2. 肢体残疾幼儿的心理行为特征

大多数肢体残疾幼儿在身体发育方面均有明显的外部特征,他们的身体素质比普通幼儿差,一些肢体残疾幼儿的身体技能也可能比较差。

心理发展方面,肢体残疾幼儿由于生理上的缺陷,行动不便,可能会产生不同程度的心理障碍。比较严重的肢体残疾幼儿多缺乏生活自理能力,生活适应能力差,容易产生自卑心理和依赖感。许多肢体残疾幼儿的智力并没有受到损伤。

（二）肢体残疾幼儿教育技能

1. 肢体运动技巧和灵活性的训练

肢体运动技巧和灵活性对于肢体残疾幼儿技能的发展十分必要,这些技能对保持正确的坐姿（坐、站、立）,完成一些动作（抓、握）,以及在特定环境中行动都是非常有用的。运动技巧的训练包括在幼儿园或班级内的一些常规动作。例如,进行头部和躯干控制的训练,以便幼儿保持正确的姿势（听、写、就餐等）,培养幼儿的四肢运动能力和精细运动能力（握画笔涂色,手握书本、翻页等）。主要是通过各种训练手段加强肢体残疾部位功能的锻炼,尽可能发挥其机体的潜能,提高和恢复残疾部位的功能。

2. 自理能力的训练

自理能力训练主要包括饮食、如厕、穿衣、洗澡和整理能力等方面的训练,通过各种训练,使幼儿逐渐减少对家人的依赖,培养独立性和自信心,促进其健康心理的形成。

3. 调整社交情绪能力的训练

肢体残疾幼儿有时会感到活动的无能为力,除了病魔带来的困扰,他们还可能感到孤独,需要调整他们的情绪状态。

案例分析：积极引导,培养肢体残疾幼儿的独立生存能力

力力,男,4岁。一出生就没有左手,只有短短的一截前臂,属于先天性肢体残疾。

刚上幼儿园时,他的断臂极大地激起了班上老师的母性和同情心,无论什么活动都给予他与众不同的

待遇。例如,来园时,老师总要多抱抱他;洗手后,老师帮他把毛巾挂上;吃饭时,老师把饭菜放在他的面前,有时还要喂他;户外活动中,老师也要把他和其他小朋友区分开来,容易摔跤的活动少让他参加,运动量很少。渐渐地,老师发现他做事不那么积极了,对于新事物也不敢主动去尝试,喜欢依赖老师,对一些自己能做到的事情也不肯去做。

面对这种状况,老师及时调整教育措施,用普通幼儿自理能力的标准去要求他,不再对他进行个别照顾。别人能做的事情,如洗手、洗脸、吃饭、穿脱衣服、鞋袜等,都要求他努力去做。老师利用讲故事的方式,让他树立"自己的事自己做"的观念,并知道别人能做的事,自己通过努力也能做到,也能和普通孩子一样正常生活。老师还教给他一些正确的方法,如穿袜子。一般,3、4岁的幼儿穿袜子都有一定的难度,对于手有残疾的力力来说更为困难。于是,老师自己先尝试用一只手穿袜子。通过尝试、摸索,找到比较简单、可行的方法,然后手把手地教他穿袜子。有些老师看到这样的情景后说:"他的手都残废了,你就帮他穿算了。"是啊,帮他做既省事又方便,这么费心费力教他做是为什么呢? 这是因为不仅要让力力像其他孩子一样,在幼儿园里快乐地学习、生活,还要帮助他学习各种生活技能,要他残而不废,为他以后的生活自理打下良好的基础。通过老师的努力,力力能自己穿脱衣服、鞋袜,会自己喝水、吃饭、洗手、洗脸,自理能力基本达到了正常幼儿的水平。

分析:肢体残疾幼儿的智力是正常的,他们和正常幼儿在身心需求方面并无差异,在教育上应该和普通幼儿一样享有同样的权利。在教育过程中,老师既要把他们当成普通幼儿一样进行教育,又要根据他们的残疾情况灵活调整教育措施,以满足其基本的生理需要和心理需求,通过弥补缺陷使其能力得到最大限度的发展。

(三)肢体残疾幼儿教育技能训练

[训练主题] 肢体残疾幼儿教育技能训练。

[训练目标]

(1)领会肢体残疾幼儿个别化教育与普通幼儿教育的异同点,从中发现教育方法的异同。

(2)把握不同教育技能对肢体残疾幼儿的影响及作用。

(3)在进行活动设计时能考虑对肢体残疾幼儿的功能训练。

[训练内容]

(1)肢体残疾幼儿肢体运用技巧和灵活性的训练。

(2)肢体残疾幼儿生活自理能力的训练。

[训练要求]

(1)根据训练内容,选择设计一个完整的活动教案。

(2)活动设计应注重对肢体残疾幼儿的个别化教育。

(3)运用活动设计进行课内实操或幼儿园现场实践,并对活动效果做出分析评价。

[训练评价] 训练后,总结、评估,填写表10-4。

表10-4 肢体残疾幼儿教育技能评价表

日期　　　　　　训练人　　　　　　评价人

评价序号	评 价 项 目	评价方式	评价等级					得分
			5	4	3	2	1	
1	能充分理解个别化教育的含义,从肢体残疾幼儿身心发展需要出发,遵循活动目标的指向,科学地选择教学方法,顺利实现活动目标	自我评价						
		他人评价						
2	能根据幼儿园活动领域的特点与性质,选择恰当的教育手段促进肢体残疾幼儿的发展	自我评价						
		他人评价						
3	能根据从肢体残疾幼儿的实际需要选择相应的教育内容	自我评价						
		他人评价						

（续表）

评价序号	评　价　项　目	评价方式	评价等级					得分
			5	4	3	2	1	
4	能根据各领域活动的实际需要整合活动,使肢体残疾幼儿的各方面得到一定的协调发展	自我评价						
		他人评价						
5	能根据实际需要,因陋就简,选择经济、实用、简洁、易操作的训练材料对肢体残疾幼儿进行各种训练	自我评价						
		他人评价						
评价说明								

五、自闭症幼儿教育技能

（一）自闭症幼儿教育

1. 自闭症的概念

自闭症又称孤独症,目前尚没有关于儿童自闭症的恰当的定义。一般认为,自闭症是一种发展性障碍,这种障碍对儿童的言语性交流和非言语性交流以及社会活动产生显著的影响,通常在 3 岁前症状已出现,并对接受教育产生不利影响。

2. 自闭症幼儿的心理行为特征

自闭症是较为常见且较为严重的一种心理疾病,它往往伴随着智力落后。自闭症幼儿的特征主要表现在四个方面:

（1）社会交往困难,缺乏社会交往能力和技巧,很少主动去进行交往,缺乏与他人的情感交流,对外界刺激无动于衷。没有眼光接触是自闭症幼儿的一大特征。正常儿童到 6 个月以后,对父母或亲人有依恋感,而自闭症儿童很晚才出现,甚至不会出现。

（2）严重的言语障碍。表现为言语发展迟缓或异常,语言表达怪异,语言重复等。

（3）兴趣异常狭窄,重复性肢体动作,刻板的生活方式,拒绝变化,强迫坚持行为的统一格式。

（4）感知觉方面有异常,表现在对某种刺激非常敏感。

（二）自闭症幼儿教育技能

1. 言语理解与沟通能力的训练

模仿对发展自闭症幼儿的言语理解能力、解除与人沟通的障碍很重要。教师可利用模仿性机能将模仿训练融入教育教学活动中,通过教师的示范,让自闭症幼儿进行模仿,在区域活动、体育活动以及户外游戏中,为自闭症幼儿提供与正常幼儿进行直接交流的机会,既促进言语的理解,又提高了沟通的能力。

2. 培养自闭症幼儿独立、有组织地安排及完成任务的能力

随机给幼儿提供选择的机会,让幼儿做出选择。例如,图片时间表能帮助自闭症幼儿学会遵从日常活动的次序和过程。对于没有言语能力的自闭症幼儿,教师要给予他们机会,让他们对教师的提示做出反应。当自闭症幼儿获得一些成功时,教师要给予及时的强化。

可以采用程序时间表、文件夹、用工作栏显示工作项目等方法,告诉幼儿每天做什么,先做什么,后做什么,在哪里做等,以培养其良好的生活习惯。

3. 建立能融合所有幼儿的班级团体

教师可通过活动使具有各种能力的幼儿一起加入进来,设计一些开放式结局的游戏,选择适当的材料,对自闭症幼儿的反应进行积极支持,发掘他们的能力。同时,让每个幼儿有机会扮演不同的角色,包括自闭症幼儿在内的每个幼儿都要轮流负责发材料。这样,使自闭症幼儿与班级其他幼儿一样处于平等的氛围中,并与同伴保持交流。

4. 促进技能的迁移与保持

自闭症幼儿在很多情况下需要的技能很有可能被迁移,因为他们经常练习,并得到行为后果的自然强

化。为了使自闭症幼儿脱离成人的帮助和指导,要运用指示性和干扰性最少的提示法,从而保证已成功获得的技能得以表现,并在不破坏技能表现的同时尽快隐去提示。要利用幼儿园一日活动的机会,为自闭症幼儿增加技能迁移和保持的可能性。

（三）自闭症幼儿教育技能训练

［训练主题］ 自闭症幼儿教育技能训练。

［训练目标］

（1）领会自闭症幼儿个别化教育与普通幼儿教育的异同点,从中发现教育方法的异同。

（2）把握不同教育技能对自闭症幼儿教育的作用。

［训练内容］

（1）与自闭症幼儿玩合作游戏。

（2）与自闭症幼儿进行目光接触训练。

（3）对自闭症幼儿进行呼唤名字的训练。

（4）对自闭症幼儿进行身体接触训练。

（5）对自闭症幼儿进行接触外人和外部环境的训练。

［训练要求］ 根据自闭症幼儿的特点,选择设计两个个案辅导训练方案。

［训练评价］ 训练后,总结、评估,填写表 10 - 5。

表 10 - 5 自闭症幼儿教育技能评价表

日期　　　　　　训练人　　　　　　评价人

评价序号	评 价 项 目	评价方式	评价等级					得分
			5	4	3	2	1	
1	能为自闭症幼儿创设实施融合教育的良好班级环境	自我评价						
		他人评价						
2	能根据幼儿园活动领域的特点与性质,选择恰当的教育手段促进自闭症幼儿技能的迁移	自我评价						
		他人评价						
3	能根据自闭症幼儿的需要选择相应的教育内容	自我评价						
		他人评价						
4	能根据各领域活动的实际需要渗透语言与沟通能力的训练	自我评价						
		他人评价						
评价说明								

第三节 特殊幼儿个别教育计划实施技能

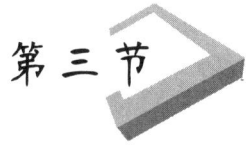

一位普通幼儿教师的困惑

一位幼儿教师在她的工作日记中写下这样一段话:今天,班里来了一位轻度自闭症并多动症的幼儿。他在班上大喊大叫,躺在地上打滚,还时不时地用小拳头敲自己的脑袋。我试图靠近他跟他交流,他却总是回避我的目光,甚至不让我碰他。户外活动时,他坐在羊角球上蹦来蹦去,有小朋友找他玩,他也很快地

跑开去,独自一人继续玩他的羊角球。面对他的种种异常行为,我没有办法让他安静下来,也不知道应该如何帮助他,我该怎么办呢?

一、个别教育对象筛查技能

（一）个别教育对象筛查

对特殊幼儿进行系统而有效的教育、训练和康复,首先必须通过筛查,从大量的幼儿群体或特定群体中发现或筛选出发展可疑的幼儿,作为早期干预的对象。筛查工作是特殊教育的前提。筛查工作开始得越早,越有利于对特殊幼儿的教育。

（二）个别教育对象筛查技能

1. 与同龄幼儿的行为作比较

人的行为表现有明显的年龄特征。同一种行为,在不同年龄人身上出现,一个是正常的,而另一个则可能是不正常的。如果某个行为是同年龄的大多数儿童都有的,那么这个行为一般来说就是正常的;反之,则可能是不正常的。

此外,虽然某种行为在同年龄幼儿中都有所表现,但有些幼儿身上的这种行为表现严重程度大大超过了大多数幼儿,这也属于不正常。例如,在家娇养惯的幼儿初入幼儿园时又哭又闹,对新环境不适应,这属于正常现象,但某个幼儿害怕进幼儿园达到了恐惧的程度,一提起要去幼儿园便惊恐不已,脸色呆滞,这种表现就超乎常态而显得异常了。

2. 与幼儿自身的发展历史作比较

幼儿的发展是有规律的,其总趋势是向前发展的。如果幼儿发展中出现"不进反退"的现象,且出现得较频繁,这种现象就可能不正常。例如,一个幼儿原本已会走路,患了一场病后却不会走了。又如,原来口齿伶俐的幼儿渐渐显得发呆了,一些已经消失了的幼年行为又重新出现了(如吸吮手指),这些行为就是不正常的,因为它违背了发展的正常顺序。

3. 与幼儿发生某种行为时的环境作比较

人的行为是否正常,要与当时的背景联系起来考察。合乎当时当地的文化要求的属于正常行为,否则就是不正常的。如一个6岁的幼儿在家里的餐桌上用手抓菜吃不算太出格,同样的行为发生在宾客满座的宴席上,那就很成问题了。

（三）个别教育对象筛查技能训练

[训练主题] 各种不同特殊幼儿筛查的一般技能训练。

[训练目标]

（1）初步掌握各种不同特殊幼儿基本的筛查技能。

（2）能从众多幼儿中发现有特殊问题的幼儿。

[训练内容] 深入幼儿园或社区,从智力水平、社会适应能力、身体状况、行为表现、视力异常的征兆等方面观察了解幼儿的实际情况,从中发现不正常或可能不正常的幼儿。

[训练要求]

（1）在幼儿园中注意观察幼儿的行为特点。

（2）用所掌握的筛查方法进行幼儿园现场实践,进一步丰富经验。

[训练评价] 训练后,总结、评估,填写表10-6。

表 10-6 幼儿园个别教育对象筛查技能评价表

日期　　　　　　训练人　　　　　　评价人

评价序号	评 价 项 目	评价方式	评价等级					得分
			5	4	3	2	1	
1	了解智力落后幼儿的基本特征,初步掌握基本的筛查技能	自我评价						
		他人评价						

（续表）

评价序号	评 价 项 目	评价方式	评价等级					得分
			5	4	3	2	1	
2	了解听觉障碍幼儿的基本特征,初步掌握基本的筛查技能	自我评价						
		他人评价						
3	了解视觉障碍幼儿的基本特征,初步掌握基本的筛查技能	自我评价						
		他人评价						
4	了解肢体残疾幼儿的基本特征,初步掌握基本的筛查技能	自我评价						
		他人评价						
5	了解自闭症幼儿的基本特征,初步掌握基本的筛查技能	自我评价						
		他人评价						
评价说明								

二、个别教育计划设计技能

个别教育计划(Individulized education program)简称 IEP,是根据特殊儿童身心特征和实际需要而制定的,针对每个特殊儿童实施的教育方案。方案充分考虑教育对象的独特性和差异性,根据特殊儿童的独特需要而设计具体的教育目标和内容方法,对特殊幼儿具有特别重要的意义。

(一) 个别教育计划设计

个别教育计划在本质上是一个行动计划,其作用在于确定对幼儿未来教育工作的重点。通过 IEP 的制定与实施,特殊幼儿尽可能拥有与正常幼儿共同学习、生活的机会,且在最小受限制的环境下接受适当的教育。

1. 设计个别教育计划的目的

制定个别教育计划目的是关注幼儿的发展、需要或行为,更好地进行因材施教,更好地满足特殊幼儿的需要,从而使他们最大限度地得到发展。

2. 个别教育计划的适用人群

幼儿有下列情况之一,就需要为其制定个别教育计划:

(1) 尽管对幼儿采用了特别的教育方式,但取得的进步很小或根本没有进步。

(2) 在某些领域表现出来的能力连续明显低于同龄幼儿。

(3) 持续出现情绪或行为困难,采取一般的行为管理和其他手段也未得到改善。

(4) 有感官或身体问题,在提供专人帮助或设备以后仍然没有进步。

(5) 有沟通或互动困难,在学习中需要专门进行个别干预。

3. 制定个别教育计划所需的人员

一份有效的个别教育计划通常不是由某一个人来制定,而是由一个专门的小组共同研究制定。这个小组的成员主要包括幼儿园行政领导、特殊教育教师、正常班级教师、幼儿家长、幼儿本人(如果有必要的话)和其他人员。

(二) 个别教育计划设计技能

1. 确定个别教育计划的内容

(1) 特殊幼儿的基本情况。主要包括特殊幼儿的特点、家庭情况以及学前教育机构的特点等。

① 特殊幼儿的特点。特殊幼儿的独特性和差异性是制定个别教育计划的出发点。如出生日期、生理状况、障碍类型与程度、致残原因、伴随的心理特点、各项测验资料、有无进行过教育训练等,这些直接关系

到个别教育计划的制定与实施。

②特殊幼儿的家庭情况。包括特殊幼儿父母职业及文化程度、经济收入、生活环境、教养方式及态度等，这些因素都会对个别教育计划的实施产生影响。

③学前教育机构的特点。制定计划时必须考虑到机构中特殊幼儿的安置方式、师资条件、设备情况以及机构中健全幼儿的情况等。这些也直接影响个别教育计划的内容。

（2）确定长期目标和短期目标。长期目标即年度目标，短期目标即教学目标。

（3）确定特殊幼儿教育教学的方式。安置方式应使特殊幼儿在最少限制的环境下和正常幼儿一起学习和活动。安置形式不能一成不变，有时可以和正常幼儿在同一教室学习和活动，教师和正常幼儿随时给以帮助，有时需要在资源教室接受特殊的训练和指导，有时甚至完全需要在资源教室进行个别学习或训练等。教师要根据情况，灵活安排。

（4）确定评定的方法。主要包括个别辅导要点、教学小结和方案检查。任课教师在备课中的个别辅导要点，包括特殊幼儿参与健全幼儿学习的内容及程度、特殊幼儿接受特殊治疗以及特殊帮助的内容等。每次辅导完毕后要有辅导反思，每两周要写出一次教学小结、方案检查的时间及方式以及其他需要注意的问题与改进。

2. 个别教育计划的制定

（1）成立个别教育计划评估小组。制定个别教育计划是实施特殊教育的步骤，也是联系教师与幼儿之间的管理工具。制定个别教育计划的评估小组的主要任务是协调、指导和咨询个别教育计划的制定与实施，包括评估、教育安置、拟定计划、审核计划、指导教学活动以及评估考核等。

（2）制定个别教育计划。个别化教育计划一般由特殊幼儿所在班的教师根据幼儿的各项资料拟定，然后交评估小组集体讨论。讨论时，要尽可能让家长参加。个别教育计划一经集体讨论通过，并征得家长同意后即可实施。

（3）分析评定。分析评定主要分析幼儿差异的种类、差异形成的原因、差异之间的关系以及差异纠正的可能性等。例如，学语后耳聋幼儿在制定个别教育计划时，要分析幼儿语言发展的基础和水平，利用原有的学语经验发展听觉障碍幼儿的语言。

教师一般可以通过以下几个途径分析评定幼儿的差异性：其一，对于有条件的、师资素质比较好的幼儿园，教师可以学习使用一些常见的、简易的量表来测查幼儿的发展水平；其二，观察分析幼儿日常行为活动中的行为表现；其三，通过家访、座谈等形式，向家长了解幼儿的行为表现及其成长情况。在分析情况的过程中，可以根据具体情况，请特殊教育专家进行鉴定。

（4）制定方案。在分析评定幼儿的详细情况后，确立长期目标和短期目标，制定适宜的、完整的个别化教育方案。

拟定长期目标要注意五点：第一，可以使用一般性叙述。第二，长期目标可根据幼儿的需求分为各领域目标。第三，考虑幼儿的个别差异。第四，不需要面面俱到列出所有目标，只需根据幼儿的特殊需要和相关服务列出有关项目即可。第五，长期目标列出后，应根据其对幼儿的影响大小及幼儿需求情况，决定优先教育顺序。

拟定短期目标要注意7点：第一，根据长期目标的范围，选择基准线以上的教学目标。第二，确定目标应当充分考虑其功能性。第三，每个领域的短期目标数量，应按照达到长期目标的需要以及幼儿的能力水平而定。第四，目标应以幼儿为导向，而不是以教师为导向。第五，目标必须是表述清楚的、可观察、可评估的。第六，目标所表明的是学习的结果，而不是学习的过程。第七，每项目标只阐明一个学习结果。

在制定一个长期目标所需要的若干个短期目标时可以运用任务分析法。把一个较为复杂的学习任务分解为若干个简单的小任务，然后按照一定的顺序逐步完成每个小任务，以最终完成较为复杂的任务。例如，长期目标的大任务是能握笔涂色，短期目标可以分解为手伸向笔、手摸到笔、抓住笔、拿起笔涂色等若干小任务。

短期目标的表述应该包含足够的信息，以便能够评价这些目标的达成情况，应清晰地回答谁在什么条件下要完成什么任务。

3. 个别教育计划的实施

（1）实施场所与实施人员。幼儿园主要通过教学活动实现活动目标，可以通过个别化辅导来进行。部分目标可能需要在家庭或其他场所里完成。教师是实施个别教育计划的最重要人员，家长的介入有直接的推动作用。同时，目标的实现还需要其他人员的共同参与。

（2）具体实施。

第一，确定活动过程。一般来说，幼儿园的教学活动过程有如下顺序：决定单元教学→评定幼儿程度→设定教学目标→拟定教学方案→实施教学→评定教学效果→继续实施教学直至达到预定教学目标→结束单元教学。

第二，明确目标实施的场所。就一个目标而言，需明确哪个场所或哪几个场所有助于实现目标，怎样安排最经济、最有效。

第三，某一个具体目标由谁来负责实施。例如，活动目标由教师来实现，而行为目标则可能需要教师、家长的共同努力。

4. 个别教育计划的评估与修订

（1）个别教育计划的评估。主要是对内容和实施情况的评估。内容评估包括内容是否符合规定，是否适当。实施情况的评估包括目标是否能在规定的期限内完成，所选用的教学策略是否符合幼儿认知特点和发展需求等。

（2）修订方案。在实施计划的过程中，应当不断地进行修改，应根据实施过程中发现的问题，重新修订计划，使之更加完善，保证计划实施的有效性，注意计划的稳定性。修订主要参照计划执行情况、对幼儿再次评估的结果、家长反映的有关幼儿的重要信息以及其他相关人员的重要信息等方面的内容。

案例分析：一例脑瘫合并重度智力障碍幼儿的个别教育计划实施过程简介

小毛今年 6 岁，在学前班就读。由于患有脑瘫合并重度智力障碍，他的粗大动作和精细动作的发展明显落后与同龄幼儿。

在制定个别化运动康复训练计划之前，首先进行任务分析。根据运动功能评估的结果，决定让小毛练习用硬头线穿珠孔直径为 0.8 厘米的大珠子，目的是通过训练，发展小毛的手脑协调、手眼协调、双手协调、手指间协调和双手的精细动作。

在初次评估中显示，小毛之前从未进行过穿珠训练与游戏操作，需要从"零"开始训练。为此，老师为他制定了"用硬头线穿珠孔直径为 0.8 厘米的大珠子"这一穿珠训练中最容易的内容。

在训练开始前，老师分析了小毛要达到的总目标需要突破的地方：第一，对绳线与珠孔关系的理解；第二，双手的分工配合与协调。为了使训练能顺利进行，将操作步骤进行分解，确定逐步训练的分期目标。在穿珠训练前，老师花了近 8 个月的时间引导小毛进行"伸出食指"以及"用拇指和食指捏起黄豆大小物品"的内容训练，在他达到目标及具备了基本的手指活动能力后，正式开始训练。

第一阶段的操作对他来说比较容易，花了不到一星期就能独立将露出 0.5 厘米以上的线头拉出。同时，他也较顺利地独立完成了穿珠的最后一小步，在操作中体会到成功感，这为进一步接受其他步骤的训练提供了良好的心理准备和基础。第二和第三阶段目标在延续第一阶段的操作的基础上，增加左右手分工配合的训练要求，小毛花了将近一个月的时间达到了目标。第四阶段的目标使操作过程首尾衔接，让小毛在操作积累中感知到整个操作的步骤。在训练两个月后，小毛能基本独立达到前四个阶段的目标。第五和第六阶段中绳线与珠孔对眼的操作步骤是整个任务中最关键、也是最难的部分。在完成前四个阶段的操作目标时，通过示范以及手把手的动作辅助，小毛对于绳线与珠孔的关系已经有了两个月的感知，再通过辅助技巧的运用，小毛在反复练习中逐步领悟了要点。在训练开始的第四个月之后，他基本达到了第五阶段的目标。在第八个月时，小毛对与珠孔对眼的操作内容有了感悟，目的意识明显增强。随后近半年的动作协调性操作训练，每天在学校与家庭训练的时间相加约 30 分钟。最终完成了此项训练的所有内容。

分析：本案例在制定任务计划前，首先有针对性地对个案进行了客观、详细的评估，根据评估结果制定出恰当的计划内容。然后将任务尽量分解到最小的工序步骤，各工序间承上启下。每个阶段的目标非

常明确,并逐步增加适宜的难度。注意训练的细节,在初始阶段,目标确立的相对低一些,使幼儿容易接近成功点,以增强其兴趣和信心。在此基础上,最终顺利完成了训练的内容。

(三) 个别教育计划设计技能训练

[训练主题]　个别教育计划的制定。

[训练目标]

(1) 深刻理解个别教育计划设计的重要性和要领。

(2) 能有针对性地为随班就读的特殊幼儿设计个别教育计划。

[训练内容]　为特殊幼儿设计个别教育计划。

[训练要求]

(1) 按特殊幼儿的需要设计个别教育计划,并说明相应的理由和依据。

(2) 运用所设计的个别教育计划进行课内实操或幼儿园现场实践,并进一步做出修改。

(3) 根据表 9-7 对设计的个别教育计划做出分析评价,以熟练掌握设计的要领。

[训练评价]　训练后,总结、评估,填写表 10-7。

表 10-7　幼儿园个别教育计划设计技能评价表

日期　　　　　　训练人　　　　　评价人

评价序号	评 价 项 目	评价方式	评价等级					得分
			5	4	3	2	1	
1	能根据特殊幼儿的独特性和差异性制定个别教育计划	自我评价						
		他人评价						
2	制定计划时能考虑到幼儿园中特殊幼儿的安置方式、师资条件、设备情况以及健全幼儿的情况	自我评价						
		他人评价						
3	了解特殊幼儿的家庭情况(包括特殊幼儿父母职业及文化程度、经济收入、教养方式及态度等)	自我评价						
		他人评价						
4	个别教育计划中的教育教学方式能满足特殊幼儿的需要	自我评价						
		他人评价						
5	能恰当提出对特殊幼儿的要求,包括最终水平、先后次序、发展的各个领域等	自我评价						
		他人评价						
6	能着眼于充分满足幼儿的特殊需要,尽可能发挥他们的最大潜能	自我评价						
		他人评价						
7	个别教育计划的内容符合幼儿的实际水平	自我评价						
		他人评价						
8	能根据幼儿所在幼儿园的师资及设备情况制定个别教育计划	自我评价						
		他人评价						
评价说明								

三、个别教育计划执行技能

(一) 个别教育计划执行

个别教育计划的执行实际上是在实验、实践、检验理想化的、事先制定的教育计划,大致分为备课、上课和评价三个过程。这里的备课、上课不仅仅包括正常的日常活动,还包括诸如行为矫正的内容,这三个步骤又可具体分解为制定活动目标(确定活动内容)、确定完成这一目标所需的时间、设计活动的具体方法、进行相应的活动、做好相应的记录、做出相应的测量与评价等环节。

(二) 个别教育计划执行技能

1. 开展活动

开展活动就是将个别教育计划中设想的内容、环节和步骤纳入实际的操作阶段。活动目标是否实现，活动内容是否适当等，在这个阶段进行实践的检验和修改。

在这个阶段，相应的活动记录是非常必要的，它对以后的测量、评价、反馈有相当的参考价值，能够使个别教育计划顺利有效地完成。

2. 进行相应的评价

评价包括对一个单元活动的评价，也包括对长期的如学期或学年活动执行情况的评价。

案例分析：在实践中看理论

丹尼尔早产 10 周。相对于他的年龄来说显得个子小，精细动作和躯体动作能力差，不能集中注意力。他是个爱交际的孩子，喜欢看别的孩子，也喜欢和他们待在一起。他特别喜欢画画和玩游戏。早期教育人员注意到他对感官活动特别感兴趣，如玩沙和玩水。家长反映他在家里也喜欢周围有朋友，喜欢在花园的帐篷里玩，也注意到他很难听从指令。

丹尼尔的关键教养员在与其家长交谈以后，决定从他的精细动作技能的开发和集中注意力入手，因为他的状态协调能力差可能影响他集中注意力。由于只有 4 岁，他还不太了解自己的障碍，所以不适合直接告诉他。家长和关键教养员问他在幼儿园最喜欢做什么，他提到了沙槽、玩水，还特别喜欢与某个孩子在一起。为了了解丹尼尔想在哪个方面获得成功，关键教养员问他最希望做什么，丹尼尔回答说他最希望能够用沙子建造一个城堡。关键教养员利用这些信息将教学策略与丹尼尔的兴趣联系起来。

个别教育计划表

姓名：丹尼尔
关注领域：精细动作技能／注意力
考察日期：略
早期教育人员：略
开始时期：略
出生日期：略
个别教育计划编号：NO. 1
支持起始日：略

目 标	成 功 标 准	可能的资源	可能的策略	如何支持	结 果
1. 用拇指和其他手指抓小物件	1. 在 3 分钟内捡起 5 颗珠子，并把它们放在罐子里	1. 分类活动。如玩珠子、在沙盘上使用勺子、玩培乐多彩泥	1. 把各种小物件放在丹尼尔够得着的地方。鼓励他去用手指捡起来	1. 示范如何用夹子捡起物件。成功了要表扬	
2. 在小组活动中保持注意力，并适当参与	2. 全身心参与某项感官活动，保持 10 分钟	2. 用沙子建造城堡。把漂浮和下沉的物体分类	2. 提供让丹尼尔参与或轮流参与的机会，在一定水平上提供"一对一"的支持	2. 鼓励丹尼尔参加并按次序来。表扬他	

家长／早期教育人员的工作：在家与丹尼尔开展相关活动。在家练习如何排队轮流、玩游戏

家长签名：_____
早期教育人员签名：_____

分析：这是个案的第一份个别化教育计划，具有代表性。本计划的优点在于，教育者通过多种途径对个案进行了详细的了解，从孩子的愿望出发，抓住个案的"最近发展区"，有针对性地制定个别化教育计划。同时注重与家长的合作，使个案的训练有序的进行。

（三）个别教育计划执行技能训练

［训练主题］　个别教育计划执行技能训练。

［训练目标］　熟悉个别教育计划执行技能的要领。

［训练内容］　进行个别教育计划执行技能的实际训练。

［训练要求］

（1）按照个别教育计划执行技能要领，对个别教育计划的执行情况做出分析评价。

（2）通过对个别教育计划执行情况的分析评价，对个别教育计划进行完善和修改。

［训练评价］　训练后，总结、评估，填写表10-8。

表10-8　幼儿园个别教育计划执行技能训练评价表

日期　　　　　　训练人　　　　　　评价人

评价序号	评 价 项 目	评价方式	评价等级					得分
			5	4	3	2	1	
1	确定准确的活动目标，选择合适的活动内容，确保活动目标的实现	自我评价						
		他人评价						
2	运用适当的活动方法，保证活动顺利、有效地进行	自我评价						
		他人评价						
3	整个教学活动符合特殊幼儿的特点，满足特殊幼儿的需要，促进了特殊幼儿的发展	自我评价						
		他人评价						
4	整个教学活动（或单元活动）系统性强，能有计划、有目的进行	自我评价						
		他人评价						
5	对个别教育计划进行分析评价，并进行完善和修改	自我评价						
		他人评价						
评价说明								

技能拓展训练：针对某一特殊幼儿个案制定一份个别教育计划。

参 考 文 献

1. 沈德立.基础心理学[M].上海：华东师范大学出版社,2003.

2. 彭聃龄.普通心理学[M].北京：北京师范大学出版社,2001.

3. 皮连生.学与教的心理学[M].上海：华东师范大学出版社,2003.

4. 王振宏,李彩娜.教育心理学[M].北京：高等教育出版社,2011.

5. 陈幸军.幼儿园教师教育技能[M].北京：人民教育出版社,2009.

6. 教育部基础教育司组织编写.《幼儿园教育指导纲要(试行)》解读[M].南京：江苏教育出版社,2002.

7. 教育部师范教育司组编.智力落后儿童学校语文教材教法[M].北京：人民教育出版社,1999.

8. 汪乃铭,钱峰.学前心理学[M].上海：复旦大学出版社,2005.

9. 李生兰.幼儿园家长开放日活动的研究[M].上海：华东师范大学出版社,2008.

10. 朱家雄.学前儿童卫生学[M].上海：华东师范大学出版社,2007.

11. 刘俐敏.幼儿发展评价研究[M].北京：人民教育出版社,2004.

12. 陈帼眉.学前儿童发展心理学[M].北京：北京师范大学出版社,2000.

13. 王燕华.幼儿园如何接纳特殊需要儿童——融合教育工作经验篇[M].北京：北京大学出版社,2011.

14. 刘春玲,江琴娣.特殊教育概论[M].上海：华东师范大学出版社,2008.

15. 肖非,刘全礼.智力落后教育的理论与实践[M].北京：华夏出版社,1992.

16. 刘全礼.残障儿童早期干预的理论与实践[M].西宁：青海人民出版社,1995.

17. 华国栋.特殊需要儿童的心理与教育[M].北京：高等教育出版社,2004.

18. 陈东珍.学前特殊教育.北京：北京师范大学出版社,2001.

19. 刘全礼.随班就读教育学——资源教师的理念与实践[M].天津：天津教育出版社,2007.

20. 〔英〕彭尼·塔索尼著,张凤译.支持特殊需要——理解早期教育中的全纳理念[M].南京：南京师范
    大学出版社,2009.

21. 华国栋.随班就读教学[M].北京：华夏出版社,2000.

22. 丑荣之,王清汀,梁斌言等.怎样培养教育弱智儿童[M].北京：华夏出版社,1990.

23. 李慧聆.听力残疾儿童随班就读工作手册[M].北京：华夏出版社,1994.

24. 朴永馨.特殊教育概论[M].北京：华夏出版社,1991.

25. 徐白仑.视障儿童随班就读教学指导[M].北京：华夏出版社,1992.

26. 杨尊田.轻度智力残疾儿童随班就读工作手册[M].北京：华夏出版社,1992.

27. 张福娟.特殊教育史[M].上海：华东师范大学出版社,2000.

28. 许卓娅.幼儿园课程理论与实践[M].南京：南京师范大学出版社,2002.

29. 黄瑾.幼儿园教育活动设计与指导[M].上海：华东师范大学出版社,2007.

30. 刘焱.游戏论[M].北京：北京师范大学出版社,2004.

31. 约翰逊编著,华爱华,郭力平译.游戏与儿童早期发展[M].上海：华东师范大学出版社,2006.

32. 杨坤.大型活动项目管理[M].天津：南开大学出版社,2010.

33. 蔡萍,丁卫丽.幼儿园节日课程[M].南京：江苏教育出版社,2010.

34. 钱志亮.特殊需要儿童咨询与教育[M].北京：北京师范大学出版社,2006.

35. 张宝臣,李兰芳.学前教育科学研究方法[M].上海：复旦大学出版社,2012.

36. 卢晓.节事活动策划与管理[M].上海：上海人民出版社,2006.

37. 郑健成.学前教育学[M].上海：复旦大学出版社,2011.

38. 高云庆.幼儿园课程与教育活动设计[M].兰州：兰州大学出版社,2004.

39. 倪敏.幼儿园课程与教育活动设计[M].北京：中国劳动社会保障出版社,2003.

40. 李季湄,肖湘宁.幼儿园教育[M].北京：北京师范大学出版社,1997.

41. 朱家雄.生活活动·2—4岁·教师参考用书[M].上海：上海教育出版社,2003.

42. 唐淑,虞永平.幼儿园班级管理[M].南京：南京师范大学出版社,1997.

43. 宋文霞,王翠霞.幼儿园一日生活环节的组织策略[M].北京：中国轻工业出版社,2012.

44. 万钫.学前卫生学[M].北京：北京师范大学出版社,2004.

45. 万迪人.现代幼儿教师素养新论[M].南京：南京师范大学出版社,2003.

46. 金忠明,林炊利.走出教师职业倦怠的误区[M].上海：华东师范大学出版社,2006.

47. 张艺.视力残疾幼儿早期教育的实验研究及其启示[J].中国特殊教育,2002(2)：48—51.

48. 周念丽.早期融合教育：所有的儿童都能学习[J].中国社会科学报：教育学,2009年12月15日第008版：1—2.

49. 罗秋英.加强幼师生教育技能训练之我见[J].牡丹江教育学院学报,2008(2)：92—106.

50. 张建波.新《纲要》背景下高师学前教育专业学生专业技能的培养[J].学前教育研究,2009(5)：58—60.

51. 黄慧兰.要加强对幼儿教师教育技能的培训[J].黑龙江教育学院学报,1999(1)：24—25.

52. 于承洁.论提高幼儿教师教育技能的策略[J].教育理论与心理学,2011(4)：233.

53. 刘丽.教师个人知识管理与教师专业发展[J].学前教育研究,2005(7—8)：55—57.

54. 步社民.论幼儿教师的专业技能[J].学前教育研究,2005(5)：45—47.

55. 由显斌.新教改理念下高师学前教育专业学生职业技能的训练[J].学前教育研究,2009(1)：39—41.

56. 金艳.幼儿园有效提升教师专业发展能力的途径与策略[J].学前教育研究,2010(9)：67—69.

57. 李兰芳,张海钟.高校本科学前教育专业渗透式实践教学方案简介[J].幼儿教育（教育科学）,2011(5)：31—33.

58. 邢利娅,王成刚.我国教师与家长的合作现状分析及对策[J].内蒙古师范大学学报（教育科学版）,2004(10)：86—89.

59. 程妍涛.主配班教师合作行为构成要素及类型分析研究[D].南京师范大学,2006(12).

60. 李方芹.试述幼儿教师的专业成长[J].赤峰学院学报（汉文哲学社会科学版）,2008(2)：134—135.

61. 陈艳梅.影响幼儿探索空间获得的教师因素分析[J].幼儿教育,2004(7)：24.

62. 王怡,王冬兰.幼儿园中作为社会化代理的教师[J].学前教育研究,2005(6)：34.

63. 董盛欣.幼儿哭闹现象观察研究报告[J].吉林省教育学院学报,2009(11)：136—136.

64. 杨晓静.幼儿午睡问题的调查研究[J].山东教育·幼教版,2011(7)：13—15.

65. 季燕.对家长关于亲子阅读的访谈记录及评析（大班）[J].山东教育,2007(12)：9—10.

66. 闫金玲.我们幼儿园的教学叙事研究.教育部全国中小学教师继续教育网：2011-9-20/2012-3-21.

67. 为聋童制订个别化教育方案,http://baby.qq.com/a/20090608/000029.htm.

68. 视觉障碍儿童的筛查、检测与分类,http://bbs.ci123.com/post/15059271.html.

69. 低视力儿童的早期教育干预,http://ibbs.ci123.com/post/5375.html.

70. 视力障碍儿童学前教育初探（教学论文）,http://www.ruiwen.com/news/48434.htm.

71. 学前特殊儿童教育,http://wenku.baidu.com/view/dcf251d226fff705cc170ad6.html.

72. 罗雨苑.关注肢体残疾儿童的心理健康,http://www.cnsece.com/news/8/856.html.

73. 孤独症儿童的教育及培养,http://wenku.baidu.com/view/5e1868fe910ef12d2af9e79e.html.

74. 李旭.一例脑瘫儿童精细动作个训中的有效策略探索,http://dlfm.xhedu.sh.cn/cms/data/html/doc/2008-10/10/25673/.

75. 卜湘玲.教育行动研究中的幼儿教师专业发展,http://www.doc88.com/p-906996939006.html.

图书在版编目(CIP)数据

幼儿教师教育技能综合训练教程/李兰芳主编. —上海：复旦大学出版社，2012.8(2025.1重印)
普通高等学校学前教育专业系列教材
ISBN 978-7-309-09064-2

Ⅰ. 幼⋯　Ⅱ. 李⋯　Ⅲ. 学前教育-教育理论-幼儿师范学校-教材　Ⅳ. G610

中国版本图书馆 CIP 数据核字(2012)第 160656 号

幼儿教师教育技能综合训练教程
李兰芳　主编
责任编辑/张志军

复旦大学出版社有限公司出版发行
上海市国权路 579 号　邮编：200433
网址：fupnet@ fudanpress. com　http://www. fudanpress. com
门市零售：86-21-65102580　　团体订购：86-21-65104505
出版部电话：86-21-65642845
上海崇明裕安印刷厂

开本 890 毫米×1240 毫米　1/16　印张 14.75　字数 443 千字
2025 年 1 月第 1 版第 11 次印刷
印数 29 001—31 100

ISBN 978-7-309-09064-2/G·1109
定价：45.00 元